国学入门

GUOXUE RUMEN

陈蒲清 编著

岳麓書社·长沙

图书在版编目(CIP)数据

国学入门/陈蒲清著. —长沙:岳麓书社,2019.5(2022.10 重印)
ISBN 978-7-5538-0714-0

Ⅰ.①国… Ⅱ.①陈… Ⅲ.①国学—基本知识 Ⅳ.①Z126

中国版本图书馆 CIP 数据核字(2018)第 294815 号

GUOXUE RUMEN
国学入门
作　　者:陈蒲清
策　　划:蔡　晟
责任编辑:王　彦
助理编辑:吴　赛
责任校对:舒　舍
封面设计:李梓萌

岳麓书社出版发行
地址:湖南省长沙市爱民路 47 号
直销电话:0731-88804152　0731-88885616
邮编:410006

版次:2019 年 5 月第 1 版
印次:2022 年 10 月第 2 次印刷
开本:890mm×1240mm　1/32
印张:9.75
字数:260 千字
印数:13 001—16 000
ISBN 978-7-5538-0714-0
定价:45.80 元

承印:廊坊市博林印务有限公司

如有印装质量问题,请与本社印务部联系
电话:0731-88884129

出版说明

国学浩如烟海，但并非无所不包。本书所讲的国学是广义而严谨的，既不太宽，也不过窄，它包括了史学、哲学、文学、科技、语言学等，指的是以语言文字为主要载体的影响深远的文化成果。

国学辉煌灿烂，但并非毫无缺点。本书辩证看待国学，既总结国学应该继承发扬的精华，也指出国学应该弥补更新的不足。对于国学，我们只有不妄自菲薄，不自满自大，才能真正增强文化自信。

国学博大精深，但并非无径可寻。本书以鸟瞰视角，多元参照，系统梳理了数千年国学精要，以深入浅出的论述，向读者介绍最基本国学常识。入门后，读者可根据自身实际，找相关典籍研读。

序

我国改革开放以来，国家日益富裕强盛，文化日益复兴繁荣，于是学习国学的热潮应运而生。

我们学习国学，必须首先明白：什么是国学，国学包括哪些内容。

晚清时代，人们把国学跟“西学”相对而称为“中学”，也有人称为“汉学”。民主革命家章炳麟首先引进“国学”的概念。但是他开始讲的国学范围很狭窄，只包括汉族传统的“小学”（即文字学、训诂学、音韵学）。他后来把国学内容扩大，除了“小学”，还包括“经学”“史学”“诸子”“文学”。这大体相当汉族的传统社会科学。长期以来，大多数讲国学的人基本遵循章炳麟所讲的范围。我们认为这个范围还是狭窄了，应该突破。所以，本书明确地增加了两项内容：一是增加了传统科技的介绍，二是增加了少数民族成果的介绍。我国有对世界造成巨大影响的四大发明，有辉煌的农学、医学、数学、建筑学、制造学、天文学等等，这些我们引为骄傲的成果当然应该包括在国学之中。我国是五十六个民族组成的大家庭，各少数民族都有丰富的成果，所以讲国学不能局限于汉学。而且，少数民族的某些成果是非常突出的，少数民族的长篇史诗和叙事诗，就可以弥补汉族缺少长篇史诗的局限，并可以震惊世界。如：藏族史诗《格萨尔王传》是全世界最长的史诗。讲国学可以不讲少数民族的成果吗？总之，我们所讲的国学内容是广泛的。我们认为，国学就是以语言文字为主要载体的中华各民族传统文化精华。

我们学习国学，还必须明白：为什么要学习国学。

我们学习国学的目的是什么呢？是为了中华民族的伟大复兴，是为了实现传统为现代化服务。传统是现代化的出发点，现代化是传统的延伸和革新。李政道说得好："一个只依赖过去的民族是没有发展的；但是，一个抛弃祖先的民族也是不会有前途的。"所以，我们必须清醒地认识我们的体统。放眼世界，传承至今的原生型文化体系全世界只有三个：一是以中国为核心的东亚文化，二是以印度为起点的南亚中东文化，三是沿地中海发展起来的西方文化。三大体系各有特点。中国传统文化体系以悠久的农业社会为基础，数千年没有中断，生命力特别强大。但是，中国文化也有不足之处，必须吸收其他文化体系的成果，必须接受现代的洗礼。中国国学是中国文化的结晶，也是一样。所以，本书讲传统史学、哲学、文学、科技和语言文字学，都首先进行鸟瞰，参照其他文化体系而分析其特点，总结其需要继承发扬的辉煌成果，也指出其应该弥补更新的不足。我们不妄自菲薄，也不自满自大。只有这样，才能真正增强我们的文化自信，才能为人类命运共同体贡献出中华的独特智慧。

本书的作者和编辑们是认真的，数易其稿，反复校对，还得到了谭家健、刘上生、张文初、潘雁飞、陈青松等教授的帮助。我们希望倾听广大读者的批评，我们希望与广大读者共勉。

陈蒲清

目 录

传统哲学

传统文学

传统科技

传统语言文字学

绪 论

第一讲 国学的含义

国学是一个约定俗成的学术概念,大部分学者认为,国学包括哲学、史学、文学、科技、语言文字学等各门学科。给国学下定义比较难,大概可定义为:国学是指以语言文字为主要载体的影响深远的文化成果。它是民族文化成果的重要部分,其典型传承形态是古代经典著作,但是也有其他传承形态,如口头传承的民间文艺、物化形态的建筑等。

国学在汉语中有两个含义,一个是教育方面的,一个是学术方面的。

国学在教育方面的含义是指国家设立的教育管理机构和高等学府,这个含义是古代汉语固有的含义。先秦时代典籍《周礼·春官宗伯第三·乐师》中出现了"国学"这个词:"乐师掌国学之政,以教国子小舞。""国学"就是朝廷办的学校,"国子"就是在国学读书的子弟。所以,国学又称"国子学""国子监"。五代时期,南唐朝廷建立的高等学府正式命名为"庐山国学","庐山国学"在宋朝改称为"白鹿洞书院"。

国学在学术方面的含义是在近代产生的,有人称为"中学""汉学"或"中国学"(Sinology)。明朝中叶以后西学东渐,特别是鸦片战争以后西方的文化学术大量输入中国,学术界为了跟西学相对,首先提出了"中学"这一概念。1894 年郑观应《盛世危言》说:"中学其本也,西学其末也。”1896 年沈寿康《匡时策》说：“宜以中学为体，西学为用。”1898 年张之洞《劝学篇·会通》说：“中学治身心，西学应世事。”

章炳麟

国学这个词，大概跟章炳麟（太炎）有关。章炳麟是民主革命家，又是语言文字学家。光绪三十二年（1906），他东渡日本任《民报》主编。光绪三十四年（1908），《民报》一度被日本政府查封，他寓居报社，于门口署“章氏国学讲习会”，以文会友，主讲《说文》《尔雅》等语言文字学典籍。辛亥革命成功后，他又多次举办“国学讲习会”，内容扩大。他的讲演被记录整理为《国学略说》（或名《章太炎先生国学讲演录》），包括《小学略说》《经学略说》《史学略说》《诸子略说》《文学略说》。1922 年他在上海讲学，曹聚仁记录整理为《国学概论》。章炳麟使用“国学”这个词，大概是受到日本学者的影响。18 世纪，日本学者荷田春满等向德川幕府当权者建议设立国学学堂，主张对日本固有的古代典籍进行研究，他们把本国的典籍叫作“国学”。此后，梁启超于 1923 年拟出《国学入门书要目及其读法》，钱穆于 1927 年出版《国学概论》。

梁启超

国学在学术方面的含义，又有广义和狭义的区别。

狭义的国学特指古代的“小学”，即语言文字学。《汉书·艺文志》：“古者八岁入小学。故《周官》保氏掌养国子，教之六书，谓象形、象事、象意、象声、转注、假借。”原来古代教育分大学、小学两个阶段。八岁入小学，学习文字、数字及基本礼节；十五岁入大学，学习经典和修身、齐家、治国、平天下的道理。

因为六书是小学阶段的教学内容，所以人们把语言文字学中的文字学叫作“小学”。后来“小学”的词义扩大，除了文字学，还包括训诂学、音韵学乃至语法学等，于是“小学”就相当于语言文字学。章炳麟先生在日本主办“章氏国学讲习会”，主讲的《说文》是文字学奠基著作，《尔雅》是训诂学奠基著作，都属于“小学”（语言文字学）。

广义的国学包括史学、哲学、文学、科技、语言学等。我们对广义国学的理解，既不能太宽，也不能太窄。有人把国学的范围扩大到传统学术以外的全部传统文化，那就太宽了。文化是指人类所创造的一切物质成果和精神成果；而国学是指有系统的较专门的学问，只是精神文化成果的一部分。有人把国学的范围缩小到只是先秦的学术，那就太窄了。先秦时代是中国学术的黄金时代，但是绝不能包括中国传统学术的全部。

笔者认为，还要破除两种狭隘观念。第一种狭隘观念是把国学的范围局限于汉族，称为“汉学”，而不包括中国其他民族。中华民族是五十六个民族的大家庭，汉族虽然是人口最多、学术成果丰富的民族，但是其他兄弟民族也都有自己的贡献。比如，藏族、蒙古族等的史诗就可以填补汉族缺乏史诗的不足。所以，本书兼顾各民族而以汉族文献为主。可惜的是，笔者对少数民族学术没有任何研究，所以本书只能挂一漏万地讲述一点点。第二种狭隘观念是把国学的范围局限于文科，而忽视了传统的科技。章炳麟的讲演录就没有讲科技。章炳麟有筚路蓝缕的开创之功，我们不可对他求全责备，但我们应该重视古代科技的辉煌成绩。即使笔者的科技学养太差，本书也不敢付之阙如。

学习国学典籍，发扬国学的精华，可以提高我们的文化素养，提高我们的文化自信心，增强我们的民族自豪感。同时，我们必须批判其中的糟粕，与时俱进。只有这样，才能使国学为中华伟大之复兴服务，才能为“人类命运共同体”贡献中华文化的智慧。

第二讲 国学的分类

国学的载体就是传统文化典籍。所以,国学的分类基本上就是传统文化典籍的分类。我国传统文化典籍最有影响的分类方法是“六略”和“四部”。

“六略”是传统文化典籍最早的分类法,产生于西汉时期。我国先秦时代,特别是百家争鸣、学术繁荣的春秋战国时代,留下了丰富的典籍。秦国吞并六国以后,却实行专制愚民的文化政策,销毁了大量珍贵典籍。秦王朝二世而亡,西汉王朝吸取秦王朝的教训,为了国家的长治久安而重视文化学术,广泛搜集整理先秦典籍。汉武帝时代,建立藏书的秘府。到了成帝时代,任命光禄大夫刘向(约前77—前6)等校勘典籍,每校勘完一部书,就写出篇目、总括要点,称为《别录》,上奏朝廷。刘向去世以后,哀帝任命刘向的儿子刘歆(?—23)继承父业。刘歆把典籍分为七类,叫作《七略》:《辑略》《六艺略》《诸子略》《诗赋略》《兵书略》《术数略》《方技略》。东汉班固《汉书·艺文志》辑录各类典籍,继承刘歆的分类方法,不列《辑略》,而把典籍分为六类。1.《六艺略》。“六艺”指《易》《书》《诗》《礼》《乐》《春秋》六部儒家经典。《六艺略》分九个小类,除了六艺类著作,还收录了《论语》《孝经》《小学》(文字学著作)类著作。小类中既收录原始经典,也收录阐扬或模仿这些经典的著作。2.《诸子略》。“子”是指思想上自成一家之言的学派或学者,包括儒家、道家、阴阳家、法家、名

刘向

家、墨家、纵横家、杂家、农家、小说家，合称“九流十家”。3.《诗赋略》，收录赋和诗歌著作。4.《兵书略》，收录军事著作。5.《术数略》，分天文、历谱、五行、蓍龟、杂占、形法等六个小类。6.《方技略》，包括医经、经方、房中、神仙等四个小类。

“四部”分类法，产生于魏晋时代。三国时期魏国的秘书郎郑默编写宫廷中的藏书目录，叫作《中经》，此书可能已经使用“四部”分类法，把藏书划分为甲、乙、丙、丁四部。晋武帝时代，秘书监荀勖与中书令张华整理典籍，他们仿照魏国《中经》的分类法，编成《中经新簿》。唐朝初年，魏徵等编《隋书・经籍志》，把甲、乙、丙、丁四部改名为经、史、子、集四部。此后，经、史、子、集四部分类法就代替了“六略”分类法，为大多数目录学所遵循。清朝乾隆年间编纂的《四库全书》，近代编纂的大型丛书《四部丛刊》《四部备要》等，都采用“四部”分类法。

《钦定四库全书》

《四库全书》四部的内容。1. 经部：儒家经典和以注释研究儒家经典为主的语言文字学名著，分为“易类”“书类”“诗类”“礼类”“春秋类”“孝经类”“五经总义类”“四书类”“乐类”“小学类”（训诂、字书、韵书）。2. 史部：各种史书，以及诏令、奏议、传记、时令、地理、职官、政书、目录、史评等书籍。3. 子部：包括《汉书・艺文志》中《诸子略》所涵盖的诸子著作，《兵书略》所涵盖的军事著作，以及释家（佛经以外的关于佛教的书）、道家的各种著述。此外，医书、天文算法、术数（数学、占卜等）、艺术（书画、琴谱、篆刻、杂技）、谱录（有关器物、茶、酒、花、鸟、虫、鱼方面的著作）、类书等也被归到子部。4. 集部：诗文集。

分为楚辞集、别集、总集、诗文评论、词曲等。别集是某一个作家的诗文集，如杜甫的《杜工部集》。总集是把很多人的诗文编在一起，如《昭明文选》《唐文粹》等。

熟悉“四部”分类法，可以帮助我们查找国学典籍。但是，“四部”分类法有两类著作没有收录。第一类是佛教、道教的经书。如要查考佛经、道藏，就要寻找佛经、道藏的目录专著。第二类是古代白话小说和戏曲。如果要找这方面的资料，应查近人编的小说、戏剧书目。

“四部”分类法已经不适应现代的图书分类。如其中的“经部”，体现的是独尊儒家的正统观念。当代一般把学术分为哲学、经济、政治、宗教、历史、地理、文艺、语言文字、科学技术等类别。国学分类也必须与时俱进。

本书分《绪论》《传统史学》《传统哲学》《传统文学》《传统科技》《传统语言文字学》六部分。“四部”分类中的“经部”著作，本书分别归属到史学、哲学、文学、语言文字学乃至科技类别之中。“四部”中的“史部”，跟本书史学基本吻合。“四部”中的“子部”，本书主要归属到哲学、科技类别中。“四部”中的“集部”，本书主要归属到文学类别中。本书首先介绍史学，这是因为史学记录了社会发展和各学科发展的轨迹，因此人们说“治学必先治史”。本书所讲的哲学是一个宽泛的概念，包括除了史学、文学、语言学之外的社会科学典籍，也包括了宗教典籍。这是因为，古代学科的划分并不细密。本书只介绍了传统文学，没有介绍其他传统文艺。文艺除了文学，还包括绘画、刺绣、雕塑、陶瓷、书法、音乐、舞蹈以及电影、电视等其他艺术，它们跟文学一样都是通过塑造典型形象来反映现实。传统艺术的创作和鉴赏理论，也是国学的重要内容。可是因为笔者在这些方面根底太浅，而且这些艺术的造诣很难用抽象的语言文字传达，所以读者可另找著作深入了解。

第三讲　国学入门方法

第一,学习国学常识和阅读经典名著相结合。国学经典名著是国学的载体,所以学习国学必须了解经典名著,择要阅读。我们这本《国学入门》,只讲述国学常识和介绍国学经典名著。我们希望读者朋友在掌握国学和国学名著的常识之后,自己去找原著阅读。

1923 年,梁启超应《清华周刊》之约拟就《国学入门书要目及其读法》,共列出 100 多种古籍,后来精简为 25 种,成为《最低限度之必读书目》。它们是:《四书》《易经》《书经》《诗经》《礼记》《左传》《老子》《墨子》《庄子》《荀子》《韩非子》《战国策》《史记》《汉书》《后汉书》《三国志》《资治通鉴》《宋元明史纪事本末》《楚辞》《文选》《李太白集》《杜工部集》《韩昌黎集》《柳河东集》《白香山集》。梁启超说,以上各书皆须一读,"若并此未读,真不能认为中国学人矣"。当然,梁启超开的这个书目不一定完全准确,而且,今天的一般读者也可以先读通俗选本。

也许有的朋友说:"这么多书,如何能读完呢?"《庄子》说:"日计不足,岁计有余。"我们如果每天读1 000字,看起来微不足道;但是按年计算,就能达到36. 5万字,绰绰有余。例如:读完儒家全部经典"十三经"的原文要多少时间呢?"十三经"总共约 65 万字,一天读1 000字,两年内就可以读完。何况古人往往只重点钻研一部经典,何况今人可以先读跟自己专业有关的选本呢!从"十三经"中挑选出的"四书",仅 5 万字左右。一天读1 000字,不要两个月就可以读完。可见阅读国学名著并不是难事。每个人情况不同,只要能够根据自己的工作需要和爱好制订学习计划,持之以恒,日积月累,必成大器。

第二,养成良好的阅读习惯,注意阅读方法。梁启超在《治国学杂话》中说："每日所读之书，最好分两类：一类是精读的，一类是涉览的。因为我们一面要养成读书心细的习惯，一面要养成读书眼快的习惯。心不细则毫无所得，等于白读；眼不快则时候不够用，不能博搜资料。诸经、诸子、四史、通鉴等书，宜入精读之部，每日指定某时刻读他，读时一字不放过，读完一部才读别部。想抄录的随读随抄。另外指出，一时刻随意涉览。觉得有趣，注意细看；觉得无趣，便翻次页。遇有想抄录的，也俟读完再抄，当时勿窒其机。诸君勿因初读中国书勤劳大而结果少，便生退悔。因为我们读书，并不是想专向现时所读这一本书里头现钱现货的得多少报酬，最要紧的是涵养成好读书的习惯和磨炼出善读书的脑力。"

我们建议读者朋友阅读名著及其中的重点篇章和语句时，一要反复体味，熟读成诵；二要经常复习，避免遗忘；三要取其精华，适当做些笔记（卡片），写点心得，以提高自己的精神境界和认识能力。

第三，选择善本，正确使用工具书。1922 年，章炳麟在《国学概论》中曾经提出学习国学的五项途径，一是辨古书真伪，二是通小学（训诂、文字、音韵），三是明地理，四是知古今人情变迁，五是辨文学应用。第一项是说要找准书，不要读后人伪作的古籍。第二项至第五项是说要打好语言文字学基础，还要了解相关的地理、历史、文体知识，才能正确理解国学名著。本书力求准确介绍经典名著的全貌和精华，并介绍古代的权威版本，就是为了帮助读者找准书；本书第六部分专门讲述"传统语言文字学"，并列出"工具书及其使用"专题，就是为了帮助刚入门的朋友们正确理解国学名著。

第四，既不苛责古人，又不盲目信从。数学家华罗庚说，读书要能够把厚书读薄。"读薄"的意思是掌握书的纲领和精华。笔者以为，再进一步是要能够读出书中的问题。时代和学术是进步的，任何经典都有时代的局限甚至偏见。我们要敢于大胆怀疑，敢于创新，社会和学术才能进步。总之，要"知世论人"，尊重古人，不苛责古人；又要有怀疑精神,通过自己的思考而决定取舍。

国学浩如烟海,本书性质是“入门”,篇幅不宜太长,只能介绍最基本的常识。本书力求做到:

1. 重点突出,内容准确。国学浩如烟海,只能选择重点专题。笔者选择和确定专题,以及专题顺序的调整,都反复修改十余次,尽力删除冗余,避免重复。讲述每个专题时,尽量突出国学经典名著,准确介绍其主要观点和重点篇章,引用语句时尽力核实出处。

2. 篇幅简短,深入浅出。本书的大多数专题都包含着一本专著或多本专著的内容,编写时力求提纲挈领,把每个专题的文字限在2 000字上下。不少专题内容深奥,笔者自己先弄懂,再用通俗的语句表达出来,决不以艰深的词句掩盖知识的浅陋。

要特别感谢刘上生、张文初、潘雁飞、陈青松四位教授对本书的写作提出了不少宝贵意见。

俗语说:“师傅引进门,修行靠个人。”现代学术研究一日千里,成果层出不穷,恐难全面介绍,希望读者入门之后,根据自己的水平和需要寻找相关的著作阅读钻研。只要如此,大家就前途无量,“会当凌绝顶,一览众山小”。

传统史学

第四讲 传统史学鸟瞰

中国文化是原生性的历史悠久的文化。文化史家认为文化发展有四大支柱:食物、能源、材料、信息。中国文化在这四方面都是原生性而独具特色的。如积累和传承信息的汉语和汉字都是世界上非常独特的语言与文字。考古发现的中国旧石器时代文化可以追溯到一百多万年前,而中国文字记载的历史也有五千多年。史学就是记叙五千年文明的传统学术。

《说文解字》说:"史,记事者也。""史"的最初字义是史官,负责记录君主的大事。《汉书·艺文志》说:"古之王者,世有史官,君举必书,所以慎言行、昭法式也。"后来,大家把史官的记录称为"史书",形成史学。

中华民族是一个特别重史的民族。这是因为中华民族幅员辽阔,利于农业生产;而农业文明附着于土地,安土重迁,聚族而居,形成了以血缘关系为纽带的稳定的社会结构,又以这样的社会结构为基础而形成了家国同构的政治体制;在这样的社会结构和政治体制中,必然崇拜祖先和本族的历史人物,重视历史的传承。因此,中国史学成绩辉煌,在国学中占有突出地位,并且领先于世界。德国哲学家黑格尔也不得不说:"中国历史学作家层出不穷,继续不断,实在是世界上其他民族所不可比拟的。"(《历史哲学》)

中国史学的突出特点有:

第一，源远流长，深入基层。中国史书出现很早，从《尚书》的《盘庚》算起已经有3 500多年历史了。1. 从纵向看，中国史书记载了5 000年文明史。中国史书的记载，至少可以追溯到五帝时代，相当于

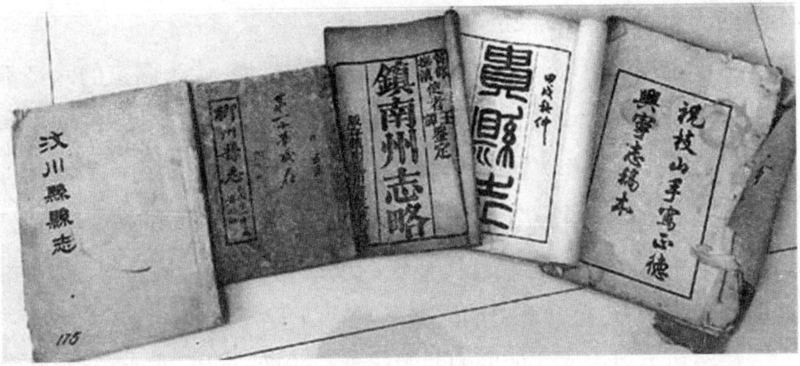

各种地方志

仰韶文化晚期到龙山时代早期（前3500—前2500）。而且，从西周共和元年（前841）开始，就有了明确的纪年。2. 从横向看，中国史书深入基层，除了国史，各地乃至各家族都有史。记载各地历史的传统地方志至少有6 000种。汗牛充栋的地方志和族谱，显现了全民族的重史精神，也是中华史书的组成部分。3. 中国史书不仅起源很早、深入各地，而且完整连续，高峰迭起。从古老的《尚书》到“二十四史”完整连续，涌现了左丘明、司马迁、班固、刘知幾、杜佑、司马光、郑樵、袁枢、黄宗羲、章学诚等杰出史学家。

第二，体例多样，内容广泛。《四库全书》史部把史书划分为“正史类”“编年类”“纪事本末类”“别史类”“杂史类”等15类。“正史类”“编年类”“纪事本末类”是历史著作的三大基本类别。“正史类”即“纪传类”史书，以人物为纲；“编年类”史书，以年代为纲；“纪事本末类”史书，以事件为纲。“编年类”可分三小类：以《尚书》为代表的记言体，以《春秋》《左传》为代表的纪事体断代史，以《资治通鉴》为代表的纪事体通史。“纪传类”可分两小类：以《史记》为代表的纪传通

史，以《汉书》等为代表的纪传断代史。这三大类史书相辅相成，已经构筑了中国史学的辉煌殿宇，何况还有其他类史书！而且，中国史书的内容，不仅记载本国历史，也注意了相关的外国史；不仅记载政治、军事的历史，也注意了经济、文化的历史。

除了正规的史书，学术界还有“六经皆史”说，认为儒家的六经都是古代史书。这个说法，首倡于元朝的郝经，至清朝章学诚著《文史通义》而被大多数学者认同。六经仅存五经。五经中的《尚书》《春秋》无疑都是史书，《汉书·艺文志》就把《史记》等历史著作划为“春秋”类。五经中的《礼经》记载古代礼仪制度，《诗经》和《易经》反映了古老的现实生活，也蕴含着史的因素。

传统史书对于文艺的影响非常巨大。诗歌、小说、戏曲、曲艺等都热衷于历史题材。这些历史题材的文艺作品深入到社会基层，深入人心，扩大了史学的作用。

第三，传统优良，注重德、识、才、学。优秀的史官掌握典册，忠于职守，讲究“实录”，“善恶必书”。为了“实录”，不畏权贵，甚至不惜生命。《左传·襄公二十五年》记载了一个非常感人的故事。齐国大臣崔杼杀了齐庄公，太史在竹简上写道：“崔杼弑其君。”崔杼杀了太史。太史的弟弟接着这样写，崔杼只好让他如实记载。另外一位史官南史氏听说太史死了，拿了竹简前去，准备照样写。他听到已经如实记载了，这才回去。为了保证记录的真实性，历代朝廷还有两条规定：第一，不修本朝的历史，本朝只留下各个皇帝在位期间的“实录”。第二，史官记载皇帝言行的“起居注”，皇帝本人不能观看。

优秀的史官还注意探寻历史规律，如司马迁说他写《史记》的目的是：“究天人之际，通古今之变，成一家之言。”（《报任安书》）到了唐代，历史学家刘知幾总结优良传统，提出优秀史官必须具备“三长”：史才、史学、史识。清代历史学家章学诚又增加提出史德。

当然，中国传统史学也有时代形成的局限。梁启超在《新史学》中批判“中国之旧史”有“四蔽二病”。“四蔽”是:“一曰知有朝廷而不知有国家”,“二曰知有个人而不知有群体”,“三曰知有陈迹而不知有今务”,“四曰知有事实而不知有理想”。因“四蔽”而产生“二病”,一是“能铺叙而不能别裁”,二是“能因袭而不能创作”。梁启超只推崇司马迁、杜佑、郑樵、司马光、袁枢、黄宗羲为中国史学上的“六君子”,对于其余史家全面否定。他认为“二十四史”不过是二十四姓的“家谱”,是“地球上空前绝后之一大相斫书”。梁启超是有感而发,难免有过激之处。如:人类早期的历史著作,即使是非常优秀的历史著作,也往往只注重记录政治和战争。古希腊希罗多德的《历史》是西方史学名著,它所注重的是波斯和希腊的战争;古希腊修昔底德的《伯罗奔尼撒战争史》,更是专门记录雅典和斯巴达争夺霸权的战争。何况“二十四史”的内容不限于战争呢! 因此,不能完全责怪“二十四史”是“相斫书”。但是,梁启超的批判是值得重视的,传统史学的确有许多缺陷。笔者认为最突出的缺陷,一是为封建政治服务,为朝廷寻求长治久安的历史借鉴,而不知为民族寻求新的发展道路;二是因循守旧,如“二十四史”基本上都是沿袭《史记》《汉书》,缺乏创新精神。造成局限的原因,首先是由于小农社会本身发展缓慢,其次是由于君主专制,《史记》以后的“正史”往往是由朝廷主持修撰的,不能超脱朝廷的制约。

第五讲 《尚书》及《逸周书》

《尚书》是我国最早的史书。它不仅是中国最古老的可信史料,而且是全球最全面可信的古老史书。《尚书》写作时间虽然比古埃及《亡灵书》、古巴比伦《汉穆拉比法典》要晚,但是《亡灵书》不是历史,

《汉穆拉比法典》没有《尚书》全面。其他外国古代文献,都要比《尚书》晚面世。

《尚书》的“尚”字,含义就是“上古”,或认为是“君上”。王充《论衡·正说篇》云:“《尚书》者,上古帝王之书。或以为上所为,下所书,故谓之《尚书》。”《汉书·艺文志》说:“古之王者,世有史官,君举必书,所以慎言行、昭法式也。左史记言,右史记事;事为《春秋》,言为《尚书》。”可见《尚书》是上古史官以记录帝王言语为主而形成的文献汇编,是一部记言编年史。相传《尚书》经过孔子修订并作为教材,所以被汉儒称为《书经》。

《尚书》研究最突出的一个问题,是《古文尚书》和《今文尚书》的问题,学术界普遍认为《古文尚书》是伪书。

原来,秦始皇焚书坑儒,《尚书》也在劫难逃。西汉社会安定后,访求古籍。当时,济南的老儒生伏胜已经 90 岁,能够讲授《尚书》,于是,汉文帝派遣晁错向伏胜学习,记录下《尚书》28 篇;又从民间得到 1 篇《泰誓》,总共 29 篇。这 29 篇《尚书》都是用汉朝流行的隶书(今文)记录传世,故称为《今文尚书》。到了汉武帝末年,鲁恭王拆除孔子故宅,在夹层墙壁中得到一部用蝌蚪文(古文)写的《尚书》,共有 45 篇,称为《古文尚书》。《古文尚书》中的 29 篇与《今文尚书》相同;比《今文尚书》多出的 16 篇又特称为《逸书》。西晋末年发生“永嘉之乱”(311),《尚书》再次毁灭于战火中,仅保存了 29 篇《今文尚书》。但是,到了东晋元帝时代,豫章郡内史梅赜,忽然献上 58 篇《古文尚书》和署名孔安国所作的“序言”与“传”(注释)。这就是今天我们看到的《尚书》,称为《孔传古文尚书》。

今本《尚书》文献,上起尧舜时代,下至东周。分“虞书”“夏书”“商书”“周书”四个部分,共 58 篇。它们是:

“虞书”5 篇:《尧典》《舜典》《大禹谟》《皋陶谟》《益

稷》。记载唐尧、虞舜时代(约公元前24世纪)的君臣言行。

"夏书"4篇:《禹贡》《甘誓》《五子之歌》《胤征》。记载我国第一个王朝——夏王朝(前2070—前1600)时代的君臣言行。

"商书"17篇:《汤誓》《仲虺之诰》《汤诰》《伊训》《太甲上》《太甲中》《太甲下》《咸有一德》《盘庚上》《盘庚中》《盘庚下》《说命上》《说命中》《说命下》《高宗肜日》《西伯戡黎》《微子》。记载的是商王朝(前1600—前1251)时代的君臣言行。

"周书"32篇:《泰誓上》《泰誓中》《泰誓下》《牧誓》《武成》《洪范》《旅獒》《金縢》《大诰》《微子之命》《康诰》《酒诰》《梓材》《召诰》《洛诰》《多士》《无逸》《君奭》《蔡仲之命》《多方》《立政》《周官》《君陈》《顾命》《康王之诰》《毕命》《君牙》《冏命》《吕刑》《文侯之命》《费誓》《秦誓》。记载起自前1046年周武王伐纣,止于前627年殽之战秦穆公战败。

我们把今本《尚书》跟《今文尚书》29篇对比,主要差别是:1. 有28篇相同,但是被分成了30篇。《尧典》分为《尧典》和《舜典》,《皋陶谟》分为《皋陶谟》和《益稷》;2.《泰誓》篇名同而文字不同,且分为上、中、下3篇;3. 增加了22篇:《大禹谟》《五子之歌》《胤征》《仲虺之诰》《汤诰》《伊训》《太甲上》《太甲中》《太甲下》《咸有一德》《说命上》《说命中》《说命下》《武成》《旅獒》《微子之命》《蔡仲之命》《周官》《君陈》《毕命》《君牙》《冏命》。

当时的人们都相信《孔传古文尚书》是真本,唐朝孔颖达还为它作疏,称为《尚书正义》。但是,宋朝吴棫、朱熹、蔡沈(同"沉"),以及清朝阎若璩等的考证,证明《尚书正义》使用的并不是真正的古本,其中的25篇（包括多出的22篇和《泰誓》3篇）是后人伪作的，因而被称为《伪古文尚书》，或称为“晚书”。“晚书”的称呼比“伪书”的称呼要好些，因为“晚书”中也吸收了已经散佚的《尚书》篇章中的文字。他们证明孔安国传也是后人伪作的。

《尚书正义》中跟《今文尚书》相同的33篇，可以盘庚时代（前1300）为界线，划分为两小类：第一小类是《盘庚》以前的7篇文献，包括《尧典》《舜典》《皋陶谟》《益稷》《禹贡》《甘誓》《汤誓》，是后代史官的追述，时代晚者属于春秋中叶。第二小类是《盘庚》及《盘庚》以后的26篇文献，是当时史官的及时记录。《盘庚》3篇是盘庚迁都到殷时对臣民的训话，其写作年代大约在公元前14世纪的上半叶，跟迄今为止所发现的最早用甲骨文写作的年代相近。

《尚书》

《尚书》的地位重要。第一，它是我国最早的史书，是记言编年体史书的开创之作。《尚书》汇编的上古文献记载了我国上古两千年的文明发展历史。《尚书》的不同篇章具有不同的独特价值。如：《尧典》反映了古老的天文和历法知识，反映了原始社会末期的选举制度。《禹贡》是中国历史上第一篇综述全国地理状况和经济赋税状况的文献。《洪范》是五行、王道、天人感应等三大思想的渊源。《吕刑》是中国最古老的刑法文献,包含了“德刑并用”“哀敬折狱”“疑罪从轻”等宝贵主张。即使是伪《古文尚书》中的篇章也有价值。如:《大禹谟》中的“人心惟危,道心惟微。惟精惟一,允执厥中”这16个字便被理学家奉为心法。《尚书·五子之歌》说“民可近,不可下。民惟邦本,本固邦宁”,反映了儒家的民本思想。

第二,它是后代重要公文体裁的滥觞。古代学者把《尚书》的篇章划分为六类文体:“典”(重要典章)、“谟”(治国大法)、“训”(教诲)、“诰”(告诫)、“誓”(誓词)、“命”(任命)。它们被称为“《尚书》六体”。也有人把《尚书》的篇章划分为十类文体。

第三,它是研究上古汉语的最宝贵资料。当然,《尚书》语言古奥,读者可以借助现代的注译本阅读。

《尚书》最重要的古代注本有孔安国传、孔颖达疏《尚书正义》,蔡沈(同“沉”)《书集传》,阎若璩《古文尚书疏证》,段玉裁《古文尚书撰异》,孙星衍《尚书今古文注疏》等。

《逸周书》是被《四库全书》辑录为别史的史书,它是跟《尚书》相类的记言编年史。《逸周书》在《汉书·艺文志》中名为《周书》。《隋书·经籍志》误以为是汲冢所出,题为《汲冢周书》。《逸周书》记载周朝的诰誓辞命,是一部记言编年史书。此书相传乃孔子所删《尚书》百篇之余。今人多以为是战国人所编,各篇写成时代不同,早至西周,晚至战国,个别篇章可能还经汉代人改易或增附。《逸周书》曾经散失,今本《逸周书》经过后人辑佚,连序共71篇,其中11篇有目无文。《逸周书》的篇名都有“解”字。如:第一篇叫《度训解》,第二篇叫《命训解》。《逸周书》的记言叙事,上起周文王、武王、周公、成王、康王、穆王,下至春秋后期的厉王、景王。内容庞杂,包括为政牧民、救助灾荒、用兵、天文历法等。书中有些记叙可以跟其他典籍相互印证,但是文字多误脱。主要注本有清人朱右曾《逸周书集训校释》、王念孙《读逸周书杂志》、俞樾《周书平议》、刘师培《周书补正》等。

第六讲 《春秋》和“三传”

《春秋》是我国第一部记事编年史。《春秋》本为鲁国史官记录的史书。《孟子·离娄章句下》说:“《诗》亡然后《春秋》作。晋之《乘》,楚之《梼杌》,鲁之《春秋》,一也。”各国对于历史记录有不同的称呼,而鲁国称为《春秋》。这是因为古人往往以“春”和“秋”代表一年,所以鲁国的史官把编年史叫作《春秋》。

《春秋》以鲁国君主的纪年为中心,记载东周前期各诸侯国的事件。记载从鲁隐公元年(前722)开始,到鲁哀公十四年(前481)结束,经历了鲁隐公、桓公、庄公、闵公、僖公、文公、宣公、成公、襄公、昭公、定公、哀公等十二代君主,共计242年。《春秋》所记录的主要是政治、外交、军事大事,以及异常的自然现象。

现在传世的《春秋》,是经过孔子整理修订的。《史记·太史公自序》说:孔子因为在政治上受排挤,不能施展抱负,于是修订鲁国的《春秋》,通过评判历史以寄托自己的政治见解。孔子说:“我欲载之空言,不如见之于行事之深切著明也。”杜预《春秋左传集解·序》说:“仲尼因鲁史策书成文,考其真伪,而志其典礼,上以遵周公之遗制,下以明将来之法。”据说鲁哀公十四年捕获麒麟,孔子就停止了写作,所以《春秋》又有《麟史》的别名。

《春秋》记事简略,全文只一万多字。它只记录发生了什么事情,并没有具体情节,只是事件的标题或纲目。《春秋》虽然记事简略,但是风格严谨,讲究用字的规范,寄托对人事的褒贬。如:同样是杀人,如果被杀者有罪,就用“诛”字,表示杀得对;如果被杀者无罪,就用“杀”字,表示不赞成;如果被杀者是君主或尊长,就用“弑”字,表示对

《春秋三传》

杀人者的谴责。这叫作“春秋笔法”。体现“春秋笔法”的历史记载，对于当时的政治人物具有一定的鼓励作用或震慑作用，所以说：“一字之褒，荣于华衮；一字之贬，严于斧钺。”“孔子作《春秋》而乱臣贼子惧。”

经过孔子整理修订的《春秋》称为《春秋经》，影响很大。所以，“春秋”一词往往成为史书或历史的代名词，而且历史学家还用“春秋”称呼它所记录的那一个时代。但是，由于《春秋》过于简略，所以诠释的著作相继出现，称之为“传”。《汉书·艺文志》记载，《春秋》11卷，为《春秋》作传者共5家：

《左氏传》30卷；《公羊传》11卷；
《穀梁传》11篇；《邹氏传》11卷；
《夹氏传》11卷。

《邹氏传》和《夹氏传》在汉朝就已经失传。《左氏传》《公羊传》《穀梁传》合称“春秋三传”，都列入儒家经典，后来各自成为儒家“十三经”之一。

《左氏传》即《左传》，作者相传是左丘明。《左传》的作者和性质，

左丘明

学术界争论颇多。有人认为,左丘明是为了说明《春秋》的纲目而广泛采用列国所记述的具体史实而作《左传》;有人认为,《左传》是一部独立的史书。《左传》的记叙迄于鲁悼公四年(前464),比《春秋》经文多出17年,而且最后还记叙了鲁悼公十四年的事。主要传统注本是《春秋左传正义》(晋杜预注,唐孔颖达等疏),此外还有赵东山、惠栋、沈钦韩、刘文淇等的注本。

《左传》无论在史学还是文学发展史上都具有辉煌成就。《左传》是我国第一部规模宏大而内容翔实的史学巨著,近二十万言,全面而系统地记载了春秋时代的大事。它注重剪裁史料,有条不紊;精于谋篇,波澜起伏;善于刻画形象,栩栩如生。特别是它对于战争和外交辞令的描述更是精彩绝伦,而且具有鲜明的民本主义思想,认为民心向背是政治和战争的决定因素。如果说《春秋》只是历史纲目,那么《左传》才是一部内容详赡的真正史书。如鲁隐公元年,郑国发生郑庄公和共叔段之间的军事斗争,《春秋》只有9个字记载:"夏,五月,郑伯克段于鄢。"而《左传》详尽生动地记叙了事件的起因、经过、结局,并突出了人物的特点。《左传》还是我国古典叙事散文的典范,我们在本书"传统文学"部分还要介绍。

《公羊传》《穀梁传》都不是独立的史书,而是孔子后学直接解释《春秋》的著作。《公羊传》在汉朝的传述人是公羊高、公羊寿等,《穀梁传》在汉朝的传述人是穀梁赤等。它们侧重阐发《春秋》笔法中的"微言大义"。且举两例:

1.《穀梁传》阐释"郑伯克段于鄢"道:

公羊高

> "克"者何？能也。何能也？能杀也。何以不言杀？见段之有徒众也……"段"，弟也，而弗谓弟；公子也，而弗谓公子，贬之也。段失子弟之道矣。贱段而甚"郑伯"也。何甚乎郑伯？甚郑伯之处心积虑，成于杀也。"于鄢"，远也；犹曰取之其母之怀中而杀之云尔，甚之也。然则为郑伯者，宜奈何？缓追、逸贼，亲亲之道也。

2.《春秋·僖公十六年》："十有六年春，王正月戊申朔，陨石于宋五；是月，六鹢退飞过宋都。"《公羊传》阐释道：

> 曷为先言陨，而后言石？陨石记闻，闻其磌然，视之则石，察之则五……曷为先言六，而后言鹢？六鹢退飞，记见也，视之则六，察之则鹢，徐而察之则退飞。

《榖梁传》阐述的是《春秋》用字的严谨，挖掘其中的褒贬意义，《公羊传》阐述的是《春秋》的语序。这样的阐释，对于研究儒家思想是有参考作用的，但是，要防止走上牵强附会、深文周纳的极端。《公羊传》主要注本是《春秋公羊传注疏》（汉何休注，唐徐彦疏），《榖梁传》主要注本是《春秋榖梁传注疏》（晋范宁注，唐杨士勋疏）。

《春秋》经传对于编年史具有开创之功。东汉末年荀悦的《汉纪》，晋朝袁宏的《后汉纪》，宋朝司马光的《资治通鉴》，都是继承《春秋》经传的历史名著。

第七讲 《国语》《战国策》及《世本》

《国语》是中国最早的一部国别体史书。它记录了周朝王室和七个诸侯国的历史,时间上起周穆王西征犬戎(前10世纪),下至晋国的智伯被灭(前5世纪)。全书21卷:《周语》3卷,《鲁语》2卷,《齐语》1卷,《晋语》9卷,《郑语》1卷,《楚语》2卷,《吴语》1卷,《越语》2卷。《国语》的体例特点是按照一定顺序分国排列,在内容上偏重于记述历史人物的言论。《国语》是国别体裁,为后代史书如陈寿的《三国志》、崔鸿的《十六国春秋》等所继承和发展。

《国语》相传是左丘明作。《左传》称为《春秋内传》,故《国语》又称为《春秋外传》。《国语》和《左传》都有倾向晋国的特点。《国语》中有《晋语》9卷,占全书三分之一多,故有人把《国语》称为"晋史"。那么,这两本书的作者有可能都是晋国的史官。最早注《国语》的是三国时代的韦昭。近人徐元诰的《国语集解》颇为淹博。

《国语》的史料价值很高,可信度高,而且可以弥补《左传》的某些不足。如《国语》对于周王室的记载,对于齐桓公霸业的记载,对于吴越争霸的记载,都比《左传》完整详尽。

《国语》善于铺叙,名篇有《祭公谏征犬戎》《召公谏厉王止谤》《敬姜论劳逸》《叔向贺贫》等。

《战国策》也是国别体史书,主要记录战国时代纵横策士们的游说活动和言论。《战国策》是汇编而成的历史著作,主要取自策士的著作和史臣的记载,西汉刘向考订整理后,定名为《战国策》。北宋时《战国策》已经缺失,曾巩奉旨加以校补,以成今本。《战国策》传统注本,有汉朝末年高诱的注本,南宋姚宏、鲍彪等的注本。

今本33卷:《东周策》1卷、《西周策》1卷、《秦策》5卷、《齐策》6

卷、《楚策》4 卷、《赵策》4 卷、《魏策》4 卷、《韩策》3 卷、《燕策》3 卷、《宋卫策》1 卷、《中山策》1 卷。记事年代大致上接春秋时代，下迄秦统一，约有 240 年。全书展示了“逞干戈、尚游说”的大兼并时代的历史特点和社会风貌。刘向序说：“战国之时，君德浅薄，为之谋策者，不得不因势而为资，据时而为画。故其谋，扶急持倾，为一切之权；虽不可以临教化，兵革救急之势也。”

《战国策》善于述事明理，风格凌厉，纵横开阖，并大量运用寓言、譬喻，语言生动，富于文采。著名篇章有《苏秦以连横说秦》《邹忌讽齐王纳谏》《颜斶说齐王》《冯谖客孟尝君》《赵威后问齐使》《触龙说赵太后》《鲁仲连义不帝秦》《乐毅报燕王书》等。

马王堆帛书

1973 年，在长沙马王堆三号汉墓出土了一批帛书，其中一部类似《战国策》，整理后定名为《战国纵横家书》。

《世本》也是先秦时期的一部颇有价值的史书。西汉刘向《别录》说：“《世本》，古史官明于古事者之所记也……凡十五篇，与左氏合也。”《世本》修撰者，有人说是左丘明，有人说是秦末汉初的人。《世本》的“世”是指世系，“本”则表示起源。《史记》《汉书》都曾经引用这本书。东汉应劭等曾经为这本书作注解。

《世本》到北宋时代已经散失。南宋高似孙开始辑佚。至清朝此书辑佚本有 10 种，今存王谟等辑本 8 种。分为《三皇世系》《五帝世系》《夏世系》《商世系》《周世系》《春秋列国公侯世系》《春秋列国卿大夫世系》《氏姓篇》《居篇》《作篇》《谥法》等15篇，记载了从黄帝到春秋时期帝王、诸侯、卿大夫的世系、姓氏的起源、帝王的都邑、发明制作、谥法等。后代的《帝王世纪》《路史》等，都受到《世本》的影响。

第八讲 《史记》

《史记》是我国第一部纪传体通史。

司马迁

《史记》作者是司马迁。司马迁(约前145或前135—?)，字子长，出身于史学世家。司马迁早年受学于名儒孔安国、董仲舒，又曾经奉使西南，漫游各地，广泛了解风俗，采集传闻。其父司马谈生前担任太史令，已经开始编撰《太史公书》。司马谈去世后，司马迁担任太史令，他继承父亲志向，编撰《太史公书》(后来被称为《史记》)。汉武帝天汉三年(前98)，司马迁因为李陵事件抵触汉武帝而被捕入狱，后被处以宫刑。出狱后，他忍受巨大的形体和精神创伤，发奋继续完成所著史书，并宣示自己的目的是："究天人之际，通古今之变，成一家之言！"

《史记》的记录从五帝时代(前3500—前2500)开始，经过夏王朝、商王朝、周王朝、秦王朝，到汉武帝太初年间(前104—前101)结束，共记叙了3 000多年的历史。它的体裁分为五类：本纪、世家、列传、表、书，合称"史家五体"。"本纪"记叙中央政权的兴亡和历代君主的政绩，"世家"主要记诸侯国的兴亡和事迹(只有《孔子世家》《陈涉世家》

例外),“列传”记重要人物的言行事迹(其中最后一篇为自序)。“本纪”“世家”“列传”都记叙人物事迹,是《史记》的主要内容,故称为“纪传体”。“表”按时间列举大事,分世表、年表、月表。“书”记载八类典章制度,分别是《礼书》、《乐书》、《律书》(音律)、《历书》(历法)、《天官书》(天文)、《封禅书》(帝王祭祀天地神灵)、《河渠书》(水利)、《平准书》(经济活动)。《史记》共130篇,包括12篇“本纪”、30篇“世家”、70篇“列传”、10篇“表”、8篇“书”,共50多万字。

《史记》到东汉时代已经有缺失。班固《汉书·司马迁传》说:“十篇缺,有录无书。”《史记》中哪些篇属于后人的增补或改动,古今学者有不同看法。日本学者泷川资言《史记会注考证》综合考证,认为有34篇。这些篇目有的是褚少孙所补,有的是其他人所补。例如:《孝武本纪》,本应该叫《今上本纪》,因为《史记》全书都称汉武帝为“今上”,而“孝武”是汉武帝死后的谥号;而且,《孝武本纪》大部分文字跟《封禅书》相同,相传是《今上本纪》被毁,后人只好取《封禅书》替代。又如:褚少孙在《滑稽列传》中说,司马迁写了三个人物的故事,他补充了六个人物的故事。

《史记》为中国史学树立了优秀的典范。《汉书·司马迁传》称赞说:“善序事理,辩而不华,质而不俚。其文直,其事核,不虚美,不隐恶。故谓之‘实录’。”《史记》最突出的史学特色有:第一,作者具有创造精神。他首创了纪传体,为历代“正史”所传承。第二,作者具有卓绝的史才。他广泛搜集史料,态度严肃认真,记事翔实,并建立了中华民族大一统的历史体系,增强了民族的凝聚力。第三,作者具有卓绝的史德,忠于历史事实。他既正面歌颂人物的丰功伟绩,也敢于揭露当权者的丑恶行为;他不以成败论英雄,为项羽立本纪,为陈涉立世家;他为下层人物立传,写了《游侠列传》《滑稽列传》等。第四,作者眼光敏锐而广阔。他不仅关注政治、军事,而且关注经济、文化,并力求探索历史发展规律。他不仅关注本民族,而且关注四周的民族,写有《匈奴列传》《西南夷列传》《朝鲜列传》等。

《史记》不仅对后世史学有深远影响，而且对后世文学有深远影响，它是史传散文的高峰，能选择典型情节把人物刻画得栩栩如生，又为戏剧和小说创作提供了丰富的题材。正如鲁迅所赞叹的："史家之绝唱，无韵之《离骚》。"

《史记》注解本颇多，最有影响的是《史记集解》(南朝裴骃)、《史记索隐》(唐司马贞)、《史记正义》(唐张守节)，它们合称"三家注"。日本学者泷川资言的《史记会注考证》，广泛吸收传统研究成果，也是重要的版本。

第九讲 《汉书》和"二十四史"

《汉书》记载西汉时代的历史，记事始于汉高祖刘邦元年(前206)，终于王莽地皇四年(23)。它是我国第一部纪传体断代史。

班　固

《汉书》作者是东汉初年的史学家班固。班固(32—92)，字孟坚，是史学家班彪的儿子。《汉书》写作过程非常曲折。《史记》记事终止于汉武帝太初年间，只写了西汉前期的历史。因此，汉朝有不少人编写续篇，班彪就是其中的一人，他为《史记》"作《后传》六十五篇"。班彪死后，20多岁的班固决心整理父亲的遗稿，完成全书的写作。可是，开始不久，就有人告发班固"私作国史"，班固被捕入狱。幸亏他的弟弟班超上书汉明帝说明班固修《汉书》的目的是颂扬汉德，并无毁谤朝廷之意。汉明帝以无罪开释班固，并召为兰台令史，资助写作经费，令他完成其父夙愿。到汉和帝时，大将军窦宪被诛，班固曾经担任窦宪的幕僚，受牵连而被免官入狱，死在狱中。《汉书》尚未完成。汉和帝命其妹班昭续写班固遗作。不久班昭又去世，汉和帝召令班昭的门生马续完成写作。除了《汉书》，班固还有《白虎通德论》及诗赋传世。

《汉书》把《史记》的“本纪”省称“纪”，“列传”省称“传”，并把“世家”归并到“传”类，把“书”改称为“志”。有“纪”12 篇，“表”8 篇，“志”10 篇，“列传”70 篇，共 100 篇，完整记述了西汉王朝 200 多年的历史。《汉书》开创了我国断代史的先河，《汉书》的“纪”“表”“志”“列传”四体，为后代正史所遵循。

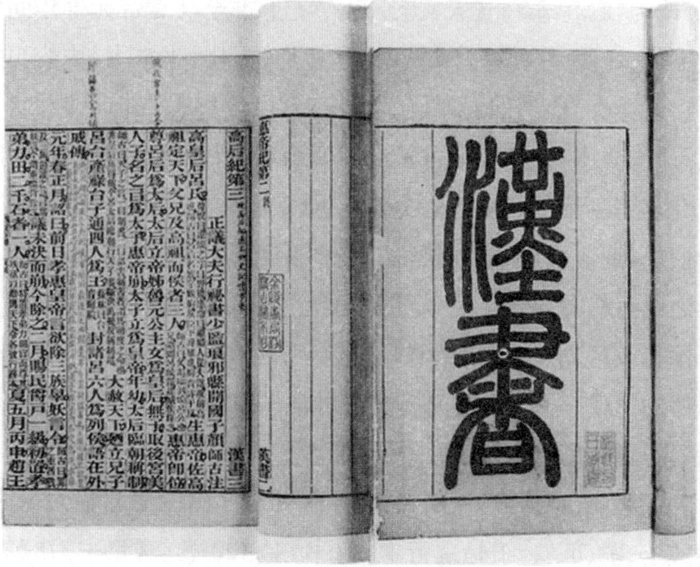

《汉书》

《汉书》记载的时代与《史记》有交叉。汉武帝中期以前的历史记述，《汉书》继承《史记》而加以损益；汉武帝中期以后的历史，完全是新创的。《汉书》的资料往往比《史记》更加丰富，更加翔实。班固除吸收《史记》和当时约 10 种续书的资料外，还全文录入了大量的诏令、奏议、诗赋等原始史料。当然，班固受正统思想的严重束缚，历史识见赶不上司马迁。《汉书》有不少优秀篇章，如《苏武传》之类，但是全书文采比不上《史记》。

《汉书》的8“表”中的《古今人表》和《百官公卿表》颇有特色。《古今人表》把人物分等级排列，从太昊帝排到吴广，而不收录汉朝的人物。《百官公卿表》，讲述了从秦朝、西汉到当时的官僚制度及其变迁。

《汉书》的10“志”具有创造性。作者将《史记》的《礼书》《乐书》合为《礼乐志》，将《律书》《历书》合为《律历志》，将《天官书》改为《天文志》，将《封禅书》改为《郊祀志》，将《河渠书》改为《沟洫志》，将《平准书》改为《食货志》。《天文志》保存了上古至汉哀帝元寿年间大量有关星运、日食、月食等天文资料。《食货志》比《平准书》内容更加丰富。它上卷谈“食”，即农业经济状况；下卷论“货”，即商业和货币的情况。《沟洫志》记述了上古至汉朝的水利工程，并说明治水的策略。《汉书》作者新增的《刑法志》《五行志》《地理志》《艺文志》等都有创新价值。《刑法志》系统地叙述了法律制度的沿革。《五行志》集五行灾异之说而编成，但保存了大量的自然史资料。《地理志》记录了当时的郡国行政区划、历史沿革和户口数字，还有各地物产、经济状况、民情风俗的记载。《艺文志》考证了各种学术派别的源流，记录了存世的书籍，它是我国现存最早的图书目录。

到了唐代，颜师古为《汉书》作注解，他将篇幅较长的各篇分为上、下卷或上、中、下卷，于是现行本《汉书》是120卷。《汉书》唐朝以前诸家的注本大多散失，清朝王先谦广泛吸收前人成果而作了《汉书补注》。

三国时代，把《史记》《汉书》和东汉刘珍等写的《东观汉记》称为“三史”。范晔的《后汉书》出现后，取代了《东观汉记》，加上陈寿的《三国志》，称为“前四史”。

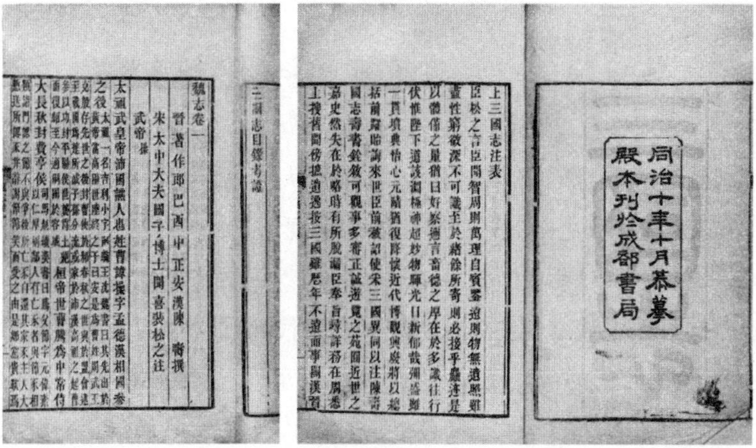

《三国志》

“前四史”加上房玄龄等写的《晋书》、沈约写的《宋书》、萧子显写的《南齐书》、姚思廉写的《梁书》《陈书》、魏收写的《魏书》、李百药写的《北齐书》、令狐德棻写的《周书》、魏徵等写的《隋书》，合称“十三史”。在“十三史”的基础上，加入李延寿写的《南史》《北史》，欧阳修等写的《新唐书》《新五代史》，形成了“十七史”。又增加脱脱等写的《宋史》《辽史》《金史》、宋濂等写的《元史》，合称“二十一史”。

清朝张廷玉等写《明史》。乾隆时代，刊行《明史》和“二十一史”，总名“二十二史”。后来又加进刘昫等写的《旧唐书》，成为“二十三史”。再从《永乐大典》中辑录出薛居正等写的《旧五代史》，并列入正史。这些史书经乾隆皇帝钦定，汇刻为《钦定二十四史》，这是中国古代正史最完整的一次大规模汇刻。

民国时代，柯劭忞编写的《新元史》、赵尔巽等编写的《清史稿》，相继脱稿。大总统徐世昌曾经把《新元史》列为“二十五史”之一；但是，大多数学者把《清史稿》列为“二十五史”之一。也有人主张把这两部都列入正史，那就成了“二十六史”。

第一〇讲　编年体通史和《资治通鉴》

《资治通鉴》是一部规模恢宏、影响巨大的编年体通史。

《资治通鉴》之前，先秦时代已经出现一部编年体通史《竹书纪年》。它是春秋时期晋国史官和战国时期魏国史官所作，成书略晚于《春秋》，埋藏在魏襄王墓中。西晋武帝时代，汲郡（今河南汲县）人不准盗发战国时代的魏襄王墓，得竹简数十车，大多数被毁坏。所剩纪年12篇，即《竹书纪年》，又称《古文纪年》《汲冢纪年》。它按年编次，记述夏、商、西周和春秋、战国的历史。它以晋国历史为重点，三家分晋后用魏国纪年。它的记载，有的不同于其他史书，却可以跟甲骨文、金文验证，具有独特价值。《竹书纪年》应该是第一部编年体通史，然而《竹书纪年》的历史地位大大不如《资治通鉴》。

《资治通鉴》

《资治通鉴》简称《通鉴》，北宋司马光（1019—1086）主编。宋英宗年间，司马光认识到历史经验关系国家的治乱，但是历代史籍浩繁，难以遍览，因而撮取其要，编了大事年表，又撰成总括战国至秦朝历史的《通志》8卷。治平三年（1066），他进呈朝廷，引起宋英宗的重视，下令设置书局继续编纂，由司马光主持，刘恕、刘攽、范祖禹三人协修。他们历时19年，于宋神宗元丰七年

(1084)完成。宋神宗认为该书“鉴于往事,有资于治道”,而钦定书名为《资治通鉴》。

《资治通鉴》全书共294卷,记事从周威烈王二十三年(前403)起,到五代后周世宗显德六年(959)结束,涵盖了16个朝代1 362年的历史。全书以时间为纲,事件为目,按朝代分为16纪:即《周纪》5卷、《秦纪》3卷、《汉纪》60卷、《魏纪》10卷、《晋纪》40卷、《宋纪》16卷、《齐纪》10卷、《梁纪》22卷、《陈纪》10卷、《隋纪》8卷、《唐纪》81卷、《后梁纪》6卷、《后唐纪》8卷、《后晋纪》6卷、《后汉纪》4卷、《后周纪》5卷。《周纪》《秦纪》即原来的《通志》。他们引用历代史书和其他书籍达到300种,而且著作《考异》30卷,列举各种书籍的不同说法,逐条说明取舍的理由。

《资治通鉴》体大思精,史料充实丰富,考订取舍严谨,叙事脉络清晰,从而成为我国第一部完备的编年体通史,将中国的历史编纂推进到了新的水平。《资治通鉴》注重史学直接为政治决策提供借鉴,分析国家盛衰兴亡的因素。它按照品德才能,把历代君主分为创业、守成、陵夷、中兴、乱亡五类,从而成为历代君王和大臣的教科书。宋末元初胡三省精心为《资治通鉴》作注,并把《考异》分别并在相关的正文后面。他评价《资治通鉴》说:“为人君而不知《通鉴》,则欲治而不知自治之源,恶乱而不知防乱之术;为人臣而不知《通鉴》,则上无以事君,下无以治民;为人子而不知《通鉴》,则谋身必至于辱先,作事不足以垂后。”《资治通鉴》不仅关注政治治乱,也记载历代的军事、经济、文化、科技大事。南宋史学家王应麟说:“自有书契以来,未有如《通鉴》者。”《资治通鉴》善于叙事,语言准确,不少评论者把它与司马迁的《史记》并列为中国历史散文的典范,有“文章千古两司马”的赞叹。当然,《资治通鉴》无论史料或观点都有不少失误和值得商榷的地方,历代学者往往加以批评、纠正。

受《资治通鉴》影响,出现了纲目体。南宋理学大师朱熹不同意

《资治通鉴》的某些观点，而且感觉篇幅太浩繁，于是加以删削，编成《资治通鉴纲目》。所谓“纲”，就是仿效《春秋》的笔法，写出事件的标题，所谓“目”，就是像《左传》一样记叙史实。这本书在明清时代很有权威。

此外，还有一本流传甚广的通俗史书，叫作《纲鉴易知录》，是清朝康熙年间，浙江人吴楚材和他的朋友合作编纂的。吴楚材又是《古文观止》的编选者。《纲鉴易知录》简称《纲鉴》，是一部上起太古、下迄明代的明晰易读的中国通史。

皇甫谧

被后代历史学家列入杂史的史书《帝王世纪》，实际上也是一部编年体通史。作者是皇甫谧。现存辑录本10卷：第一卷记天地开辟至三皇时代，最有特色。它把天地开辟划分为“太易、太初、太始、太素、太极”等五个时期；三皇时代，不仅指三皇（太昊帝伏羲氏、炎帝神农氏、黄帝轩辕氏），还包含了许多传说中的上古帝王，如伏羲时代就包含了沿袭伏羲制度的女娲氏、有巢氏、葛天氏、无怀氏等十五世帝王。第二卷记五帝（少昊、颛顼、高辛、尧、舜），第三卷记夏王朝，第四卷记殷商，第五卷记周王朝，第六卷记秦王朝，第七卷记前汉（即西汉），第八卷记后汉（即东汉），第九卷记魏，第十卷记历代星野、垦田及户口。《帝王世纪》中对上迄三皇，下至汉魏时期的历史地名也做了比较系统的研究和考证。可惜，《帝王世纪》有把真实历史和传说混为一谈的嫌疑。

《四库全书》著录的别史《路史》，实际上也是编年体通史。《路史》，南宋时代罗泌撰，共47卷。《尔雅》解释“路”有“大”的含义。罗泌采取这个含义取名，“路史”就是中国的大史。全书采用纬书、道家和道教典籍的说法，记述“三皇五帝”等上古历史，包括地理、风俗、氏族等方面的传说。资料丰富，但取材芜杂，神话色彩强烈。

第一一讲　纪事本末体史书

《资治通鉴》按年记述了1 300多年的史实，篇幅宏富，但是一个历史事件往往延续多年，一年又发生不同的历史事件，所以要了解某个历史事件的全貌，必须前后翻阅，造成阅读困难。于是纪事本末体《通鉴纪事本末》就应运而生了。

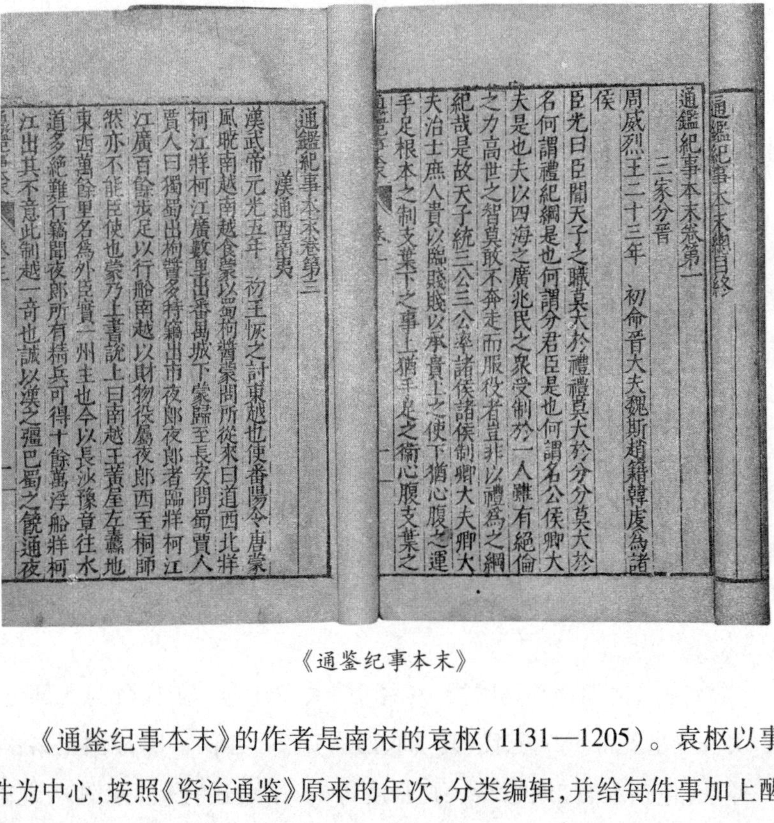
通鑑紀事本末總目終

通鑑紀事本末卷第一

三家分晉

周威烈王二十三年　初命晉大夫魏斯趙籍韓虔為諸侯

臣光曰臣聞天子之職莫大於禮禮莫大於分分莫大於名何謂禮紀綱是也何謂分君臣是也何謂名公侯卿大夫是也夫以四海之廣兆民之衆受制於一人雖有絕倫之力高世之智莫敢不奔走而服役者豈非以禮為之綱紀哉是故天子統三公三公率諸侯諸侯制卿大夫卿大夫治士庶人貴以臨賤賤以承貴上之使下猶心腹之運手足根本之制支葉下之事上猶手足之衛心腹支葉之

通鑑紀事本末卷第三

漢通西南夷

漢武帝元光五年　初王恢之討東越也使番陽令唐蒙風曉南越南越食蒙以蜀枸醬蒙問所從來曰道西北牂柯江牂柯江廣數里出番禺城下蒙歸至長安問蜀賈人賈人曰獨蜀出枸醬多持竊出市夜郎夜郎者臨牂柯江江廣百餘步足以行船南越以財物役屬夜郎西至桐師然亦不能臣使也蒙乃上書說上曰南越王黃屋左纛地東西萬餘里名為外臣實一州主也今以長沙豫章往水道多絕難行竊聞夜郎所有精兵可得十餘萬浮船牂柯江出其不意此制越一奇也誠以漢之彊巴蜀之饒通夜

《通鉴纪事本末》

《通鉴纪事本末》的作者是南宋的袁枢（1131—1205）。袁枢以事件为中心，按照《资治通鉴》原来的年次，分类编辑，并给每件事加上醒目的题目。《通鉴纪事本末》记述战国至五代的历史事件,共有42卷。第一卷总括战国至秦朝的历史事件,第二卷至第八卷总括两汉的历史事件,第九卷至第十一卷总括三国时代的历史事件,第十二卷至第二十六卷总括两晋、南北朝的历史事件,第二十七卷至第三十七卷总括唐朝的历史事件,第三十八卷至第四十二卷总括五代十国的历史事件。每个事件都有题目,共239个事件题目。如第一卷是总括战国至秦朝的历史事件,有题目3个:《三家分晋》《秦并六国》《豪杰亡秦》;第四十二卷总括后汉、后周的历史事件,有题目4个:《契丹灭晋》《三叛连兵》《郭威篡汉》《世宗征淮南》。

《通鉴纪事本末》实现了史书编纂体的新突破,此后出现了编年、纪传、纪事本末三足鼎立的体例。清代著名历史学家章学诚评论说:"因事命篇,不为常格……文省于纪传,事豁于编年,决断去取,体圆用神。"(《文史通义·书教下》)但是,《通鉴纪事本末》也有它的缺点。如所取的资料局限于朝廷的政治事件,对于其他史事多略而不书。

在《通鉴纪事本末》的影响下,许多学者仿照体例编纂纪事本末体史书。有的标明"纪事本末",例如《春秋左传事类始末》《宋史纪事本末》《辽史纪事本末》《金明史纪事本末》等。有的没有标明是"纪事本末",例如《三朝北盟会编》《绎史》等。

《三朝北盟会编》,南宋徐梦莘编撰。徐梦莘思考造成北宋灭亡的历史教训,追寻"靖康之乱"的事件本末,从而编撰此书。三朝指宋徽宗、宋钦宗、宋高宗三朝。记事起于宋徽宗政和七年(1117)宋金的海上之盟,止于宋高宗绍兴三十二年(1162),广泛搜罗了诏令、奏议、国书、碑志及各种旧闻。凡是宋金之间的战争、和议等事件本末都清楚记叙。

《绎史》,清朝初年马骕撰。《绎史》共160卷。正文分为5部分:1. 太古三皇五帝。2. 三代(夏、商、西周)。3. 春秋。4. 战国至秦亡。5. 外录(包括天官、地志、名物、制度等)。书后还有《世系图》《地理图》《天象图》《建制图》《谱表》和《古文字摹印》。此书是集记人、记事、图表、书表于一体的综合史书，既具有纪事本末体的特色，又糅合了编年体和纪传体的长处，故有“卓然特创，自为一家之体”的美誉。

第一二讲 《蒙古秘史》等少数民族史书

我国少数民族中，蒙古族、满族、藏族的传统史学比较发达。

曾经入主中原的蒙古族和满族的史学，深受汉族史学的影响。

蒙古族的历史可以追溯到远古的匈奴时代。13 世纪初年铁木真（成吉思汗）统一各部迅速崛起。铁木真逝世后，其子窝阔台完成中国北部的征服，继续向欧洲推进。窝阔台去世后，忽必烈建立元朝。蒙古族在建立元朝之前，已经写作了《蒙古秘史》。建立元朝之后，各个皇帝都有《实录》，又由右丞相脱脱亲自主持撰修了《辽史》《金史》《宋史》。退出中原之后，蒙古族史学家又在明末写了《蒙古黄金史》，在清初写了《蒙古源流》。《蒙古秘史》《蒙古黄金

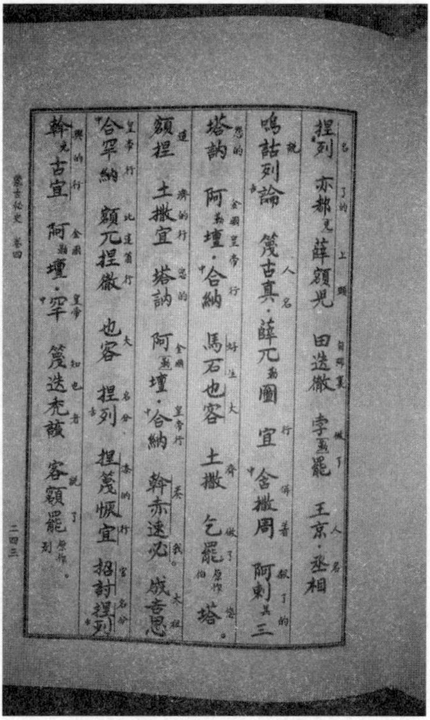

《蒙古秘史》

史》《蒙古源流》合称为蒙古民族的三大历史著作，也是蒙古族重要的

宗教和文学文献。

《蒙古秘史》,还有《圣武开天记》《元朝秘史》等称呼。它原来是铁木真黄金家族的世袭谱册,故又尊称《金册》。原书是用回鹘体蒙古文写成的,成书地点在蒙古高原的克鲁伦河(今蒙古国克鲁伦河)流域,年代大约是13世纪,作者佚名。

《蒙古秘史》有12卷本或15卷本。12卷本共282节,分为正集10卷和续集2卷。正集主要记叙铁木真的事迹,首先叙述了铁木真的先世、幼年时代、壮年时代,然后写他消灭敌对势力,统一蒙古各部,被推举为大汗,出征金国、西夏、突厥等。续集2卷记叙窝阔台汗时代的事迹。《蒙古秘史》是蒙古族最早的史书。它追述了蒙古族的起源和形成的历史,描绘了铁木真及其部将们的赫赫战功;并保存了蒙古及中亚诸民族的神话、传说、宗教信念和仪式,还有寓言、格言、诗歌等,这些作品集中反映了人类狩猎游牧文化。

《蒙古黄金史》,又称《黄金史纲》,全称为《诸汗源流黄金史纲》。最早版本成书于明朝末年(17世纪初),俗称《小黄金史》,作者佚名。这部书从古老年代的传说写起,一直写到林丹汗继位,但重点是记述明代蒙古、瓦剌两部的历史。它史料真实,年代较准确,是研究蒙古族在明代情况的主要史料,特别是研究明代蒙古汗系的珍贵资料。到了清朝乾隆时期,罗卜藏丹津在《小黄金史》的基础上重新写作,扩大内容,便有了《大黄金史》。

《蒙古源流》,清康熙元年(1662)成书,蒙古族萨冈彻辰撰。此书蒙文名称的意思是"印度、西藏、蒙古诸汗源流",后来乾隆帝亲自将书名定为《蒙古源流》,收入《四库全书》。

全书以编年体上溯蒙古部落的崛起及成吉思汗王统的起源,并与印度、西藏诸王世系联系到一起,下述元明两代蒙古各汗的事迹,其中有关明代北元朝蒙古部的斗争的内容占全书之半,对于俺答汗及鄂尔多斯部的记叙特别详细。作者自称此书系根据《古昔蒙古汗等源流大黄册》等7种蒙、藏文字资料写成。书中对诸汗世次、名号、生卒年、领地划分、各部战争,以及地名、职官等的叙述在所有蒙古史籍中最为详尽。书中还收录了很多蒙古民间传说、诗歌,也是研究藏、梵、汉、满等语言的宝贵资料。

满族历史悠久,可以追溯到先秦两汉时代的肃慎、靺鞨等。黑水靺鞨是满族的直系祖先,后发展为女真。满族是曾经两度建立过中原王朝的少数民族,一是金国,一是清朝。金国创制女真文字,设置史官,修祖宗和各帝《实录》,并撰修《辽史》。清朝更注重历史,乾隆皇帝汇刻《钦定二十四史》,完成了中国古代正史的一次大规模汇刻。

藏族先民在远古时就居住在雅鲁藏布江中游两岸,跟羌族有血缘关系。战国时代中期,"六牦牛部"的首领崛起于山南地区的雅隆河谷。7世纪初,第三十二代赞普(首领)松赞干布统一整个西藏地区,定都逻些(今拉萨),建立了吐蕃王朝。吐蕃王朝制定了藏文、藏历、法律,撰修了历代赞普的传记。8世纪晚期,出现了长篇历史著作《巴协》,记叙赞普赤德祖赞推行佛教的历史过程。此书的作者相传是巴·塞囊。14世纪,布顿著《布顿佛教史》,索南坚赞著《西藏王统记》;16世纪,祖拉陈哇著《贤者喜宴》;17世纪,阿旺罗桑嘉措著《西藏王臣记》;18世纪,策仁旺杰著《颇罗鼐传》(颇罗鼐是抗击外族入侵和平定内部动乱的英雄)。这些著作构成了藏族史学的长廊。

研究我国少数民族的史学,除了关注他们的史书,还要注意另外两种形态的记叙,一是他们本民族的史诗、传说和歌谣,二是汉文所记载的史料。

第一三讲 "三通"等典章制度史

《周礼》《仪礼》和《礼记》等"三礼",已经开典章制度史的先河。

在几千年的发展中，典章制度既有继承，又有变化发展，于是记载典章制度发展变化的专史必然应运而生。典章制度专史在《四库全书》中列入“政书类”。典章制度专史的代表作是《通典》《通志》《文献通考》，合称“三通”。

《通典》

《通典》，唐朝杜佑(735—812)编撰。全书200卷，分为九典(即九大门类)：1.《食货典》12卷，包括历代的田制、版籍、赋税、户口、钱币、漕运、盐铁、杂税等；2.《选举典》6卷，包括官吏的选拔、考绩等；3.《职官典》22卷，包括历代官制的级别、数量等；4.《礼典》100卷；5.《乐典》7卷；6.《兵典》15卷；7.《刑典》8卷；8.《州郡典》14卷；9.《边防典》16卷。九典有子目1 500多条，史料非常丰富。《通典》是中国历史上第一部体例完备的典章制度专史，广泛搜集整理了自唐虞时代到唐代宗时代的典章制度史料，全面反映了几千年间的政治、经济、文化体制及其变迁。

《通志》，宋朝郑樵(1104—1162)编撰。《通志》全书共200卷，分“本纪”“世家”“列传”“载记”“四夷传”“年谱”“二十略”等部分。“本纪”“世家”“列传”“载记”“四夷传”“年谱”等，总括了自三皇五帝到隋朝的历史人物和事件，其史料都取自前代的各种史书，实际上是一部通史。但是，《通志》中最有价值的是“二十略”，属于典章制度史。

“二十略”共52卷，包括《氏族略》《六书略》《七音略》《天文略》《地理略》《都邑略》《礼略》《谥略》《器服略》《乐略》《职官略》《选举略》《刑法略》《食货略》《艺文略》《校雠略》《图谱略》《金石略》《灾祥

郑 樵

略》《昆虫草木略》。每一略都非常系统而详尽。如《氏族略》讲中国的姓氏起源,就有以国为氏,以邑为氏,以乡为氏,以亭为氏,以姓为氏,以字为氏,以名为氏,以族为氏,以官为氏,以爵为氏,以凶德为氏,以吉德为氏,以技为氏,以事为氏,以谥为氏,等等,还列举了复姓、三字姓、四字姓等。“二十略”为考察研究古代文化提供了系统宝贵的资料。

马端临

《文献通考》简称《通考》,宋末元初马端临(约1254—1323)编撰。《文献通考》记叙从上古到宋朝宁宗时期的典章制度史。全书348 卷,分为 24 门类:田赋考、钱币考、户口考、职役考、征榷考、市籴考、土贡考、国用考、选举考、学校考、职官考、郊社考、宗庙考、王礼考、乐考、兵考、刑考、经籍考、帝系考、封建考、象纬考、物异考、舆地考、四裔考。各门下再分子门。从此,制度史的体例更加细密完备。

《文献通考》以《通典》为蓝本,兼采经史、会要、传记、奏疏、议论等多种资料,在内容上比《通典》更加广泛,在分类上比《通典》更加精密,而且考证补救了《通典》的某些缺陷失误。

《通典》《通志》和《文献通考》三书都贯通古今,故后人合称为“三通”。清朝乾隆时代编《续通典》《续通志》《续文献通考》《清通典》《清通志》《清朝文献通考》;清朝末年到民国初年,刘锦藻又编撰《清朝续文献通考》。这十部政书总称“十通”。

《四库全书》“政书类”中的“会要”是专讲某个朝代的典章制度史。其中，最著名的是宋朝王溥的《唐会要》。后来出现了其他各个朝代的“会要”。

《四库全书》中的“职官类”，讲历代官职，官职实际上也是典章制度专史的内容。“职官类”代表著作有《唐六典》等。

第一四讲　《明儒学案》等学术史

《明儒学案》是我国学术思想史方面的名著，著名思想家黄宗羲(1610—1695)撰。

《明儒学案》之前，南宋哲学家朱熹已经编撰《伊洛渊源录》。《伊洛渊源录》可能是我国最早的学术专著。全书14卷，汇编了北宋理学家周敦颐、程颢、程颐、张载、邵雍及其弟子的行状、墓志铭、遗事等传记资料，排成以“二程”为中心的理学谱系，溯源探流。因为，程颐曾居住在面临伊水的嵩县，“二程”等都长期居住在面临洛水的洛阳，所以此书取名《伊洛渊源录》。明末清初，又有孙奇逢著《理学宗传》，周汝登著《圣学宗传》等，开理学史著作的先河。但是，《明儒学案》无论规模和质量都超越了这些著作。

《明儒学案》在全书开头有《师说》1卷，列方孝孺等25人为明代学派的老师。正文共62卷，共记述19个学派200余名学者。包括：《崇仁学案》4卷，《白沙学案》2卷，《河东学案》2卷，《三原学案》1卷，《姚江学案》1卷，《浙中王门学案》5卷，《江右王门学案》9卷，《南中王门学案》3卷，《楚中王门学案》1卷，《北方王门学案》1卷，《粤闽王门学案》1卷，《止修学案》1卷，《泰州学案》5卷，《甘泉学案》6卷，《诸儒学案》(上、中、下)15卷，《东林学案》4卷，《蕺山学案》1卷。每卷学案都有《叙论》，介绍该学案概况；然后介绍各位学者的生平、学术观点，并加以评说；最后节录各学者的重要著作或语录，让世人阅读他们的学术精髓。各学案以时间为序编排。

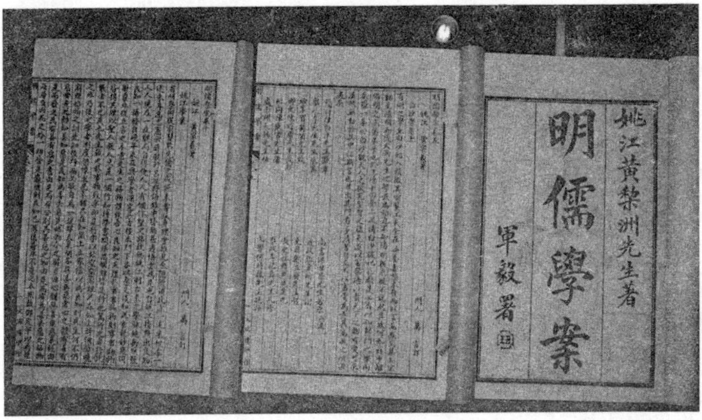

《明儒学案》

《明儒学案》取材丰富，编纂有法，流派分明，能够把明代各派的学术渊源、学者传记和学术宗旨有机结合起来，构成一部系统完整的学术思想史巨著。而且，重点突出，评论扼要。全书以王守仁的姚江学派为重点。黄宗羲说："有明学术，白沙开其端，至姚江而始大明。"他把陈献章（白沙）的治学宗旨概括为"主静""自得"，把王守仁的治学宗旨概括为"慎独"，突出其"良知"学说："自姚江指点出良知……便人人有个作圣之路。故无姚江，则古来之学脉绝矣。"《明儒学案》强调学术的创新和真知灼见，强调学术的包容性。《发凡》说："学问之道，以各人自用得着为真。凡倚门傍户，依样葫芦者，非流俗之士则经生之业也。此编所列，有一偏之见，有相反之论，学者于其不同处正宜着眼理会，所谓一本而万殊也。以水济水，岂是学问！"《明儒学案》也不免有偏见。如：不为李贽立案，对颜钧、何心隐也只在《泰州学案》之《叙论》中提到。

《明儒学案》对后世学术思想影响深远。梁启超《清代学术概论》

说:“清代学术之祖当推宗羲,所著《明儒学案》,中国自有学术史,自此始也。”

黄宗羲完成《明儒学案》之后,又接着写《宋元学案》,但是仅成 17 卷及序言就去世了。其子黄百家续作,又成 8 卷。后来,大部分由黄宗羲弟子全祖望完成。《宋元学案》通行本 100 卷,每卷介绍一个学派。《宋元学案》跟《明儒学案》相比,虽然精深不如《明儒学案》,但是也有进步之处,资料更加广泛,态度更加包容。梁启超《中国近三百年学术史》说:“拿这书和《明儒学案》比较,其特色最容易看出者:第一,不定一尊,各派各家乃至理学以外之学者,平等看待;第二,不轻下主观的批评,各家学术为并时人及后人所批评者,广搜之以入附录,长短得失令学者自读自断,著者绝少作评语以乱人耳目;第三,注意师友渊源及地方的流别。”

《明儒学案》《宋元学案》之后,又出现了江藩的《国朝汉学师承记》《国朝宋学渊源记》,唐鉴的《国朝学案小识》(《清学案小识》)。到民国时代,还出现《清儒学案》。

江藩撰写《国朝汉学师承记》,除了介绍阎若璩、胡渭等清初学者外,主要是讲述乾嘉学派著名学者(包括吴派、皖派)的师承关系及其与东汉古文经学派的历史学术渊源。它建了一个以“汉学”(诠释儒家经典为主,注重文字训诂)为正宗的清代儒学学术史,将主宋学者摒弃在外。两广总督阮元为此书写序。此书影响了阮元总辑的《国史儒林传》,并对整个清代学术有巨大影响。《国朝宋学渊源记》阐述清代研究“宋学”(继承宋朝理学,注重发挥义理)的学者及其学术渊源。但是对正史有传或已经从祀孔庙的人物则略而不载,重点介绍“或处下位、或伏田间”的学者,记述简略。

《清儒学案》是徐世昌及其门客僚友集体编纂,规模达 208 卷,分为“正案”“附案”和“诸儒案”。共列入人物1 169人,其中列入“正案”者有孙奇逢、黄宗羲、顾炎武、王夫之、颜元、戴震、龚自珍以至曾国藩、

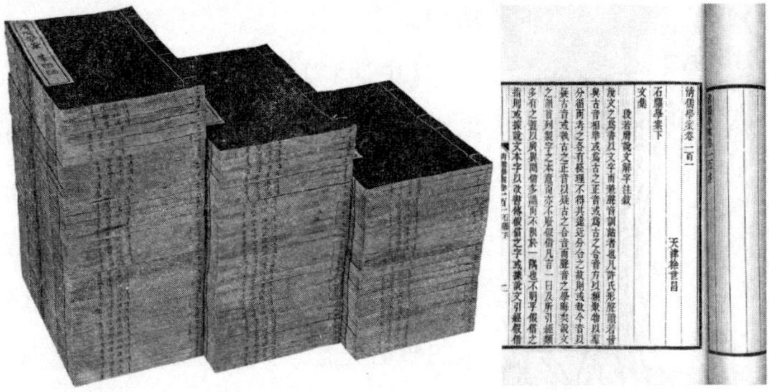

《清儒学案》

张之洞等179人,列入“附案”者有傅山、惠栋、刘宝楠等922人,列入“诸儒案”者有费密、唐甄等68人。

第一五讲 《史通》《文史通义》等史评

《史通》《文史通义》是传统历史评论著作的杰出代表作,被称为传统史学理论的“双璧”。

《史通》,唐代历史学家刘知幾(661—721)著。《史通》原著有52篇,其中《体统》《纰缪》《弛张》3篇在北宋已散佚。今存49篇。包括内篇36篇、外篇13篇。内篇论述史书的体裁体例、史料采集、表述要点和作史原则。外篇论述史官制度、史籍源流并杂评史家得失。全书见解精辟,为历代史学家推崇。

《史通》以《六家》《二体》开篇,将古代史学归纳为“六家二体”。“六家”即尚书家、春秋家、左传家、国语家、史记家、汉书家;“二体”即纪传体和编年体。作者论述了“六家二体”的特点和得失,认为这两种体裁不可偏废。接着《本纪》《世家》《列传》《表历》《书志》《论赞》《序传》《序例》诸篇,以具体史籍为例,分析了纪传史各组成部分的特点、

刘知幾

功用。

《史通》总结了优秀史学家的条件，提出史学家必须具备史才、史学、史识"三长"。史学，是丰富的历史知识；史识，是卓越的历史见解；史才，是研究能力和表述技巧。"三长"必须兼备，而史识最重要；史识的核心是忠于历史事实，秉笔直书。《直书》《曲笔》两篇，赞扬中国史学秉笔直书的优良传统，鲜明地提出坚持直书，反对曲笔。《史通》把史学家分为三等：一等是敢于奋笔直书、彰善贬恶者，如董狐、南史；二等是善于编次史书、传世不朽者，如左丘明、司马迁；三等是高才博学而名重一时者，如史佚、倚相。"三长"之说对后世有很大影响。

《史通》还有不少精到见解。如：内篇《题目》《断限》《编次》《称谓》《言语》《叙事》《烦省》等讨论撰史方法和写作技巧，一是强调叙事简洁，"国史之美者，以叙事为工；而叙事之工者，以简要为主"。二是主张记录历史应随时代的发展而采用当代的语言，以使"方言世语，由此毕彰"，避免"失彼天然"。《史官建置》《古今正史》诸篇论述了历代史官建置的沿革和史书的源流。《疑古》《惑经》《申左》《杂说》诸篇，全面评述唐以前的历史文献，并指出其矛盾、疏略之处，特别是敢于对儒家经典《尚书》《春秋》也提出了批评。

古代史学家和现代史学家注释、研究《史通》的著作不少。清朝浦起龙所撰《史通通释》，能吸收前代成果，是值得重视的传统版本。

《文史通义》，清朝章学诚（1738—1801）著。章学诚是我国传统史学的殿军。章学诚认为："史所贵者义也，而所具者事也，所凭者文也。"所以，他为此书取名《文史通义》。《文史通义》版本很多，流行本为 8 卷，包括内篇和外篇两部分，有《易教》《书教》《诗教》《礼教》《经

章学诚

解》《原道》《原学》《博约》《浙东学术》《文理》《文德》《古文公式》《古文十弊》《史德》等具体篇目。

《文史通义》

《文史通义》的文史理论主要有下列各点创新：

第一,“六经皆史”论。《文史通义》发扬王守仁“五经亦史”的见解,《易教上》开卷便宣称:“六经皆史也。”“六经皆先王之政典也。”在《浙东学术》中进一步阐述说:“三代学术,知有史而不知有经,切人事也;后人贵经术,以其即三代之史耳;近儒谈经,似于人事之外别有所谓义理矣。”章氏提出“六经皆史”,是为了强调史学应该“经世致用”,并扩大古史研究的范围。

第二,“史德”论。《文史通义》发展刘知幾的史学家必须具备史才、史学、史识“三长”的理论,补充提出“史德”。他说:“能具史识者,必知史德;德者何？谓著书者之心术也。”章学诚所说的“史德”是史学家的治史态度,要求史学家“慎辨于天人之际,尽其天而不益以人”,即尊重客观的史实,不以主观偏见著书。

第三,“古文十弊”论。《古文十弊》篇列举了为人物写作传记的十大弊病:(一)剜肉补疮(不据事直书,妄加雕饰);(二)八面求圆(讨好众人);(三)削趾适屦(临文摹古);(四)私署头衔;(五)不达时势;(六)同里铭旌(无端攀附);(七)画蛇添足;(八)优伶演剧(语言不合身份);(九)井底天文;(十)误学邯郸。作者指出这是“文人之通弊”。

第四,“方志乃史体”论。我国自古重视方志,《周礼》载外史掌

“四方之志”。宋元明清各朝,修志之风盛行。但是,到了《文史通义》才提出方志的系统理论,论述了方志的性质、内容、体例等。主张方志立三项内容,一是记载大事和人物的“通志”,二是记载典章制度的“掌故”,三是记载文献诗文的“文征”,以及作为附录的“丛谈”。章学诚还建议州县“特立志科”。

此外,章学诚还作了《校雠通义》,发展了传统的目录学。

除了《史通》《文史通义》,传统历史评论著作还有很多,特别是考证史书的著作。如三国末年的《古史考》(谯周),清朝乾嘉学派的三大考史名著:《十七史商榷》(王鸣盛)、《廿二史考异》(钱大昕)、《廿二史札记》(赵翼)。

第一六讲　地理书

地理书是描述区划、山川、风俗、物产、水利、河防、边防等的著作。我国古代典籍往往把地理知识归入史书,把地理著作归入史部。《尚书》中有《禹贡》,《汉书》等断代史中大多数有《地理志》。这个传统影响深远,我国古代讲究“经世致用”的思想家、政治家,都往往具有丰富的历史和地理知识,运用这些知识来治国安邦。

《禹贡》是我国最古老的地理书。《禹贡》说,舜帝时代全国洪水横流,大禹奉命治水,疏导了弱水、黑水、黄河、汉水、长江、济河、淮河、渭水、洛水等九条主要河流,让河水顺畅流入大海;又开通了太行山等九条山脉;并按照自然的山脉、河流等为界限把全国划分为冀州、兖州、青州、徐州、扬州、荆州、豫州、梁州、雍州等九州,又以京都为中心,由近及远,把天下分为甸服、侯服、绥服、要服、荒服等五服。全书扼要地描述了各州的地理范围、田土状况、赋税等级、进贡的特产、运输贡赋的道路。

《禹贡》托名大禹所作。现代大多数学者认为是战国时代人士撰著,寄托了全国统一的希望,阐述了治理国家的方案。历代研究《禹贡》的专门著作有数百种,清朝初年胡渭所撰的《禹贡锥指》是其中的佼佼者。该书有二十卷,其中图有一卷,博采众说,又一扫前人在《禹贡》研究上的附会变乱,为人们理解《禹贡》时代的地理面貌以及历代的地理变迁提供了方便。

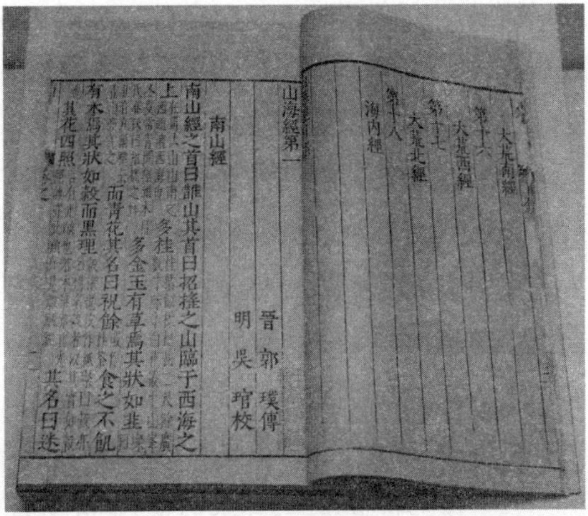

《山海经》

《山海经》曾经是跟《禹贡》并称的地理书,作者托名是协作大禹治水的伯益,现代大多数学者认为它也是战国时代人士撰著。《山海经》记载了山河、大海、道里、民族、物产、药物等地理知识,对于研究中国远古地理、民俗、物产以及研究中外交通等均有文献价值。所以,有人把《山海经》与《周易》《黄帝内经》合称为“上古三大奇书”。但是,它的内容具有幻想性,往往掺杂古老的神话或传说,故《四库全书》把它列入子部的“小说家”类。《山海经》有郭璞、郝懿行、袁珂等的注本。

《四库全书》著录的地理著作颇多,如《三辅黄图》《元和郡县图志》《方舆胜览》《大清一统志》等著作,都是研究历史地理必须阅读的著作。《四库全书》还著录了各种地方志,如《湖广通志》等。

《水经注》是一部文质兼美而被广泛传诵的地理书。《水经注》共四十卷,作者是北魏晚期的郦道元。《水经注》标明是注解《水经》的。

《水经》是三国时代的著作，作者不详，或说作者是桑钦。全书记录了黄河、渭河、济河、淮河、长江等137条河流，记叙简略，仅1万余字。《水经注》不是一般注解，价值大大超越《水经》。它以《水经》为纲，详细记载了1 252条大小河流的情况，包括河道流域的山陵、湖泽、郡县、农田、水利、植物、动物、矿物，以及泉井、伏流、瀑布、溶洞、自然灾害等。它还记录了大量人文资料，如历史名胜、人物掌故、神话传说、歌谣谚语等，是我国古代一部综合性地理著作。该书文笔绚烂，语言清丽，具有较高的文学性。如书中对“三峡”山容水态的描写，吸收了前人成果，绘形绘声，可谓字字珠玑。

自三峡七百里中，两岸连山，略无阙处；重岩叠嶂，隐天蔽日，自非亭午夜分，不见曦月。

至于夏水襄陵，沿溯阻绝。或王命急宣，有时朝发白帝，暮到江陵，其间千二百里，虽乘奔御风，不以疾也。

春冬之时，则素湍绿潭，回清倒影。绝𪩘多生怪柏，悬泉瀑布，飞漱其间。清荣峻茂，良多趣味。

每至晴初霜旦，林寒涧肃，常有高猿长啸，属引凄异，空谷传响，哀转久绝。故渔者歌曰：“巴东三峡巫峡长，猿鸣三声泪沾裳。”

地理类著作中还包括不少游记，游记作者的亲身经历往往真实而生动地反映了当时的地理面貌。《徐霞客游记》以及更早的《佛国记》《大唐西域记》是最为人熟悉的地理游记。

《徐霞客游记》，徐霞客著。徐霞客，名弘祖，号霞客，明朝末年的旅行家和探险家。《徐霞客游记》是具有突出成就的传统地理学著作。第一，作者足迹踏遍大半个中国，留下了许多宝贵的记载。第二，作者提出了不少有价值的见解。如：他认真考察并科学地记述了湖南、广西、贵州、云南等地的270多个喀斯特洞穴,而且初步论述了溶洞的成因,是中国和世界广泛考察喀斯特地貌的卓越先驱。他怀疑《禹贡》岷山是长江正源的权威旧说,认定金沙江是长江上源。他还研究了河床坡度、喷泉、潜流等的形成,地形、气温、风速对植物分布和开花早晚的影响,考察了火山遗迹和地热现象等。第三,《徐霞客游记》写景记事状物,真实精细,具有浓厚的生活实感,因而被后人誉为"世间真文字、大文字、奇文字"。

徐霞客

《佛国记》又名《历游天竺记》,东晋名僧法显撰,记述他往印度求法的旅行经历。《大唐西域记》12卷,又称《西域记》,唐太宗时代名僧玄奘撰述,其弟子辩机整理。该书综述了玄奘自贞观元年(627)至贞观十九年(645)西行求法的见闻。《佛国记》和《大唐西域记》都是研究佛教历史和印度及中南亚历史的重要著作,特别是《大唐西域记》。

《大唐西域记》记述了130多个城邦或地区(玄奘亲历的100多个,得之传闻的30多个)的概况,包括疆域、山川、气候、风俗、人情、语言、宗教情况,以及大量的历史传说、神话故事等。全书内容丰富,叙事翔实有据,文笔简洁流畅。它是研究中古时期印度及中亚、南亚其他国家的历史、地理、文化、宗教的最重要文献,也是研究古代中西交通的最重要文献。古代印度不重视历史记载,因此近代以来的考古和历史研究,往往借重《大唐西域记》。如:印度那烂陀寺废墟、王舍城旧址、鹿野苑古刹、阿旃陀石窟,都利用了《大唐西域记》的记载,才得以再现其光辉。《大唐西域记》还记录了印度历史上著名的毗卢择迦王、阿育王、迦腻色迦王,杰出的梵文文法学家波尼尼,佛教史上几次著名的结集,佛教部派的分布,著名佛教学者的活动,等等。

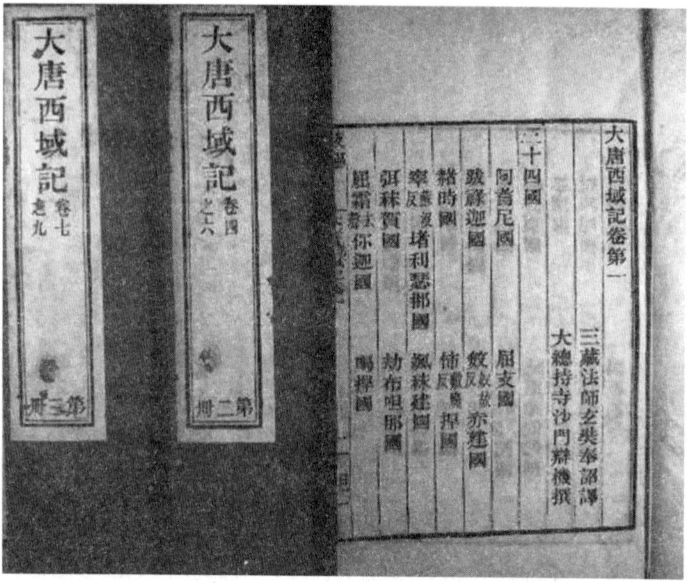

《大唐西域记》

地图是地理学的重要组成部分。我国地图绘制历史悠久，长沙马王堆汉墓1972年出土帛书中的3幅西汉早期地图已经具有相当高的水平。西晋出了一位杰出地图家裴秀（224—271），他总结前人制图经验，提出了地图制作的六条原则，即“制图六体”：一为“分率”，相当于今天说的“比例尺”；二为“准望”，即确定方位；三为“道里”，即确定距离；四为“高下”，即确定相对高程；五为“方邪”，即地面起伏；六为“迂直”，即路线的迂回和转折。“制图六体”是中国最早的地图制图学理论，对传统地图制作技术产生了深远的影响，被后代制图学家所继承。

我们还要介绍一部研究历史地理和军事史的重要典籍《读史方舆纪要》。此书原名《二十一史方舆纪要》，清朝初年顾祖禹著。全书130卷，历述上古至明朝的地理沿革，包括各州郡位置、形势及用兵进退成败的史实。还有舆图、表格。所以，该书被誉为“千古绝作”“古今之龟鉴、治平之药石”。

第一七讲　其他类史书

《四库全书》史部把史书划分为“正史类”等 15 类。我们在前面各讲已经分别讲解了“正史类”“编年类”“纪事本末类”“地理类”“政书类”“职官类”“史评类”的重要著作，本讲简要介绍“别史类”“杂史类”“诏令奏议类”“传记类”“史钞类”“载记类”“时令类”“目录类”的史书。

一、“别史类”是指没有列入正史的重要史书。《四库全书》著录别史 20 部，存目 36 部。除了先秦的《逸周书》，还有《东观汉记》《路史》《契丹国志》等。

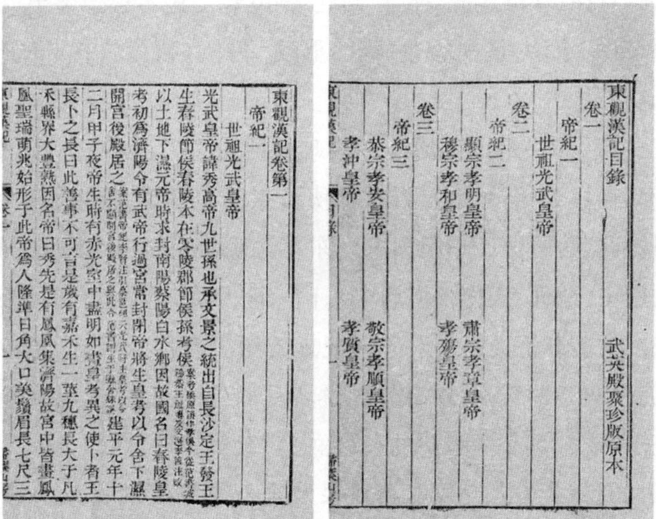
東觀漢記目錄　武英殿聚珍版原本
卷一
帝紀一
世祖光武皇帝
卷二
帝紀二
顯宗孝明皇帝　肅宗孝章皇帝
穆宗孝和皇帝　孝殤皇帝
卷三
帝紀三
恭宗孝安皇帝　敬宗孝順皇帝
孝沖皇帝　孝質皇帝

東觀漢記卷第一
帝紀一
世祖光武皇帝
光武皇帝諱秀高帝九世孫也承文景之統出自長沙定王發
生舂陵節侯舂陵本在零陵郡節侯孫考侯
以土地下濕元帝時求封南陽蔡陽白水鄉因故國名曰舂陵皇
考初爲濟陽令有武帝行過宮常封閉帝將生皇考以令舍下濕
開宮後殿居之　建平元年十
二月甲子夜帝生時有赤光室中盡明如晝皇考異之使卜者王
長卜之長曰此善事不可言是歲有嘉禾生一莖九穗長大于凡
禾縣界大豐熟因名帝曰秀先是有鳳凰集濟陽故宮中皆畫鳳
凰聖瑞萌兆始形于此帝爲人隆準日角大口美鬚眉長七尺三

《东观汉记》

《东观汉记》是一部纪传体断代史，记录了东汉从光武帝至灵帝 100 余年的历史。全书的修撰从汉明帝时代的班固等人开始，安帝时代刘珍等人继续，直到东汉末年的蔡邕等人还没有完成。因为撰修地点在南宫的东观,故名。《东观汉记》曾经列入“三史”,但是,范晔的《后汉书》出现后,取代了《东观汉记》。然而《后汉书》的基本资料都取自《东观汉记》。

《契丹国志》,南宋时代叶隆礼撰,记叙契丹族所建立的辽国的历史,是一部断代史。它保存了原始资料,不仅为《辽史》所继承,而且还有不少可以订正、补充《辽史》的地方。

二、“杂史类”是指跟编年体、纪传体在体例上不同的史书。《四库全书》著录杂史22部,存目79部。其中最有影响的是先秦时代的《国语》《战国策》。先秦以后的杂史,《贞观政要》等颇有影响。

《贞观政要》,唐代史学家吴兢著。全书分类编辑唐太宗贞观年间跟魏徵、房玄龄、杜如晦等大臣讨论的问题,分为君道、政体、任贤、求谏、纳谏、直谏、君臣鉴戒、择官、封建等40篇。民本思想突出,提倡广开言路,务实求治,重视农业,尊儒重教,集中体现了古代开明政治的理论和实践。

三、“载记类”是记载偏处一方政权的史书。《四库全书》著录载记21部,存目21部。如:《吴越春秋》,东汉赵晔撰,记述春秋战国时期吴、越两国的历史;《华阳国志》,东晋常璩撰,记述巴蜀、汉中等西南地区的历史、地理、人物;《南唐书》,南宋陆游撰,记叙五代时期南唐国的历史。这些载记类史书对于研究地方历史有特殊意义。此外,《四库全书》所著录的载记,还有外国学者写的外国史著作。如越南学者写的《安南志》,朝鲜学者写的《高丽史》《朝鲜史略》。

四、“目录类”是记叙书籍目录及金石书帖等的目录。刘向《别录》、刘歆《七略》是“目录”的开山著作。《别录》《七略》的成果保存在《汉书·艺文志》中。《四库全书》著录了目录类书籍11部,如:《崇文总目》(宋朝王尧臣等编)、《子略》(宋朝高似孙编)、《直斋书录解题》(宋朝陈振孙编)。《四库全书》还著录了金石书帖目录类书籍36部,如:《集古录》(宋朝欧阳修编)、《金石录》(宋朝赵明诚编)、《隶释》(宋朝洪适编)。纪昀等汇编的《四库全书总目》则是集传统目录学大成的著作。

五、“传记类”包括著名人物的传记、年谱及专门事件的记录等。如《孔子编年》《晏子春秋》《杜工部年谱》等。还有一部意义特殊的传记,那就是阮元编撰的《畴人传》。这是一部记述中国历代天文、历法、数学等科技人物的传记,完成于嘉庆四年(1799),是《四库全书》之后的著作,所以没有被《四库全书》著录。我们将在“传统科技”部分介绍此书。

六、“时令类”是记录季节物候的书。《大戴礼记》的《月令》是“时令类”的开山著作。《四库全书》著录了时令类书籍 11 部。

七、“诏令奏议类”著录皇帝的诏令和大臣的奏议,“史钞类”主要著录叙述历史见闻,不是正规的史书。它们都具有史料价值。

传统哲学

第一八讲　传统哲学鸟瞰

中国传统哲学源远流长。商朝末年到周朝初年(前 12 世纪),已经产生具有哲学思想的著作和哲学思想家。《易经》的卦辞、爻辞,大概在这个时代得到系统整理,它虽然是占卜记录,但是已经孕育着哲学因素。商朝末年的箕子总结夏朝文化和商朝文化的成果,在《洪范》"九畴"中阐述了"五行学说""天人感应学说""王道学说",这三大学说都成为中国传统哲学的重要组成部分。周朝初年的政治家周公,则继承和发展了箕子的思想,成为儒家的先驱。

春秋战国时代是传统哲学"百家争鸣"的黄金时代。《汉书·艺文志·诸子略》的"诸子",是指思想上自成一家之言的各位学者。《诸子略》共著录了儒家、道家、阴阳家、法家、名家、墨家、纵横家、杂家、农家九个重要学派的著作。这九个学派都有自成体系的思想和明确的师生传承关系,合称"九流"。再加上小说家,总称"九流十家"。小说家著作的内容是街头巷尾的言论和故事,没有自成体系的思想和明确的师生传承关系,所以没有"入流"。《诸子略》共著录了"九流十家"中 100 位人物的著作,故有"百家争鸣"之说。"九流十家"之外,军事著作也具有丰富的哲学思想。继先秦哲学之后,两汉经学、魏晋玄学、隋唐佛学、宋明理学、明清实学、近代新学等,相继兴盛,各领时代风骚。

中国传统哲学有五个突出特点:

一、重视实践理性和政治伦理。这是在研究对象上不同于其他哲学体系的特点。世界主要有三大传统哲学体系,西方传统哲学的社会基础是海洋商业文明,注重对外征服,包括探求自然和征服自然;印度传统哲学的社会基础是森林文明,注重人的内心体验;中国传统哲学的社会基础是小农生产和家国同构的政治体制,注重生产实践,注重伦理和政治。如:儒家主张用理性处理个人、家庭和国家的关系,推己及人,再推人及物,追求社会的"和谐";而且主张"天人合一",建立人和自然的和谐关系。道家、墨家、法家等也都关注政治伦理问题。当然,各自的立足点不同,特别是儒家和法家的政治立足点相互对立,儒家是民本主义,法家是君本主义。

重视实践理性,有利于生产实践,有利于抑制迷信。但是,过分被现实需要所束缚,势必妨害对于本体论和方法论的探索,妨害深层次的理论探讨,对于非现实的彼岸甚至避而不谈。如《论语》记载说:

> 子不语怪、力、乱、神。(《述而》)
>
> 季路问事鬼神。子曰:"未能事人,焉能事鬼?"曰:"敢问死?"曰:"未知生,焉知死?"(《先进》)

重点关注政治伦理关系,有利于社会的稳定。但是,往往被家长制和家国同构政治体制所束缚,因而缺乏商业社会所形成的契约精神,在政治上就不能产生权利和义务观念,容易忽视人民的权利,造成君主专制。

二、注重整体领悟。这是在思维方法上不同于世界其他哲学体系的特点。中国传统哲学从整体上领悟事理,把握事物间的相互关系,注重直觉,而且,往往使用"以形见理"的方式来表达所领悟的道理。道家最为突出。如《列子·说符》中"九方皋相马"的故事:

相马能手伯乐推荐九方皋为秦穆公寻找千里马。九方皋到各地寻找了三个月，返回来报告说：“已经在沙丘找到了一匹千里马。是一匹黄色的母马。”穆公派人牵到宫中，却是一匹黑色的公马。穆公不高兴地对伯乐说：“真不中用啊，您所推荐的那个相马的人！他连马的毛色与雌雄都分辨不出来呢。”伯乐反而长声赞叹说：“他相马的技术，竟然高超得到这种地步了！九方皋抓住了特征，丢掉了皮毛；看到了本质，抛弃了表象。他超过我千万倍啊！”人们试验那马，果然是天下少有的千里马。

故事阐述道家的遗形取神的观念，反映了只重视整体印象的把握，而不重视局部的分析；只重视悟性，而忽略逻辑推理的特点。

伯阳父

中国古代哲学家在探讨物质本体时从分析走向综合，也是注重整体领悟的表现。商周之际箕子提出“五行”，周幽王二年（前780）伯阳父提出“阴阳”与“气”的概念，并被《老子》与《易传》所继承发展。中国古代哲学在这方面走向综合，“五行”→“阴阳”→“气”构成了说明物质本体的模式。而西方则是从综合走向分析，前7世纪古希腊泰勒斯提出万物的本原是“水”，前6世纪阿那克西米尼提出是“气”，赫拉克利特提出是“火”。到了前5世纪，德谟克利特提出“原子论”，认为“原子”是物质本体，走向分析。现代科学进一步发展“原子论”，分析到“粒子”“反粒子”“夸克”“反夸克”等。

整体领悟和直觉，可以避免机械，避免支离破碎，是有助于科学发展的。但是，如果不重视形式逻辑的推理，不重视事物的个体分析，那么,就会满足于模糊的认识,影响科学的深入发展。

三、注重师法继承。这是在学说传承上不同于世界其他哲学体系的特点。注重师法继承,有利于学术的积累和传承。所以,中国各个学派都往往长盛不衰。但是,过分注重师法继承,却扼杀怀疑精神和创新精神,阻碍学术的进步。古希腊哲人提出:“吾爱吾师,吾更爱真理。”马克思说他最喜欢的格言是“怀疑一切”。中国古人过分崇拜老师,不敢怀疑权威,实际上造成了中国近代学术的落后和社会的落后。

四、注重兼容并包。这是处理各种学说(包括宗教)相互关系的特点。先秦的九流十家,相互批评,但是最后都互相融会,达到了“相反相成”的效果。佛教来自印度,跟儒家、道教曾经有冲突,但是后来三家的学者都倡导“三家合一”,推动了中国哲学的发展。当然,古代也发生过“焚书坑儒”、“灭佛”、文字狱,但是,这不是学术界本身不兼容并包的行为,而是个别暴君的罪行。

五、具有长盛不衰的主流哲学流派:儒家。儒家两千多年长盛不衰,就是因为既注重师法继承又能兼容并包。儒家发展历史可以划分为五个阶段:(一)殷周之际为酝酿阶段:箕子、周公等融汇了夏文化、商文化的成果,融汇了巫文化、史官文化的成果,形成了周文化,成为儒家的先驱。(二)春秋战国为创立繁盛阶段:孔子总结继承上古文化,又提出“仁”学,从而创立了儒学,孟子、荀子等分别吸收阴阳家、法家学说而使儒学异彩纷呈。(三)两汉经学阶段:汉儒融汇了黄老、法家、阴阳五行等学派的成分,形成“儒道互补”“儒表法里”的哲学格局。(四)自魏晋至清朝前期为理学、心学阶段:学者们倡导儒道佛“三家合一”,进一步“援佛入儒”,汲取了佛学和道教的精华。(五)近代新学阶段:在东西方文化交流碰撞中,儒学吸收了西方学术思想而别开生面。

第一九讲 《周易》

《周易》简称《易》。西汉时期被列为儒家五经之一,始称《易经》,并被称为"群经之首"。

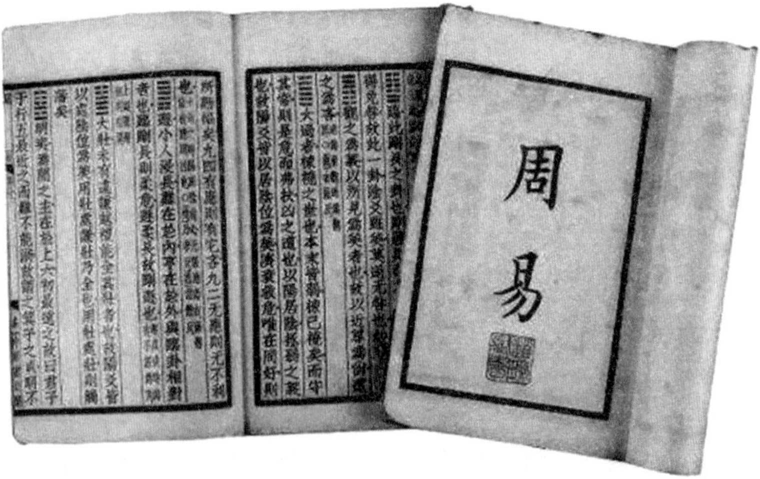

《周易》

"易"的含义是什么呢?"易"的核心含义是"变易",即预测事物的变化和吉凶。《周易》用简易的占卜,可以预测世界上万事万物的变化发展,所以古人又认为"易"具有"简易"的含义。世界上万事万物虽然变化发展,但是变化发展的规律不变,是可以预测的,所以古人又认为"易"具有"不易"的含义。这就是古代的"易"有"三义"说。

"周"的含义是什么呢?古文字"周"是个会意字,由"卜""中""口"三个字组成,意思就是诚心占卜再说出结果。或说"周"是周朝的意思,《周易》是周代的易学。《周易》跟夏代的易学《连山》、殷代的易学《归藏》,合称"三易"。我们没有看到《连山》《归藏》,据说已经失传。

《周易》由《经》和《传》两部分构成。《经》包括六十四卦、卦辞及爻辞。《传》有十篇:《彖上》《彖下》《象上》《象下》《文言》《系辞上》《系辞下》《说卦》《序卦》《杂卦》,称为“十翼”。相传《周易》为伏羲、文王、孔子三代圣人合著,伏羲画八卦,周文王演变为六十四卦,并作卦辞和爻辞,孔子撰《易传》。笔者斟酌古今大多数学者的成果,形成一个看法:“卦”起源于原始时代,卦辞、爻辞来源于巫师的记录。巫师是神职人员,是第一代文化人,在远古时代地位重要。卦辞及爻辞的系统整理是在西周时代。《易传》成于春秋至战国中期,是孔子和孔门弟子的作品。

“爻”是《周易》最基础的部件。《周易》用“—”表示阳爻,用“ --”表示阴爻。《易传・系辞上》说:“易有太极,是生两仪,两仪生四象,四象生八卦。”事物的变化由太极开始,由太极产生出两仪,两仪即阴阳。两个阴阳爻排列组合为四象。阴爻在上、阳爻在下为“少阳”;两个阳爻为“老阳”;阳爻在上、阴爻在下为“少阴”;两个阴爻为“老阴”。三个阴阳爻排列组合为八卦。八卦的名称是:乾、兑、离、震、巽、坎、艮、坤。图示于下:

八卦代表不同的自然现象或社会现象。如:

乾:天,父亲……　　坤:地,母亲……

震:雷,长男……　　巽:风,长女……

坎:水,中男……　　离:火,中女……

艮:山,少男……　　兑:泽,少女……

八卦两两组合，就可以推出六十四个重卦。两个相同的卦组合，名称不变，如两个乾卦重叠仍然叫乾卦。两个不相同的卦组合，便有新名称，如坎卦在下、兑卦在上，叫作“困”卦。坎卦代表水，兑卦代表泽（沼泽、洼地），水位下降，洼地干涸，象征处于困境。

重卦的两个卦从下面开始，下卦叫作“内卦”，上卦叫作“外卦”。如：重卦“困”卦下面的坎卦叫内卦，上面的兑卦叫外卦。重卦的六个爻，也从下面开始，最下面的叫作“初爻”，向上依次是“二爻”“三爻”“四爻”“五爻”“上爻”。

《周易》共有六十四卦，皆有卦辞；每卦有六爻，共三百八十四爻，皆有爻辞。爻辞中，用“九”代表阳爻，用“六”代表阴爻。卦辞和爻辞都是预测吉凶的。主要是采用比喻象征以预测吉凶，直接判断好坏吉凶的字有六个：利（顺利、和谐）、吉（吉祥）、吝（艰难）、厉（危险）、悔（悔恨）、咎（灾害）、凶（祸殃）。

《周易》大概起源于陕西地区，属于巫文化。巫是掌握占卜术的人，也是第一代文化人。巫按照逐步积累的规则而排列蓍草，进行占卜，预测事物的变化和吉凶。后来逐步发展，根据蓍草的变化组成卦象，形成了“八卦占”“六十四卦占”。一代代的巫把占卜的记录记载下来，就成了《周易》的卦辞、爻辞。《周易》根据蓍草的变化进行占卜，叫作“植物占”。殷墟所发现的“甲骨文”则是利用龟壳进行占卜的记录，叫作“动物占”。两者可谓殊途同归。可惜“甲骨文”没有发展为一部完整的著作。

《周易》的卦辞、爻辞，虽然是占卜记录，但是已经孕育着哲学因素。我们且看《周易》中的第一卦《乾》卦。《乾》卦的卦辞是：“元亨利贞。”元是开始的意思，亨是通达的意思，利是吉利，贞是正当。这四个字表明乾卦是吉利的。《乾》卦的爻辞是：

初九：潜龙勿用。

九二:见龙在田。利见大人。

九三:君子终日乾乾,夕惕若。厉,无咎。

九四:龙跃在渊。无咎。

九五:飞龙在天。利见大人。

上九:亢龙有悔。

这组爻辞运用象征手法,用龙的处境类比人的状况,用龙的地位的变化象征人事的吉凶盛衰。《乾》卦的爻都是阳爻,故用“九”代表。初九阶段,龙潜伏着,象征人处于学习准备阶段,不要参与重大的社会活动;九二阶段,龙出现在田野,但是羽翼没有丰满,象征人开始进入社会活动,能够拜见大人物是吉利的;九三阶段,直接说君子应该终日努力,晚上还要慎重警惕,即使遇到危险,也不会招来灾害;九四阶段,龙在深潭中翻腾跳跃,象征人羽翼已经丰满,而且条件有利,应该勇往直前,不会招来灾害;九五阶段,龙飞腾在天空中,象征事业有成,达到了鼎盛时期,非常吉利;上九阶段,龙的地位达到最高点,物极必反,象征着可能出现挫折,带来悔恨。这组爻辞,虽然原来的意义只是为了预示吉凶,但是它蕴含着哲理:事物总是发展的,有盛有衰,物极必反,人们必须尽主观努力。

《易传》是儒家对卦爻辞的解释。孔子晚年喜欢《周易》,但是他说:“不占而已矣。”可见儒家不相信占卜,但是发现卦爻辞在预测吉凶中蕴含着哲理。于是,《易传》就挖掘、吸收卦爻辞的哲理,并进一步阐述发扬,让巫文化转变为史官文化。且举数例。《象辞》解释《乾》卦说:“天行健,君子以自强不息。”从《乾》卦挖掘提取出刚健进取精神。《易传》的精华是《系辞》。《系辞》表达了系统的哲学思想。《系辞上》说:“一阴一阳之谓道。”揭示阴阳对立并相互转化的规律。《系辞下》说:“穷则变,变则通,通则久。”强调事物应该革新求变,不革新就没有出路。

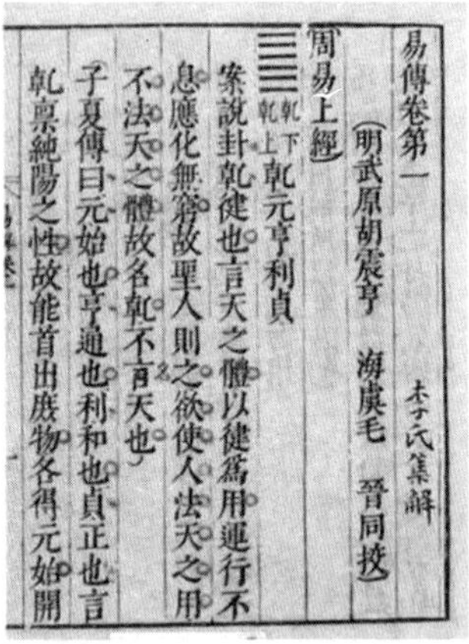
易傳卷第一　李氏集解
明武原胡震亨　海虞毛　晉同校
周易上經
乾下乾上　乾元亨利貞
彖說卦乾健也言天之體以健爲用運行不
息應化無窮故聖人則之欲使人法天之用
不法天之體故名乾不言天也
子夏傳曰元始也亨通也利和也貞正也言
乾禀純陽之性故能首出庶物各得元始開

《易传》

《周易》对我国的哲学、宗教，还有史学、文学、自然科学都有巨大影响。它的对立转化的观念，它的类比象征的思维方式，它的语言意象，对于儒家、道家、道教，对于古典诗歌、寓言、戏曲，对于中医、气功，都有深远影响。《周易》的卦爻形象还启发了制作器物的工匠。以卜筮为业的人更是把《周易》奉为占卜的必用之书。所以，《系辞上》说："以言者尚其辞，以动者尚其变，以制器者尚其象，以卜筮者尚其占。"

《周易》还影响到了国外的科学家。德国启蒙思想家、数学家莱布尼茨发明二进位制就是一个突出例证。莱布尼茨曾经写信给康熙皇帝，把他发明二进位制归功于朱熹及朱熹弟子蔡元定阐释《周易》的著作。莱布尼茨从八卦中悟出二进位制：阴爻代表 0，阳爻代表 1。八卦从坤卦到乾卦跟二进位制完全吻合。

坤 000，震 001，坎 010，兑 011，
艮 100，离 101，巽 110，乾 111。

二进位制是现代电子计算机的数学基础。

《周易》是一部伟大的著作，但是我们不能夸大它的功能。英国科学史专家李约瑟在《中国科学技术史 · 科学思想史》第十三章曾经引用理雅各的忠告："凡是对西方科学已经有某些知识的中国学者和士绅都爱说'欧洲物理学的声、光、热以及其他学科的全部真理都已包含在八卦之中了……'中国人如不抛弃他们对于《易经》的幻觉，即如果认为它包含有一切哲学所曾经梦想到过的一切事物的话，《易经》对于

他们就将是一块绊脚石，使他们不能踏上真正的科学途径。”

《周易》的版本和研究著作很多。《周易略例》(三国魏王弼)、《周易正义》(三国魏王弼、晋韩康伯注，唐孔颖达等疏)、《周易集解》(唐朝李鼎祚)、《周易本义》(宋朝朱熹)等是最基本的版本。

第二〇讲　箕子和周公

箕子是中国第一个有著作传世的思想家。箕子(约前1173—前1080)，商朝王族，是商纣王的族叔。纣王政治残暴，箕子多次进谏被拒绝，只好佯狂保身，坚持正道，被纣王关进监狱；周武王消灭纣王后，从狱中放出他，并向他求教治国方略，他于是陈述《洪范》九畴；然后到古朝鲜地区，建立了箕氏王朝，促使该半岛由石器时代飞速发展到青铜时代，后来朝鲜文化又影响日本，促进了东亚文化圈的形成。所以，柳宗元用“正蒙难、法授圣、化及民”概括箕子的一生，并认为这是伟大人物的三个标准(《箕子碑》)。箕子的事迹散见于《尚书》《周易》《逸周书》《竹书纪年》《论语》《韩非子》《楚辞》《史记》等中国古籍，也见于《三国遗事》《东史纲目》等古代朝鲜史籍。

箕　子

《尚书》中的《洪范》是由周初史官笔录的箕子著作。《洪范》的意思就是治国大法，共有九项，故称“九畴”。“九畴”中最重要的是“五行”“王道”“天人感应”等三大学说。

“五行”学说是世界最古老的元素学说。《洪范》阐述“五行”说：

“五行：一曰水，二曰火，三曰木，四曰金，五曰土。水曰润下，火曰炎上，木曰曲直，金曰从革，土爰稼墙。润下作咸，炎上作苦，曲直作酸，从革作辛，稼穑作甘。”“五行”，虽然不过是人们最常见的物质，但是已经具有逻辑归类的意义，已经具有抽象的哲学意蕴。“五行”的“行”就是运行的意思，具有生发作用，因而获得了一定的本体论的意义。《洪范》的“五行”说是世界上最早的关于物质本体的学说。古印度在前6世纪左右，顺世论学者才提出“地”“水”“火”“风”四大元素理论；前7世纪，古希腊哲学家们才开始探讨物质本体的理论。“五行”学说对于儒家、墨家特别是阴阳五行家等哲学流派，对于中医学、传统天文学等自然科学，都影响深远。“五行”学说的影响还深入民间。

王道学说是古代农业社会的最好的政治理想。《洪范》说：“天子作民父母，以为天下王。”“王道”思想是中国农业家长制的产物，君主制度就是家长制的扩大。家庭希望有慈爱的家长和孝顺的子孙，那么国家就希望有仁慈的君主和忠顺的臣民。“王道”思想是跟不顾民众死活的暴政思想对立的。只要小农家长制不变，只要“家国同构”的政治体制不变，那么，提倡爱民、反对暴政的“王道”思想就是政治哲学所能够达到的最好境界。“王道”学说是周公德治思想与孔子仁政思想的源头。

“天人感应”是中国传统哲学中关于天人关系的最重要的学说。所谓“天人感应”，就是认为人的行为可以感动天，天可以对人的行为给以报应，特别认为上天往往根据当权者行为的好坏而给以不同的报应（奖励或惩罚）。从历史发展来看，“天人感应”观念的产生，应该是一种思想进步。这个观念超越了原始社会的“万物有灵”观念。它把“天”和人事活动联系起来，人由完全被动地接受命运，进步到用自己的行为、道德来影响自己的命运。它是由“神权”过渡到“人权”的必要前提。但是，“天人感应”观念往往导致迷信，束缚人们对于自然现象和社会现象的研究。汉朝以后的正统思想家、政治家几乎都受到“天人感应”观念的影响。

周 公

周公是西周初年的大政治家,姓姬,名旦。他是周文王的第四个儿子,其二兄即周武王。武王逝世后,周公主持国政,辅佐成王,平定叛乱,制定了各种政策与礼乐。周公最可靠的著作是《尚书》中的 10 篇文献:《大诰》《康诰》《酒诰》《梓材》《洛诰》《多士》《无逸》《君奭》《多方》《立政》。《尚书》中的《金縢》记载了周公的事迹。汉朝古文学派学者刘歆、郑玄等认为《周礼》《仪礼》这两部书也是周公的作品。还有训诂学的奠基著作《尔雅》相传也是周公的著作。

周公政治哲学的核心由两翼构成:一是“德治”,二是“礼”。

“德治”的主要内容是“明德保民”和“慎罚”。他强调倾听民心,以民众作为镜子:“人无于水监,当于民监。”(《酒诰》)强调爱护民众:“能保惠于庶民。”(《无逸》)“若保赤子,惟民其康乂。”(《康诰》)意思是说,要像保护婴儿一样保护老百姓,使老百姓能够快乐安定。他认为刑罚要特别慎重:“要囚,殄戮多罪,亦克用劝;开释无辜,亦克用劝。”(《多方》)意思是说,监禁罪犯和杀重大罪犯的目的,是为了勉励人;赦免无辜的人,也是为了勉励人。他还区别过失犯罪和故意犯罪、惯犯和偶犯,主张宽容处理老人和孕妇。

“德治”还包括道德建设。周公提倡“孝”和“友”。“孝”和“友”是家庭中处理父母、子女、兄弟关系的道德规范。“友”是“孝”的补充。“孝”“友”应用到国家政治生活上,就成为处理君臣、同僚关系的道德规范。除了“孝”“友”,周公还提倡“恭”“宽”“亶”“勤”“惠”等品德。“恭”是恭敬,办事严肃认真。“宽”是胸怀宽阔,能容纳批评意见。“亶”是诚信。“勤”是勤奋,反对贪图安逸。“惠”是仁爱,同情和爱护弱者。

周公以“礼”治国。他把起源于祭祀神灵的“礼”,改造为适合宗法制度的行为规范。传世的《仪礼》《周礼》虽然不一定是周公的著作,但是肯定体现了周公的思想。周公还认为,要使国家政治清明,就必须任用明哲的人才。他在《大诰》中说:“爽邦由哲。”

周公强调继承商代文化的精华。他说:“惟殷先人,有册有典。”(《多士》)“往敷求于殷先哲王,用保乂民。”(《康诰》)他的“德治”思想,直接来源于箕子的“王道”思想。

箕子、周公是儒家的先驱。孔子对箕子和周公非常钦佩。孔子把箕子与微子、比干称为殷商的“三仁”(《论语·微子》)。又说:“吾从周。”(《论语·八佾》)他继承箕子的“王道”、周公的“德治”和“礼”,发展为“仁”学,正式开创了儒家学派。

第二一讲　三礼

“礼”字的形旁是“示”字。《说文解字》解释“礼”字的含义说:“所以事神致福也。”可见在上古时代“礼”就是祭祀神灵和祖先的仪式。随着社会的进步和理性思维的发展,“礼”逐步演化为世俗的礼仪,演化为人们的行为规范,演化为各种典章制度。而且,“礼”和“乐”相结合,“礼”起规范作用,“乐”起陶冶作用,形成华夏民族的礼乐文化,成为治理国家的根本。“制礼作乐”是每个王朝的大事。

儒家经典《周礼》《仪礼》和《礼记》合称“三礼”,是礼乐文化凝结的理论形态,对历代礼制的影响最为深远。“三礼”的权威注本有:《周礼注疏》(汉郑玄注,唐贾公彦疏)、《仪礼注疏》(汉郑玄注,唐贾公彦疏)、《礼记正义》(汉郑玄注,唐孔颖达等疏)、《周礼正义》(清朝孙诠让)、《礼记集解》(清朝孙希旦)、《大戴礼记补注》(清朝孔广森)、《大戴礼记解诂》(清朝王聘珍)。

《周礼》又名《周官》,是一部通过规范官制来表达治国方案的著作,分为六类职官。由于《冬官》原作遗失,于是用《考工记》替代。《周礼》六类职官是:

> 1. 天官冢宰:大宰为首,共辖63种职官,负责吏治和宫廷事务;2. 地官司徒:大司徒为首,共辖78种职官,负责教化、民政、征赋等事务;3. 春官宗伯:大宗伯为首,共辖69种职官,负责礼、乐、文史、星历等事务;4. 夏官司马:大司马为首,共辖70种职官,负责军事事务;5. 秋官司寇:大司寇为首,共辖66种职官,负责执法、刑罚、盟约等事务;6. 冬官《考工记》:共有30种职务,负责制作营造事务。

《周礼》的记载跟《尚书》《仪礼》《礼记》等的记叙有同有异,大部分学者认为,《周礼》的六类职官只是政治构想,并不是当时实际设置。但是,《周礼》对后来的官职设置颇有影响。例如:隋唐以后实行的六部制(吏部、户部、礼部、兵部、刑部、工部),就是仿照《周礼》的六类官职而设置的。《周礼》又是典章制度史的先驱。

《周礼》是在汉朝时期才正式面世的。或传说是河间献王刘德从民间征集得到的,或传说是在汉武帝时从山岩中发现,发现后被藏入秘府。汉成帝时,刘向、刘歆父子校理秘府书籍,整理著录了这部书。他们整理时,《周礼》的第六部分《冬官》已经遗失,于是取《考工记》替补。《考工记》本来是春秋末期齐国所编撰的工艺官书,它记载了6门工艺的30个工种的技术规则,是中国古代制作技术的重要文献。我们将在本书的科技部分对它进行具体论述。王莽时期,刘歆奏请将《周官》列入学官,设立博士,更名为《周礼》。所以,谁是《周礼》的作者，存在争议。古代相传是周公所著，但是不少人怀疑是刘歆的伪作。今天多数学者认为《周礼》成书于战国至西汉初年。

《仪礼》和《礼记》是孔门弟子所传授的经典。

《仪礼》一说是周公制作，一说是孔子订定，又名《礼经》《士礼》。汉朝传授《仪礼》者是鲁地的高堂生。《仪礼》记载古代上流社会人士（从国君到士大夫）应该熟悉的礼仪，包括成人礼、婚礼、相见礼、燕礼、朝聘礼、射礼、丧礼等。今本 17 篇，开头 3 篇是《士冠礼》《士昏礼》《士相见礼》，可见“士”习礼的重要性，是他们步入社会、立足社会的基本素质要求，故有人把《仪礼》称为《士礼》。《仪礼》对古代社会生活影响至深，上流社会的交往，历朝礼制的制定，大多以《仪礼》为依据。

《礼记》是孔门后学对礼仪的阐述和记载，重点是阐述《仪礼》所规定的礼仪。所以，相对《仪礼》而言称为“记”。《礼记》在汉朝有两个传本，一是《大戴礼记》，二是《小戴礼记》。列为儒家经典的是《小戴礼记》，通称《礼记》，或称《小戴记》。

戴　圣

《小戴礼记》是西汉后期戴圣所编纂，始于《曲礼》，终于《丧服四制》。有 46 个篇目，其中《曲礼》《檀弓》《杂记》3 篇内容比较长而分为上下篇，故今本是 49 篇。学术界按照所记述的内容篇目分为四类：一是解释《仪礼》的某项礼节，如《冠义》《昏义》《乡饮酒义》《射义》《燕义》《聘义》等。二是补充记叙礼节和有关逸事，如《曲礼》《檀弓》《丧服小记》《奔丧》《投壶》等。三是阐述礼仪的意义，如《曾子问》《礼运》《礼器》《学记》《乐记》《祭法》《祭义》《中庸》《大学》等。四是专记某项制度或政令，如《王制》《月令》《文王世子》《明堂位》等。

《小戴礼记》阐述礼仪意义的篇章对研究儒家的文化思想、道德理念、教育主张等都具有意义。如：《学记》篇是我国最早的教育专著

(据郭沫若考证,作者为孟子的学生乐正克)。它对教育的目的、作用、教学原则等都有精彩论述。它说:“玉不琢,不成器;人不学,不知道。是故古之王者建国君民,教学为先。”“是故学然后知不足,教然后知困。知不足,然后能自反也,知困,然后能自强也。故曰:教学相长也。”“大学之法,禁于未发之谓豫,当其可之谓时,不陵节而施之谓孙,相观而善之谓摩。此四者,教之所由兴也。”“师严然后道尊,道尊然后民知敬学。”《乐记》篇是我国最早的论述文艺的系统专著。《乐记》中的“乐”包括诗、歌、舞三者,但以论述音乐为主。它论述“乐”的起源说:“凡音之起,由人心生也。人心之动,物使之然也。感于物而动,故形于声。”“其本在人心感于物也。”它认为不同的乐表现不同的情感,通过听乐可以了解民心、了解政治:“治世之音安以乐,其政和;乱世之音怨以怒,其政乖;亡国之音哀以思,其民困。声音之道,与政通矣。”它认识到乐深刻影响人的情感、性格、意志,“礼”与“乐”相辅相成,可以发挥巨大的政治与教化功能:“乐者,天地之和也;礼者,天地之序也。和,故百物皆化;序,故群物皆别。”“乐由中出,礼自外作……乐至则无怨,礼至则不争。”《礼运》篇陈述儒家的“天下大同”政治理想:“大道之行也,天下为公,选贤与能,讲信修睦。故人不独亲其亲,不独子其子,使老有所终,壮有所用,幼有所长,矜寡孤独废疾者,皆有所养,男有分,女有归。”孙中山就以“天下大同”为号召发动民主革命,他手书的《礼运·大同》,曾经被悬挂在联合国总部大厅。《大学》篇是儒家求学、修身、从政的基本纲领。《中庸》篇是儒家推崇的思维方法,主张“中和”,反对走极端,被称为“孔门传授心法”。《大学》和《中庸》被宋朝理学家列为“四书”之一。

《大戴礼记》没有被列入儒家经典。它是戴圣的叔父戴德所编纂的,今仅存39篇。《大戴礼记》除了对研究古代礼仪具有意义之外,还有独特价值。如:《夏小正》是古代历法和物候的重要资料,《五帝德》《帝系》是考查上古历史的重要资料。

第二二讲 管子、晏子和“齐学”

周武王建国之后，分封诸侯，把周公姬旦封为鲁国君主，把太公吕望（姜尚）封为齐国君主。齐国和鲁国都是重要的诸侯国，也是重要的学术中心。鲁国是周公思想的嫡系，所以孕育出了儒家学说。齐国在地理上得天独厚，不仅土地肥沃，而且面临大海，有利于发展渔业和盐业，商业经济发达。商业繁荣，必然重视交流开放，这就有利于学术的兼容发展，所以，产生了跟“鲁学”同中有异的“齐学”。春秋时期，齐国先后产生了两位重要的政治家和思想家，一个是管子，一个是晏子。他们是“齐学”的奠基者。

管 子

管子（？—前645），名夷吾，字仲，谥敬。他辅佐齐桓公九合诸侯，维护了中原的统一和文化传统。他重视农业、盐铁业、手工业和商业。《汉书·艺文志》著录《管子》86篇，归在“道家”类。此书今存76篇，是齐国人采集管子的言行和其他资料编辑的。《管子》内容丰富多彩，既有哲学思考，又有天文、舆地、经济思想和农业、手工业生产知识。如：《水地》篇提出“水者何也？万物之本原也”；《心术》篇提出“君道无为”；《牧民》提出礼、义、廉、耻是“国之四维”，“四维不张，国乃灭亡”；《轻重》等篇，论述了生产、交易、财政、货币等问题。学者们认为，《管子》是道家、儒家、名家、法家、兵家、阴阳家等的思想杂糅。笔者认为，管子先于孔子、老子和战国思想家，《管子》不可能糅合各家，它只是广泛思考，没有形成“一家之说”。后来的道家、儒家、名家、法家、兵家、阴阳

《管子》

家等,分别从《管子》中汲取了不同的养分,形成了自己的系统学说。《管子》重视功利,跟道家有差异,也不能归属道家。

晏子(?—前500),名婴,字平仲。他具有政治远见,历仕齐灵公、庄公、景公三朝,主张减轻赋税、减轻刑罚,节约用度。《汉书·艺

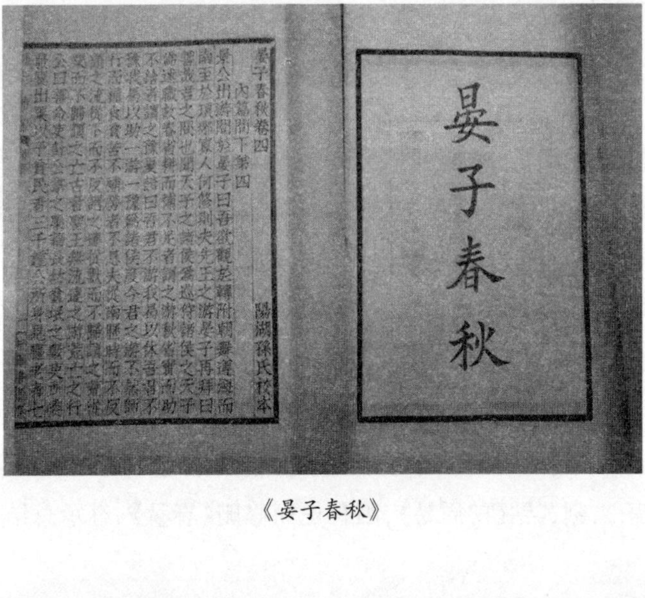

《晏子春秋》

文志》著录《晏子》8 篇，归在“儒家”类。今本《晏子春秋》8 卷（内篇 6 卷，外篇 2 卷），共 215 章。学术界认为，此书是齐国人采集晏子的言行编辑的。《晏子春秋》中有许多精彩的故事，突显出晏子的高贵作风和杰出外交才能。《晏子春秋》中有儒家思想，但是又批评儒家的礼太烦琐，不能归属儒家。《晏子春秋》中许多观点跟后来的墨家相似，如提倡“兼爱”“节用”“非乐”“非厚葬”“明鬼”。所以，自柳宗元以来的不少学者认为此书属于墨家。笔者认为，不能因为墨家汲取了《晏子春秋》的养分，就把《晏子春秋》归属于墨家。

管子和晏子之后，齐国在战国后期又产生了著名的“稷下学派”。齐威王、宣王时代，在国都临淄的稷门（西南城门）外，营造了学宫，吸引各国学者前来讲学。人们称这些学者为“稷下先生”，邹衍、淳于髡、田骈、慎到、尹文、环渊、田巴、鲁仲连等都是其中的佼佼者。“稷下学派”继承管子和晏子所开创的“齐学”精神，不专注一家之说，让不同学说自由辩论。

第二三讲　孔子

孔子（前 551—前 479），名丘，字仲尼。他出生于鲁国的陬邑，幼年迁居到曲阜的阙里，家庭贫贱。曾经从政，出任过县宰、司空、大司寇，希望复兴鲁国，但是功败垂成。于是离开鲁国，周游卫、宋、曹、郑、陈、蔡等国，希望能找到英明的诸侯以实现自己的理想，但也失败了。68 岁回到鲁国，专心从事教学，专心整理古代文化典籍，成为儒家的创始人。

孔子创立儒家，有三个重要基础。第一是修订《诗》《书》，校正《礼》《乐》，刻苦钻研《周易》，因鲁史而修删《春秋》，继承总结了前代文化成果。第二是打破贵族对教育的垄断，开办私学，数十年间受其教诲者约3 000人，其中学业有成的70多人。孔子是把教育普及到平民社会的第一个伟大教育家，被人们称为“万世师表”。他培养人才，形成儒学的骨干。第三是继承发展了箕子、周公的思想成果。《淮南子·要略》说：“孔子修成康之道，述周公之训，以教七十子，使服其衣冠，修其篇籍，故儒者之学生焉。”

孔　子

“儒”，就是以执行礼仪为职业的术士。《说文解字》说：“儒，柔也，术士之称。从人，需声。”徐灏注：“人之柔者曰儒，因以为学人之称。”胡适《说儒》云：“儒有柔弱之义，乃周对殷商遗民的蔑称。殷商士人，入周后多沦为执丧礼的傧相，并因懂礼制而成为周人教师。”孔子曾担任执丧礼的傧相，又以精通礼仪而广收门徒，所以他创立的学派称为儒学。《汉书·艺文志》总括儒家特点说：“游文于六经之中，留意于仁义之际，祖述尧舜，宪章文武，宗师仲尼，以重其言。”

儒家的奠基作品是《论语》。《论语》直接记述孔子及其弟子的言行，以孔子语录为主。《论语》的原始记录编纂者，大部分是孔子的直接门人，少数则是门人的门人。全书分为20篇。篇下分章，约500章。《论语》主要内容可概括为两个方面，一是孔子的“仁学”体系，二是孔子关于学习与教育的论述。

“仁学”是孔子学说的核心。“仁”是什么呢？孔子回答说：“爱人。”“仁”从积极方面讲，就是推己及人，同情人，帮助人。孔子说：“夫仁者，己欲立而立人，己欲达而达人。”（《论语·雍也》）从消极方面讲，就是不要强加于人。孔子说：“己所不欲，勿施于人。”（《论语·

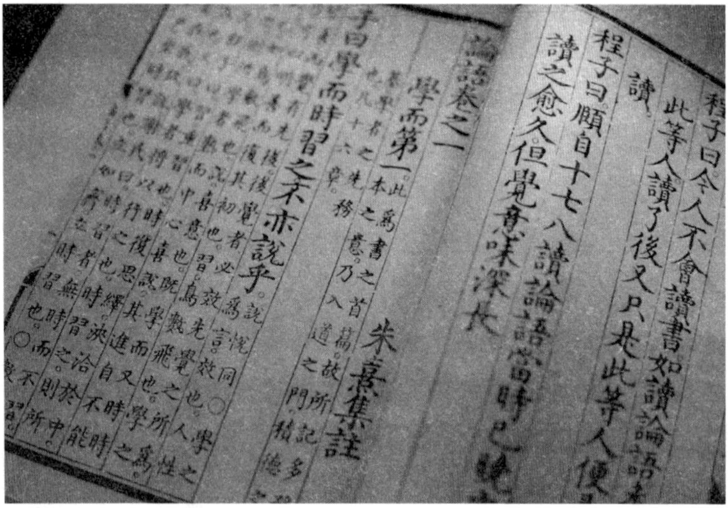

《论语》

颜渊》）“仁”在个人修养方面，体现为各种道德。除了“仁”，孔子还提到了孝、悌、恭、宽、信、敏、惠、温、良、俭、让、勤、刚毅、木讷等优良品德，而遵守“礼”则是“仁”的外在表现。“仁”在从政方面，就体现为德政，即爱护百姓。孔子说：“为政以德，譬如北辰，居其所而众星共之。”（《论语·为政》）孔子在方法论上，特别倡导“中庸”，就是恰如其分地处理事情，不走极端。孔子说：“过犹不及。”（《论语·先进》）孔子在方法论上还主张实事求是，他说：“知之为知之，不知为不知，是知也。”“多闻阙疑。”（《论语·为政》）他反对虚玄臆测，反对绝对化，反对封闭不变，反对主观。他说：“子绝四：毋意，毋必，毋固，毋我。”（《论语·子罕》）

孔子的教育思想内容丰富。他说：“知者不惑，仁者不忧，勇者不惧。”（《论语·子罕》）强调德、智、体全面发展。孔子积累了丰富的教学经验。他总是把培养学生的兴趣和志向摆在首要地位，因势利导。他说：“知之者不如好之者，好之者不如乐之者。”（《论语·雍也》）“不愤不启，不悱不发，举一隅不以三隅反，则不复也。”（《论语·述而》）

他善于根据学生的个性，因材施教。孔子特别强调学习。《论语》第一篇就是《学而》，把学习当作人生的乐趣，当作立身的根本。他一生都在孜孜不倦地学习。他说："吾十有五而志于学，三十而立，四十而不惑，五十而知天命，六十而耳顺，七十而从心所欲，不逾矩。"（《论语·为政》）

我们今天仍可从《论语》中学习不少东西，以提高自己的素质。如："君子成人之美，不成人之恶。小人反是。"（《论语·颜渊》）"君子求诸己，小人求诸人。"（《论语·卫灵公》）"君子病无能焉，不病人之不己知也。"（《论语·卫灵公》）"君子周而不比，小人比而不周。"（《论语·为政》）"君子坦荡荡，小人长戚戚。"（《论语·述而》）"益者三友，损者三友。友直，友谅，友多闻，益矣。友便辟，友善柔，友便佞，损矣。"（《论语·季氏》）又如：孔子提倡"和"与"和而不同"，可以增进社会稳定，增强民族凝聚力，也可以促进世界的和谐、稳定与繁荣。当然，《论语》也有不适合现代社会的东西。因为孔子是两千多年前的思想家，任何伟大人物都不可能完全超越他所生活的时代。

《论语》善于利用语言叙事状物、传情达理，其中很多准确、精炼、形象的语句，早已化为成语格言。如"尽善尽美""不耻下问""文质彬彬""举一反三""任重道远""循循善诱""后生可畏""成人之美""杀身成仁""欲速则不达"，等等。

《论语》传统注本，主要有《论语注疏》（何晏注、邢昺疏），还有朱熹的《论语集注》、刘宝楠的《论语正义》等。除了《论语》和《史记·孔子世家》，《左传》《礼记》《孔子家语》等都记载有孔子的言行。

相传孔子还作了《孝经》。《孝经》18 章，集中地阐述儒家的伦理思想，肯定"孝"是诸德之本："夫孝，天之经也，地之义也，民之行也。""人之行，莫大于孝。"它对天子、诸侯、卿大夫、士、庶人等不同身份的人提出了行"孝"的不同要求。它还把"孝"跟"忠"联系起来，提出"孝"要"始于事亲，中于事君，终于立身"。《孝经》具有人文精神，它认为“孝”的核心是以血缘关系为基础的“爱”和“敬”，它反对盲目服从的愚忠和愚孝。《吕氏春秋·察微》已经引用并标明出自《孝经》的大段文章，可见《孝经》成书于先秦时代。全书以孔子和曾子的对话为线索，可见记录者是曾参的门人和后学。《孝经》的重要传统注本是《孝经注疏》（唐玄宗李隆基注、邢昺疏）。

第二四讲　孟子和荀子

孟子和荀子是战国时代的儒家大师。

孟　子

孟子（约前372—前289），名轲。出生于邹国（今山东省邹城）。父亲早逝，靠母亲抚养成人。孟母非常贤惠，流传下“断织教子”“三迁教子”等故事。孟子的老师是孔伋（子思）的学生。孟子学成之后，曾经两次游说齐、魏、宋、滕、鲁等国，宣传仁政思想。后来，他专心于教育和著述，并跟弟子们总结自己的主张写成《孟子》，今存七篇（每篇分上下）。《孟子》主要传统注本有：《孟子注疏》（赵岐注、孙奭疏）、《孟子章句》（赵岐）、《孟子正义》（焦循）、《孟子字义疏证》（戴震）。

孟子的主要思想，可以用“内圣外王”四字概括。（一）内圣是以“性善论”为核心。他认为人类具有为善的本性，叫作“良知”“良能”，是培养“仁、义、礼、智”等道德的基础。《公孙丑上》说：“恻隐之心，仁之端也；羞恶之心，义之端也；辞让之心，礼之端也；是非之心，智之端也。人之有是四端也，犹其有四体也。”他认为培养善性，防止私欲的

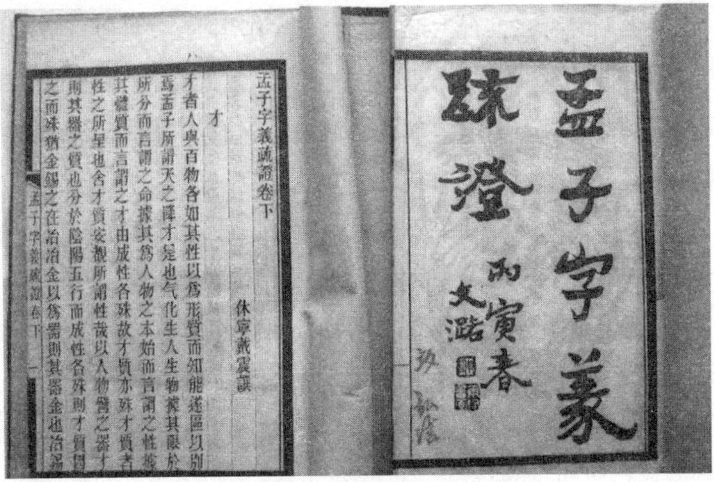

《孟子字义疏证》

膨胀,人人都可以成为尧舜那样的圣人。并且进而认为,人只要扩充善良的本性,推己及人,就可以达到圣人的境界,实现天下太平。《梁惠王上》说:“老吾老,以及人之老;幼吾幼,以及人之幼。天下可运于掌。”在个人修养方面,他特别强调培养“浩然正气”。(二)外王就是实行王道(仁政)。孟子从政治、经济以及教育方面,描绘了王道政治的蓝图。孟子王道政治的核心是民本主义。《尽心下》说:“民为贵,社稷次之,君为轻。”如果君主成为残害人民的独裁者,孟子认为可以推翻,甚至可以杀掉。《梁惠王下》说:“贼仁者谓之贼,贼义者谓之残。残贼之人,谓之一夫。闻诛一夫纣矣,未闻弑君也。”他认为君臣关系是对等的关系,主张国家之间要和平相处,反对不义战争。孟子王道经济理论的核心是“制民之产”,《梁惠王上》说:“五亩之宅,树之以桑,五十者可以衣帛矣;鸡豚狗彘之畜,无失其时,七十者可以食肉矣;百亩之田,勿夺其时,数口之家可以无饥矣;谨庠序之教,申之以孝悌之义,颁白者不负戴于道路矣。七十者衣帛食肉,黎民不饥不寒,然而不王者,未之有也。”当权者要关心农民,“不违农时”;同时要积极发展商业,维护商人的利益。

孟子强调教育在推行王道方面的重大作用，教育可以形成和谐的社会关系，可以培养出社会的精英——“士”。士应该肩负自己的社会责任，“先觉觉后觉”以唤醒民众；士应该重义轻利，甚至“舍生取义”；士应该具有独立地位和高尚人格：“得志，与民由之；不得志，独行其道。富贵不能淫，贫贱不能移，威武不能屈。此之谓大丈夫。”（《滕文公下》）“穷则独善其身，达则兼善天下。”（《尽心上》）

孟子在中国儒学史和思想史上都具有突出地位，他的人性理论、民本思想、教育思想等，都对后世影响巨大。唐朝后期开始儒学复兴，孟子地位日益提高，“孔孟”并称，被尊称为“亚圣”。孟子的文章富有雄辩性，风格犀利，气势磅礴，如《梁惠王上》中对梁惠王的批评。孟子还善于运用譬喻和寓言故事说理。《孟子》中的许多故事和语句都成为我们所熟悉的成语，丰富了祖国的文学语言。

荀　子

荀子（约前 313—前 238），名况，又称荀卿。出生于赵国。50 岁才到齐国游学，曾经担任“稷下学宫”的祭酒；因在齐国遭受谗言而前往楚国，曾经担任兰陵令。刘向校订荀子著作 32 篇，定名《孙卿子》（因为汉朝要避汉宣帝刘询的名讳，故改“荀”为“孙”）。唐朝杨倞作注，恢复本名为《荀子》。王先谦的《荀子集解》是重要传统注本。

荀子学说的特点是重“礼”。《荀子》一书大多数篇章都谈“礼”，仅《礼论》《大略》《性恶》三篇便出现“礼”字 140 多次。他说：“人之命在天，国之命在礼。”《荀子》有许多精辟见解。如《天论》提出了“天人相分”的学说：“天行有常，不为尧存，不为桀亡。应之以治则吉，应之以乱则凶。”

学术界认为，荀子跟孟子学说的主要差异有两点。（一）孟子讲“性善”，荀子讲“性恶”。《荀子·性恶》说：“人之性恶，其善者伪也。”

其实，目的跟孟子一样，都是为了强调后天学习的重要。他说的“恶”主要含义是“粗糙”，他说的“伪”含义是“人为”，即后天的学习。杨倞注曰：“伪，为也。凡非天性而人作为之者，皆谓之伪。”（二）孟子强调“法先王”，荀子提出了“法后王”。但是，荀子所法的“后王”并不是当代的帝王。他说：“王者之制：道不过三代，法不贰后王。”（《王制》）他所说的“后王”是指夏、商、周三代的禹、汤、文、武。这就实际上跟孟子说的“先王”一致。荀子所说的“先王”就更古了，上推到尧、舜，直到伏羲。

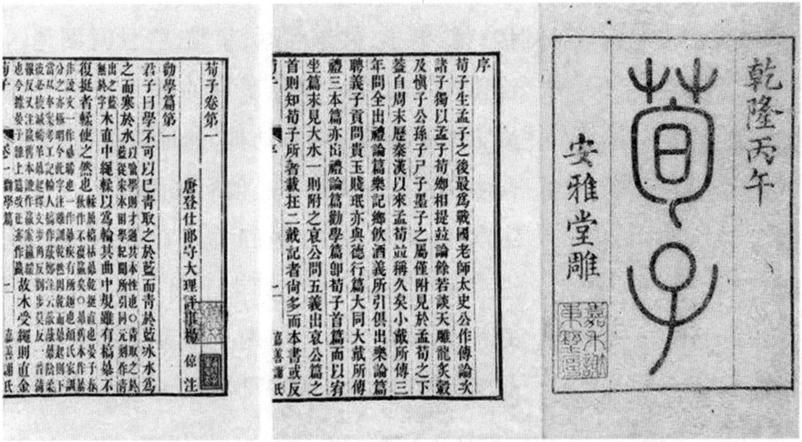

《荀子》

荀子跟孟子学说的最大差异，笔者认为应该是：荀子学说吸收了早期法家的思想，又影响了后期法家（如他的弟子韩非、李斯）。荀子本质上是儒家，《荀子》全书点名批评过的法家代表人物就有商鞅、慎到、邓析、李斯等。他在《儒效》里当面驳斥秦昭王提出的“儒无益于人之国”的论点说：“儒者在本朝则美政，在下位则美俗。”“通则一天下，穷则独立贵名。天不能死，地不能埋，桀、跖之世不能污。”但是，荀子学说具有跟法家相通的因素。（一）“性恶论”可以为法家提供人性论根据。荀子主张对士大夫实行“礼”，而对士大夫以外的某些人处以严刑峻法。他在《正论》中说：“罪至重而刑至轻，庸人不知恶，乱莫大焉。”(二)重“礼治”而不轻“法治”。他在《强国》《天论》《大略》中都反复说过:“隆礼尊贤而王,重法爱民而霸。”虽然他在《仲尼》中说过:“仲尼之门,五尺之竖子,言羞称乎五伯(霸)。”但他不否认法的作用。所以,韩愈说荀子“大醇而小疵”(《读荀》),朱熹说荀子“杂于申商”。

第二五讲 老子

《史记·老庄申韩列传》说,老子,姓李名耳,字聃,春秋时期楚国苦县人。他曾经担任东周的藏书室的管理员。孔子到洛阳时拜访他,向他请教礼,他的言谈令孔子非常钦佩。他后来辞职往西方归隐,经过函谷关,守函谷关的官员尹喜对他说:“希望您留下著作。”老子于是留下五千字的著作,就是《老子》。有人推算,老子约生于前571年,逝世于前471年。老子生平颇多分歧传说,《史记·老庄申韩列传》就介绍了两种分歧说法。

老　子

《老子》,又称《道德经》。流行本81章,分上下两篇,上篇《道经》37章,下篇《德经》44章。长沙马王堆汉墓出土的帛书《老子》,则是《德经》在前,《道经》在后。

《老子》全书五千字,语句精美。它句式整齐,喜欢使用排比、对偶等修辞手法,而且大致押韵,朗朗上口。比如,第二章用大致押韵的四字排比句讲事物的对立转化:“有无相生,难易相成,长短相形,高下相倾,音声相和,前后相随。”第四十二章用顶真句(联珠)说明“道”是万物本原:“道生一,一生二,二生三,三生万物。”所以,人们说《老子》是哲理诗篇。

《老子》

《老子》最基本的概念是“道”。第一章开门见山就用对偶句阐述“道”和“名”的问题：“道，可道，非常道；名，可名，非常名。无名，天地之始；有名，万物之母。”意思是说，语言中可以说出的“道”，并不就是永恒存在的“道”，即并不是“道”的本身；语言中可以说出的事物名称，并不是那事物的本身。这是告诉人们要超越词语的束缚，才能把握“道”和“名”。那么，“道”到底是什么？第二十五章回答说：“有物混成，先天地生。寂兮寥兮，独立而不改，周行而不殆，可以为天地母。吾不知其名，字之曰道，强为之名曰大。……人法地，地法天，天法道，道法自然。”意思是说，“道”浑然一体，没有声音，也没有形体，永远独立运行，我只好把它称为“道”或“大”；“道”是自然存在，是产生天地、万物的根源，天地和人都遵循“道”的法则。老子又把“道”叫作“无”。第四十章说：“天下万物生于有，有生于无。”“道”如何构成万物呢？《老子》第四十二章不仅说了“道生一，一生二，二生三，三生万物”，还接着说：“万物负阴而抱阳，冲气以为和。”人们阐释说，“一”就是元气，是世界的物质基础，“道”是元气的运行规律；“二”就是元气中对立的“阴”“阳”二气，“阴”“阳”互相调和就产生新的事物“三”，新的事物再衍化出世界上的万物。有学者认为，《老子》的“阴”“阳”观念来自《周易》。有的学者甚至说：《老子》就是对《归藏易》的阐释，就像《周易》中儒家的《易传》是对《周易》的阐释一样。

《老子》中仅次于“道”的概念是“德”。“德”是“道”在社会领域的表现，是人的行为规范。《老子》第三十八章说：“上德不德。”第三十七章说:“道常无为而无不为。”意思是,最上等的“德”源自于“道”,具有“无为”的特征,即一切顺应自然。因此,“无为”是道家重要的处世哲学和政治哲学。“无为”是纯朴、无私、清静、谦让、贵柔、守弱、淡泊等顺应自然的德性。所以《老子》说:“上善若水。”“柔弱胜刚强。”“无为”在政治上,就是不生事扰民,对外和平共处,反对战争与暴力。第四十八章又说:“无为,而无不为。取天下常以无事,及其有事不足以取天下。”因为“无为”顺应了自然规律,顺应了“百姓心”,所以可以达到“无不为”的境界,无往而不胜。

《老子》认为,物极必反,向对立面转化是万物演化的规律。第四十章说:“反者,道之动。”《老子》对此展开了一系列论述。如:“曲则全,枉则直,洼则盈,敝则新,少则得,多则惑。”(二十二章)“有生于无。”(四十章)“大方无隅,大器晚成,大音希声,大象无形。”(四十一章)“祸兮,福之所倚;福兮,祸之所伏。”(五十八章)“天下难事,必作于易;天下大事,必作于细。”(六十三章)“合抱之木,生于毫末;九层之台,起于累土;千里之行,始于足下。”(六十四章)

老子是道家思想的奠基人,但是他没有招收弟子而形成学派。战国中期,庄子发扬老子学说,强调“逍遥”“齐物”,形成“老庄学派”;又有一群学者,把老子学说挂上黄帝的名衔,并引进了名家和法家的“刑名之说”,形成“黄老学派”。魏晋时代的玄学也是老庄思想的直接产物,他们尊奉《老子》《庄子》和《周易》。

《老子》还影响了其他哲学流派。老子说:“知其雄,守其雌。”“坚强处下,柔弱处上。”“将欲弱之,必固强之;将欲废之,必固兴之;将欲夺之,必固与之。”“国之利器,不可以示人。”所以,法家和帝王们认为老子学说具有“帝王之术”的因素。韩非子著《解老》《喻老》,就是从老子哲学中引申出法家的观念。兵书《孙子兵法》说,战争的最高境界是“不战而屈人之兵”,也吸收了老子学说。

道教是中国本土的宗教,而《老子》是道教的思想源头。东汉晚期，宗教组织依托《老子》学说而创立道教，尊老子为道教始祖“太上老君”，尊《老子》为道教根本经典《道德真经》。

中医是中国传统医学，《老子》思想是中医基本思想的来源之一。《黄帝内经》就是“黄老学派”的著作，它是奠定中医基本理论的经典。

《老子》主要传统注本有：河上公《老子河上公章句》、王弼《老子道德经注》、陆德明《老子音义》、王夫之《老子衍》、余嘉锡《四库提要老子注辨证》等。

第二六讲　庄子·黄老学派

庄子（约前369—前286），名周，战国时蒙（今河南商丘）人。他发扬老子学说，形成“老庄学派”。《庄子》是庄子及其后学所作。《汉书·艺文志》著录《庄子》52篇，今存33篇。晋人郭象注《庄子》，将全书分为三个部分；内篇7篇，外篇15篇，杂篇11篇。学术界很多人认为，内篇大致是庄子本人所作，外篇、杂篇出于庄子弟子及后学。但是，外篇、杂篇的思想跟内篇基本一致，杂篇中的《寓言》篇和《天下》篇，还具有全书序言的性质。

庄　子

庄子继承老子的“道”，重视“自然”“无为”。庄子最突出的主张是“逍遥”和“齐物”。“逍遥”，就是“逍遥物外”，不受外界的束缚，获得精神自由；“齐物”，就是“齐视万物”，把万事万物看得没有本质差别，是一种绝对的相对主义思想。《史记·老庄申韩列传》说：“故其著书十余万言，大抵率寓言也。”《庄子》全书大量运用寓言说理，宣传其“逍遥物外”“齐视万物”“顺应自然”“无为而治”的哲学、政治主张，并且辛辣地嘲讽不合理的社会现象。如：

> 穷发之北，有冥海者，天池也。有鱼焉，其广数千里，未有知其修者，其名为鲲。有鸟焉，其名为鹏，背若泰山，翼若垂天之云。抟扶摇羊角而上者九万里，绝云气，负青天，然后图南，且适南冥也。斥鴳笑之曰：“彼且奚适也？我腾跃而上，不过数仞而下，翱翔蓬蒿之间，此亦飞之至也。而彼且奚适也？”（《逍遥游》）
>
> 昔者，庄周梦为蝴蝶，栩栩然蝴蝶也。自喻适志与！不知周也。俄然觉，则蘧蘧然周也。不知周之梦为蝴蝶与，蝴蝶之梦为周与？（《齐物论》）
>
> 有国于蜗之左角者，曰触氏；有国于蜗之右角者，曰蛮氏。时相与争地而战，伏尸数万；逐北，旬有五日而后反。（《则阳》）

第一个故事叫《鹏鴳逍遥》。故事中的大鹏与小鹌鹑看来悬殊，大鹏背如泰山，小鹌鹑身躯渺小，形成鲜明的反差。但是，大鹏与鹌鹑的飞行都各适其性。所以，故事的本意是说明：万物各有特点，最高境界是要顺应自然，顺应自然就能精神自由，逍遥物外。第二个故事叫《庄周梦蝶》。庄子运用不同的寓言说明：大与小、贵与贱，乃至生与死、物与我，都是相对的，没有本质的差别。这个故事是说明“物”与“我”没有本质差别，万物可以相互转化。第三个故事叫《触蛮相争》。庄子以一种藐视的态度来看待贪婪残暴、妄启战端的列国诸侯，把他们比作蜗牛触角上的好战的国王。《庄子》中寓言名篇很多。

与《庄子》同时代，道家还有一本重要著作《列子》。它与《庄子》一样，喜欢用寓言说理，思想和风格都近似，故人们常常“庄列”并称。

《列子》共8篇，署名列御寇所作，相传列御寇是庄子的前辈。《列子》曾经散失，经过东晋学者张湛的整理注释而再度问世，所以书中可能掺杂有后代的作品。

《庄子》和《列子》都有不少宝贵的科学思想。如：《庄子》的《至乐》篇具有生物进化的观念，又有“原子”学说的雏形。它说：“种有幾。”“万物皆出于机，皆入于机。”《知北游》篇说：“人之生，气之聚也。聚则为生，散则为死。”“臭腐复化为神奇，神奇复化为臭腐。故曰：通天下一气耳。”明确提出“气”是宇宙的本体，万物是相互转化的。又如：《列子》的《天瑞》篇中的“杞人忧天”故事，《汤问》篇中的“两小儿辩日”故事，反映了当时的天文思想；《汤问》篇中的“偃师造人”“扁鹊换心”故事，反映了机械制造和医学的成就与幻想；《说符》篇的“亡鈇（斧头）者”，善于描摹角色的心理活动；《说符》篇的“齐田氏祖于庭”，具有生物竞争理念。

老庄的出世哲学，儒家的积极入世，互相对立而互相补充，贯穿于中国古代两千多年的文化历史。老庄崇尚自然、追求精神自由的思想深深地影响了中国知识分子的心理，影响了中华民族的整个审美意识和文学艺术。

《庄子》有郭象注、成玄英疏的版本，郭庆藩的《庄子集释》、王先谦的《庄子集解》是综合性注本。《列子》有张湛注的版本，杨伯峻的《列子集释》是综合性注本。

战国时代，除了“老庄学派”，还有一群学者尊奉黄帝为创始人，把老子学说挂上黄帝的名衔，并引进了名家和法家的“刑名之说”，形成“黄老学派”。所谓“刑名”，又称“形名”，“形”即有形体的事物，“名”即事物的名称。这本来是名家的概念，名家强调名实关系很重要。法家则把“名”当作言论、名分、法令，主张君主根据“名”要求臣下尽责，根据“名”实行严厉的处罚。《老子》说“无为而无不为”，“黄老学派”引进“刑名之说”，强调通过“无为”而达到“无不为”的社会目的。当然,“黄老学派”主张清静无为,不主张“严刑峻罚”,跟法家有本质差别。《汉书·艺文志》著录了《黄帝四经》《黄帝内经》等“黄老学派”的著作达26种。但是,除了《黄帝内经》之外都失传了。幸好长沙马王堆发现了《经法》《十大经》《称》《道原》等四篇文献,它们是“黄老学派”的哲学著作,有的学者认为就是《汉书·艺文志》著录的《黄帝四经》。

西汉初期,萧何、曹参等治国者吸收秦王朝因政治残暴“二世而亡”的教训,采用黄老“无为之术”医治战争的创伤,利于民众的休养生息,为西汉王朝的安定和强大奠定了基础。到了汉武帝时代,提倡“独尊儒术”,于是淮南王刘安(前179—前122)组织门客苏非、李尚、伍被等编著《淮南子》。刘安希望以黄老学说与独尊儒术的朝廷抗衡。《淮南子》今本21篇,以黄老学说为主体,又杂采儒、墨、名、法各家学说,说理时大量运用寓言与神话传说。如《人间训》篇的“塞翁失马”:

> 近塞上之人有善术者,马无故亡而入胡,人皆吊之。其父曰:“此何遽不为福乎?”居数月,其马将胡骏马而归,人皆贺之。其父曰:“此何遽不能为祸乎?”家富良马,其子好骑,堕而折其髀,人皆吊之。其父曰:“此何遽不为福乎?”居一年,胡人大入塞,丁壮者引弦而战,近塞之人,死者十九。此独以跛之故,父子相保。

这个故事形象地阐述《老子》讲的“祸兮,福之所倚;福兮,祸之所伏”,即对立事物可以互相转化,但也透露出听天由命的消极观念。《淮南子》有高诱注本,刘文典的《淮南鸿烈集解》是综合性注本。

第二七讲　墨家

墨　子

墨子(约前468—前376),名翟,是战国时代墨家学派创始人。墨家是一个有严明组织纪律的社会团体,其首领称为“巨子”,其成员大多是平民、手工业者,勇敢而吃苦耐劳。《淮南子·泰族训》说:“墨子服役者百八十人,皆可使赴火蹈刃,死不还踵。”这些成员有的演化为“游侠”“侠客”,路见不平,拔刀相助,甚至用武力反抗官府。

《墨子》是墨翟及其弟子、后学的作品。《汉书·艺文志》著录《墨子》71篇,今散失18篇,存53篇。《墨子》按类编排,秩序井然。大致有五个部分:(一)开头7篇大概是早期著作,

《墨子》

具有概要性质。(二)第8篇至第39篇(散失8篇),系统阐述墨家的“尚贤”“尚同”“兼爱”“非攻”“节用”“节葬”“天志”“明鬼”“非乐”“非命”等十大哲学政治主张,还批评了儒家。(三)《经》《经说》《大取》《小取》等6篇称为《墨经》,讲述逻辑学理论及光学、力学、几何学知识。(四)《耕柱》《鲁问》《公输》等6篇(散失1篇),记录墨子的言行。(五)《备城门》等最后20篇(散失9篇),讲军事防守的技术策略。

《墨子》学说核心是“兼爱”和“义”。“兼爱”就是人们互利互爱,突破宗法关系而“爱无等差”(孟子语)。《贵义》篇说:“义,利也。”《兼爱》篇说:“兴天下之利,除天下之害。”他们效法夏禹,按义的标准身体力行,“摩顶放踵利天下”。墨子在《非命》中还提出了检验行为的三个标准:一是“本”,“上本之于古者圣王之事”;二是“原”,“下原察百姓耳目之实”;三是“用”,在应用中“观其中国家百姓人民之利”。这叫“三表”法,即从历史经验、日常现实、应用是否有利等三个方面进行检验。《墨子》中仅次于“兼爱”的学说是“非攻”。提倡“兼爱”,就势必反对残酷的战争,谴责寻找借口发动战争者。如《鲁问》篇的寓言故事“击邻家子”就是讽刺打出漂亮幌子而干涉别国内政的好战者:

> 譬有人于此,其子强梁不材,故其父笞之。其邻家之父,举木而击之曰:“吾击之也,顺于其父之志。”则岂不悖哉?

《墨子》是先秦诸子中最重视逻辑推理的著作。《墨经》给几百个社会科学或自然科学概念下了定义。《墨经》还揭示了“类”的逻辑意义,提出“类”和“知类”“察类”“明类”,强调必须根据“类”区分和分析事物。又说“异类不比”(《经下》),“以类取,以类予”(《小取》),“夫辞,以故生,以理长,以类行也”(《大取》),确立辩论推理必须遵守逻辑原则。墨家的形式逻辑理论弥补了先秦哲学思想家普遍重领悟、轻论证的不足。

《墨子》也是先秦作品中最有科技成果的著作。《墨经》中讲了运动、浮力、杠杆平衡等力学理论；讲了光直线传播、小孔成像、光源成影、各种镜面（平面、凹面、凸面）成像等光学理论；下了几何学中的点（“端”）、线、面、体的定义。如：“直，相参也。”意思就是说：“直线，就是三点共同在一条线上。”“圆，一中同长也。”意思是说：“圆，就是跟一个中心点同等距离的各点的轨迹。”不过，《墨子》没有突破小生产者的狭隘功利观念。如《鲁问》篇有个“公输子为鹊”的故事说：鲁国的巧匠公输般用竹木制造出一只喜鹊，能够飞上天空，三天不落下来。墨子却对公输般说：“你做出喜鹊，还比不上匠人做出车轮的插销。匠人只用三寸长的木料就砍削成插销，能够帮助车子运载几千斤重量的东西，而你的飞鹊有什么用呢？”

《墨子》是讲军事防守的重要著作。《备城门》等篇讲军事防守的技术策略，是墨子对抗不义战争的手段。所以，《公输》篇所记载的“止楚攻宋”故事，不仅反映了墨家积极救世的热情，而且反映了墨家有对抗不义战争的手段。《孙子兵法》等虽然是专门的军事著作，但没有具体细致地讲军事防守的技术策略，因此我们说，《墨子》虽然不是专门的军事著作，但是可以弥补《孙子兵法》等的不足。

孟子说：天下人不是归于道家，就是归于墨家。韩非说：儒家和墨家是“显学”。由此可见，战国时代墨家兴盛，跟儒家、道家鼎足三分。但是，后来法家把儒家和墨家都划归“五蠹”，不容许“儒以文乱法，侠以武犯禁”（《韩非子》）。秦王朝实行法家政策，打击儒家和墨家。汉朝，儒家复兴；但墨家一蹶不振，只影响了民间的宗教（墨家崇拜首领，具有宗教色彩），还影响了“路见不平，拔刀相助”的侠客。

孙诒让的《墨子间诂》、梁启超的《墨经校释》、谭介甫的《墨经分类译注》等，是《墨子》重要注本。

第二八讲　法家

《汉书·艺文志》以李悝、商鞅、申不害、慎到、韩非等为先秦法家代表人物。战国初期的李悝，是早期法家的代表。他担任魏文侯的国师，汇编各国法律而著《法经》(今已失传)，主张信赏必罚，但不专任刑法。商鞅是中期法家的代表。他辅佐秦孝公变法，严刑峻法，信赏必罚，奖励耕战，使秦国富强，其著作是《商君书》。申不害、慎到是跟商鞅同时代的人物，申不害重视"术"(统治权术)，慎到重视"势"(地位优势)。但是，申不害和慎到属于黄老学派，并不是法家。晚期法家的代表是秦始皇嬴政时代的韩非，还有他的同学李斯。

韩　非

韩非(约前280—前233)，出身于韩国贵族，他和李斯都是荀子的学生。他多次上书韩王，提出变法以富国强兵，不被采纳。他的著作传到秦国，秦王嬴政读后十分钦佩，于是发兵攻韩，迫使韩王派遣韩非入秦。但是，秦王没有重用韩非，而是听信李斯等的诬陷而将韩非下狱，李斯送毒药迫使他自杀。

韩非的著作《韩非子》共55篇，是集先秦法家学说大成的著作。韩非的法律思想有什么特点呢？其特点是把商鞅的"法"、申不害的"术"、慎到的"势"三者结合在一起。韩非法律思想的精华有两点最突出：第一，反对复古，积极主张适应时代要求实行改革，实行变法。《五蠹》篇把历史发展划分为上古、中古和近古三个阶段，提出"圣人不期修古，不法常可，论世之事，因为之备""世异则事异""事异则备变"。又批评儒家和墨家说："今有美尧、舜、汤、武、禹之道于当今之世者，必为新圣笑矣。""儒以

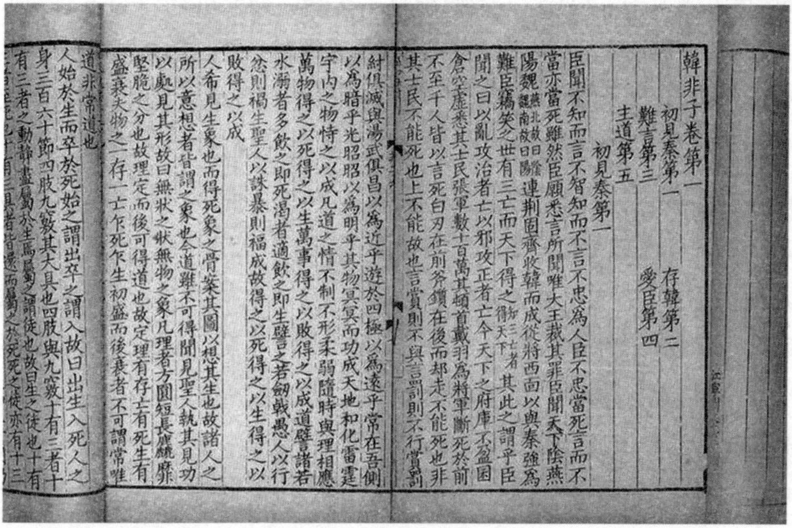
韓非子卷第一
初見秦第一　存韓第二
難言第三　愛臣第四
主道第五
初見秦第一
臣聞不知而言不智知而不言不忠為人臣不忠當死言而不
當亦當死雖然臣願悉言所聞唯大王裁其罪臣聞天下陰燕
陽魏連荆固齊收韓而成從將西面以與秦強為
難臣竊笑之世有三亡而天下得之其此之謂乎臣
聞之曰以亂攻治者亡以邪攻正者亡今天下之府庫不盈囷
倉空虛悉其士民張軍數十百萬其頓首戴羽為將軍斷死於前
不至千人皆以言死白刃在前斧鑕在後而却走不能死也非
其士民不能死也上不能故也言賞則不與言罰則不行賞罰

紂俱滅與湯武俱昌以為近乎遊於四極以為遠乎常在吾側
以為暗乎光昭昭以為明乎其物冥冥而功成天地和化雷霆
宇內之物恃之以成凡道之情不制不形柔弱隨時與理相應
萬物得之以死得之以生萬事得之以敗得之以成道譬諸若
水溺者多飲之即死渴者適飲之即生譬之若劍戟愚人以行
忿則禍生聖人以誅暴則福成故得之以死得之以生得之以
敗得之以成
人希見生象也而得死象之骨案其圖以想其生也故諸人之
所以意想者皆謂之象也今道雖不可得聞見聖人執其見功
以處見其形故曰無狀之狀無物之象凡理者方圓短長麤靡
堅脆之分也故理定而後可得道也故定理有存亡有死生有
盛衰夫物之一存一亡乍死乍生初盛而後衰者不可謂常唯

道非常道也
人始於生而卒於死始之謂出卒之謂入故曰出生入死人之
身三百六十節四肢九竅其大具也四肢與九竅十有三者十
有三者之動靜盡屬於生焉屬之謂徒也故曰生之徒也十有

《韩非子》

文乱法,侠以武犯禁。”并用寓言“守株待兔”讽刺儒家和墨家。第二,主张法治,反对人治。儒家和墨家都把任用贤人看作治国根本,把贤人看得比法律重要。韩非认为他们的主张迂阔难行。韩非在《难势》篇说:“抱法处势则治,背法去势则乱。”又在《难一》篇说了“自相矛盾”的寓言故事讽刺儒墨的主张。

韩非法律思想的局限是立足点错误。他是极端的君本主义者,主张法律完全成为君主统治臣民的手段,从而把法家思想向君主独裁方向发展到极端。韩非法律思想的糟粕具体表现为六个方面。第一,主张君主集权于一身。《二柄》篇说:“明主之所导制其臣者,二柄而已矣。二柄者,刑、德也。何谓刑、德?曰:杀戮之谓刑,庆赏之谓德。”他认为君主即使错了,臣民也不能反抗。《忠孝》说:“人主虽不肖,臣不敢侵也。”并批评尧把天下传给舜,批评商汤、周武讨伐暴君夏桀和纣王,认为尧、舜、商汤、周武王都违反了君臣关系。第二,主张对臣民实行重刑。《外储说右上》开宗明义地说:“势不足以化则除之。”《八经》篇还露骨地主张用各种手段杀人,包括以法杀人、派人暗杀、食物下毒、借刀杀人等。第三,主张使用权术执法。韩非批评申不害言术而不言法,商鞅为法而不知术。《难三》篇说:“人主之大物,非法则术也。法者,编著之图籍,设之于官府,而布之于百姓者也。术者,藏之于胸中,以偶众端而潜御群臣者也。故法莫如显,而术不欲见。”韩非的“术”就是耍阴谋,他在《储说》六篇中宣扬了许多个玩弄权术的故事。韩非主张以“术”行“法”,实际上阉割了法治的真正精神。第四,片面强调任“势”,反对任“贤”。《韩非子》所说的“势”,就是君主独裁,大权独揽。韩非从君主独裁,又引申出排斥使用贤能或有智慧的人才。《难势》篇说:“贤智未足以服众,而势位足以屈贤者也。”《主道》篇说:“有功则君有其贤,有过则臣任其罪……是故不贤而为贤者师,不智而为智者正。臣有其劳,君有其成功,此之谓贤主之经也。”第五,主张君主不能信任任何人,并要造成紧张的政治气氛。《备内》说:“人主之患在于信人,信人则制于人。”《八奸》《奸劫弑臣》《八经》等篇都指出,君主对妻子、儿女、兄弟都不可信任,对没有血缘关系的大臣更加不可信任,只能用权术、赏罚等手段驾驭。第六,主张愚民、弱民,扼杀思想和言论。《五蠹》篇明确宣布:“故明主之国,无书简之文,以法为教;无先王之语,以吏为师。”韩非丝毫不考虑普通民众的生存状态。《和氏》篇说:“燔《诗》《书》而明法令。”《说疑》篇说:“太上禁其心,其次禁其言,其次禁其事。”韩非认为社会上只要两种人:农民和战士,农民为君主生产,战士为君主打仗。农民和战士以外的儒生、文人、商人、游侠等都被看成蠹虫,列入另册(《五蠹》)。这一切,就是后来秦始皇焚书坑儒的理论先导。秦国以武力统一六国建立秦王朝以后,完全按照韩非等的思想治国,施行暴政,终于仅维持了十几年,二世而亡,也使法家政治思想声名狼藉。

《韩非子》著名的传统注本有:王先慎《韩非子集解》、梁启雄《韩子浅解》及陈奇猷《韩非子集释》。

第二九讲 阴阳·纵横·名·杂各家

一、阴阳五行家

箕子《洪范》所阐述的古老“五行学说”，对中国传统思想影响深远。春秋战国产生了“五行相克”和“五行相生”观念：木→火→土→金→水，具有“相生”关系；土→水→火→金→木，具有“相克”关系。战国末期的齐国人邹衍是集阴阳五行说大成的人物。邹衍具有丰富的天文、地理和历史知识，思路开阔，善于论辩，时人称为“谈天衍”。《史记·孟子邹衍荀卿列传》说邹衍有《主运》《终始》《大圣》等十多万字的著作，并具体介绍了他的“大九州”学说。他说中国叫“赤县神州”，中国内部有小九州；像中国一样的州有九个，都被海包围着；像这样的中等九州，又有九个，叫“大九州”，都被更加浩瀚的大海包围着。邹衍认为“五行”的相生相克关系，不仅支配自然界，而且支配人类社会。他提出“五德终始”说，认为“五行相克”决定王朝的兴替：夏朝属于“木”，殷商属于“金”，“金”可以克“木”，故殷商取代夏朝；周朝属于“火”，“火”可以克“金”，故周朝取代殷商。邹衍把“五行”附会为历史发展规律是不科学的。《汉书·艺文志》著录阴阳家著作21部，包括《邹子》49篇和《邹子终始》56篇。可惜这些著作都已经失传了。

二、纵横家

纵横家是战国时期非常活跃的一个学派。策士们或主张“合纵”（六国联合抗秦），或主张“连横”（秦国分别控制六国），故称“纵横家”。他们游说诸侯，朝秦暮楚，活跃在外交舞台上，并影响着天下的政治与军事。纵横家代表人物有苏秦、张仪等。记录他们言行的著作是《战国策》和20世纪在马王堆发现的《战国纵横家书》。

纵横家的理论著作是《鬼谷子》。作者鬼谷先生相传是苏秦、张仪

鬼谷子

等的老师。《鬼谷子》今本分3卷21篇,上卷4篇,中卷8篇,下卷9篇。此书真伪,学术界有不同的看法。笔者《鬼谷子详解》考证,上卷和中卷除了有1篇是从《管子》混入的以外,其他11篇应该是鬼谷先生及其门徒的著作;下卷9篇的作者应该是唐朝爱好纵横之术的人。《鬼谷子》总结出纵横游说之术的理论体系,开创了中国传统的政治策略学。它以"阴阳"学说为纲,指导纵横家们的游说活动,包括如何了解游说对象、如何确定游说程序、如何修辞。除了纵横家,后世的宗教家、术数家、军事家等也往往借重于《鬼谷子》。道教把《鬼谷子》列为经典,把鬼谷先生列为神仙;算命先生奉鬼谷子为祖师,说《命书》就是鬼谷子传授的;有的军事家说,《鬼谷子》是阴兵法,《孙子兵法》是阳兵法。

三、名家

春秋战国时代,社会剧烈变动,新旧事物名、实脱离,各学派的哲学思维几乎都涉及名、实命题。其中,集中精力研究讨论名实关系的学派,称为"名家"或"名辩家"。名家的纯理性思维深入到哲学深层,丰富了先秦哲学思想的内涵。

名家的著名代表人物有惠施、公孙龙、尹文子。惠施跟庄子是朋友,同处一个时代。惠施认为:"至大无外,谓之大一;至小无内,谓之小一。"他主张"合同异",否定事物的差异,认为时间、空间、事物性质等都是相对的。所以,他说:"物方生方死。""天地一体。""卵有毛。"(蛋虽无毛却可变成毛茸茸的小雏)"合同异"论颇似庄子的"齐物"论,分析出了事物的差异中具有同一性,可以相互转化,但漠视了事物个体的特点。公孙龙跟惠施正相反,他强调词和概念的差异。公孙龙最有代表性的辩题是《公孙龙子》中的"白马非马论"和"离坚白"论。据说,他曾骑马过关,马通关须纳税,公孙龙说:"我骑的是白马,白马不是马。”说毕挥鞭过关。他说，一块坚固的白色石头，“坚”与“白”是分离的：眼睛能看出“白”却看不出“坚”，抚摩能触到“坚”却触不到“白”。他分析出感受方式的特殊性，追求纯粹抽象的概念分析，有助于逻辑学的发展，但是排斥感官经验的综合统一，从而导致诡辩。尹文子的著作《尹文子》从各个不同的角度探讨了名实关系。如：通过“齐宣王好射”的故事，说明人们应该防止“悦其名而丧其实”；通过“孔子诛少正卯”的故事，说明不容许扰乱名实关系；通过“庄里丈人”的故事，说明名称不恰当可能招致恶果；通过“黄公好谦卑”的故事，说明有时不要囿于名，可以“违名而得实”。

四、杂家

杂家是战国末期产生的综合百家的重要学派。《汉书·艺文志》著录杂家著作 20 部。杂家代表作是《吕氏春秋》。它是秦国丞相吕不韦（? —前 235）聚集门客所作。《吕氏春秋》分十二纪（每纪 5 篇）、八览（每览 8 篇）、六论（每论 6 篇），共 160 篇。它以道家思想为纲，综合采用儒家、墨家、法家、名家、阴阳家的学说，建立起自己的思想体系，企图为秦国提供统一天下和长治久安的思想策略。《吕氏春秋》强调要顺应时代进行变革，如《察今》篇中用“循表夜涉”“刻舟求剑”“引婴儿投江”三个寓言故事讽刺复古守旧的行为，说明要“因时”“因地”“因人”而制定相应的策略。但是，

《吕氏春秋》

作者跟法家有区别,他并不完全否定“先王之法”,而是说:“凡先王之法,有要于时也。时不与法俱至,法虽今而至,犹若不可法。”《吕氏春秋》强调全中国要统一:“乱莫大于无天子。”(《谨听》)但是,它又反对极端专制,它说:“天下非一人之天下也,天下之天下也。”(《贵公》)

需要说明的是:《四库全书》的“杂家”,与《汉书·艺文志》的杂家不同。《四库全书》把墨家、名家等的著作以及不是纯粹属于儒家、道家、法家的著作都归入杂家。

《汉书·艺文志》的“九流十家”,还有农家和小说家。《汉书·艺文志》著录农家著作9部,今天只有《氾胜之书》的辑佚本,讲农业生产技术。据《孟子》的记述,农家还主张“贤者与民并耕而食”,具有反对剥削与否定社会分工的倾向。《汉书·艺文志》著录小说家著作15部,已经完全散失。小说家著作的内容大多是方士和民间的传闻。

第三〇讲　孙子和历代兵书

中国古代战争频繁,产生了许多杰出的军事家,产生了许多军事理论著作,古称“兵书”。《汉书·艺文志》并没有在“诸子略”中著录军事著作,而是在“兵书略”中著录了先秦和西汉的53家兵书。历代兵书不断增加。《清史稿·艺文志》著录本朝的兵书达到112部。1933年陆达节所著《历代兵书目录》,著录1 304部,其中传世者288部。1990年刘申宁《中国古代兵书总目》,共收录4 221种,其中现存者约500种。

古代兵书中首屈一指的著作是春秋晚期孙武所著的《孙子兵法》。孙武被称为中国的“兵圣”,《孙子兵法》被称为中国和世界“古代第一兵书”。

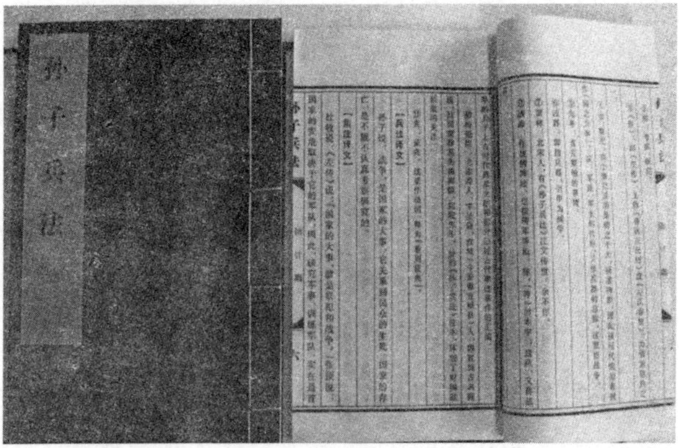

《孙子兵法》

《孙子兵法》简称《孙子》，共十三篇。《史记·孙子吴起列传》说："孙子武者，齐人也。以兵法见吴王阖闾。阖闾曰：'子之十三篇，吾尽观之矣。'"孙武初次见吴王阖闾，是在阖闾三年（前512）。阖闾任用孙武为军师，大破强大的楚国，威胁强大的齐国和晋国，成为霸主。

《孙子兵法》十三篇深刻总结战争的经验教训，概括出宝贵的战略战术规律，并上升到一定的哲理高度。每篇中都有大量为人传诵的名句。且列举如下：

1.《计》篇是全书的纲领，开门见山就说："兵者，国之大事。"朝廷必须在出兵前分析敌我的各种条件，制订作战计划，对敌军"攻其无备，出其不意"。还提出了"道""天""地""将""法"是决定战事胜负的关键因素。2.《作战》篇主要讲如何进行战争，主张速战速决，"兵贵胜不贵久"。3.《谋攻》篇说："上兵伐谋，其次伐交，其次伐兵，其下攻城。""百战百胜，非善之善者也；不战而屈人之兵，善之善者也。"又说："知己知彼，百战不殆。"4.《形》篇分析战斗力等客观因素，从而创造出必胜的条件，从而决定进攻或防守策略。5.《势》篇强调军事指挥要"以正合，以奇胜"，造成有利的形势，达到出奇制胜。6.《虚实》篇说："故善攻者，敌不知其所守；善守者，敌不知其所攻。"强调要掌握主动，分散敌军兵力，"避实而击虚"。7.《军争》篇讲要善于分析地理条件和敌军状况："避其锐气，击其惰归。""以治待乱，以静待哗。""以近待远，以逸待劳。"8.《九变》篇讲灵活指挥，善于运用战略战术，善于取舍。"军有所不击，城有所不攻，地有所不争，君命有所不受。"9.《行军》篇讲在行军中如何安营扎寨、配置兵力、鼓舞士气、分析敌情。10.《地形》篇讲述各种不同的作战地形及相应的战术要求，强调关爱士兵，"视卒如婴儿"。11.《九地》篇根据"主客"形势划分出九种不同的作战环境，提出相应的战术要求。12.《火攻》篇讲以火助攻。13.《用间》篇讲利用间谍了解敌情。

后代注释《孙子兵法》的人很多，最有名的人物是三国时代的曹操，还有唐朝的李筌、杜牧等。后代人把曹操等人的注解合为《孙子十家注》。

《汉书·艺文志》著录的53家兵书，以《吴孙子兵法》和《齐孙子兵法》居首。《吴孙子兵法》即孙武的《孙子兵法》，《齐孙子兵法》则是战国时代孙膑所著的《孙膑兵法》。《史记·孙子吴起列传》说：孙膑是孙武的后裔。他和庞涓一起学习兵法（相传都是鬼谷子的学生），成绩优秀，庞涓嫉妒他的才能。后来，庞涓担任魏国大将，召孙膑到魏国，庞涓借故判处孙膑"膑刑"（即剔去膝盖骨）。孙膑受了"膑刑"，故名"孙膑"。齐国使臣发现孙膑有杰出才能，把他带到齐国，担任齐威王的军师，后大破魏军。《孙膑兵法》曾经失传。1972年山东省临沂银雀山汉墓发现一批竹简，其中有《孙子兵法》残简和《孙膑兵法》残简。《孙膑兵法》残简经整理为上下两编，上编有《擒庞涓》《见威王》《八阵》《强兵》等15篇；下编有《十阵》《十问》《奇正》等15篇。

先秦时代传世的著名兵书，除了《孙子兵法》，还有吴起的《吴子兵法》，尉缭的《尉缭子》，讲述军礼的《司马法》（附司马穰苴兵法）。此外，托名吕尚（姜太公）的《六韬》，托名黄石公的《三略》，大概是汉朝的著作。其实，《墨子》的《备城门》等篇，讲究军事防守技术，也是不可忽视的兵书。

北宋朝廷整理历代兵书，经过精心挑选，颁行了《武经七书》。这七部兵书是:《孙子兵法》《吴子兵法》《六韬》《司马法》《三略》《尉缭子》《李卫公问对》。李卫公是指唐朝开国名将李靖,他战绩辉煌,封卫国公。北宋曾公亮还编纂了《武经总要》。

李　靖

明代兵书中有几部特别值得关注。一是名将戚继光的《练兵实纪》《纪效新书》,是戚继光平定倭寇的经验总结,语言平易通俗,内容切实。二是郑若曾编的《筹海图编》,书约 26 万字,还有地图 114 幅。东南海防最高将领胡宗宪《筹海图编序》说:“图以志形胜,编以纪经略。”凡沿海地理形势、海防部署、海战器具,倭寇劫掠沿海的历史和路径,平倭的战略、战术、战功,都有叙述。它是总结明代的军事史、海防史的集大成著作。它也是中日交通史的宝贵文献,如:《沿海山沙图》,明确将钓鱼岛等岛屿纳入福建的海防范围内。

戚继光

《汉书 · 艺文志 · 兵书略》把兵书分为“兵权谋”“兵形势”“兵阴阳”“兵技巧”四类,在“兵技巧”中介绍了练习射箭、剑术、搏斗等技巧的书,这是后代武术的源头。中国武术博大精深,关心的读者可以向内行求教。今天,武术主要用于防身、保健、体育竞技。

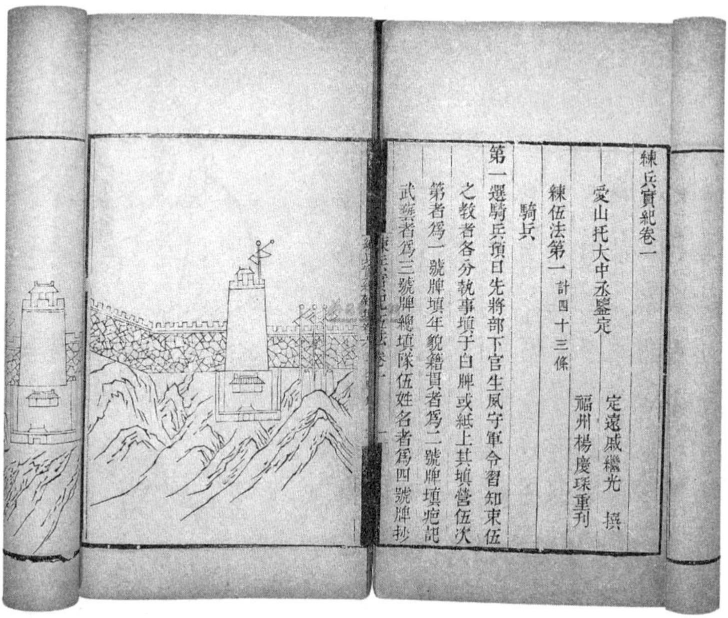

《练兵实纪》

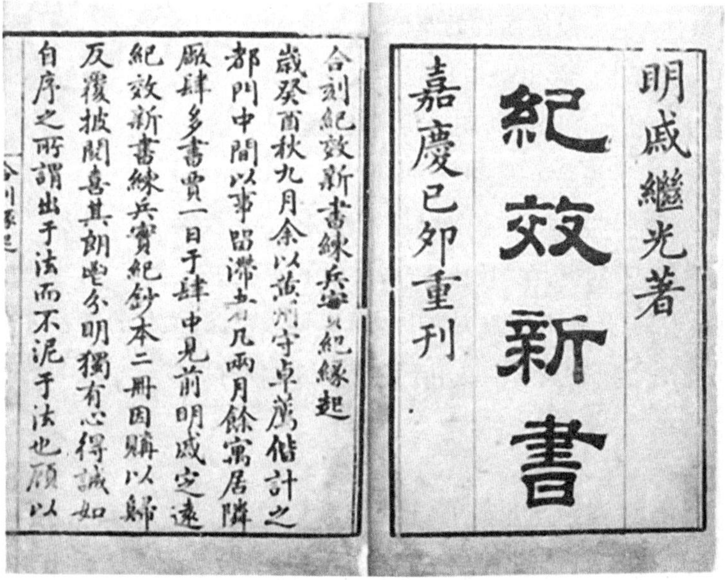

《纪效新书》

第三一讲　两汉经学

秦王朝摧残文化，钳制思想，没有留下任何哲学著作。而且秦始皇焚书坑儒，造成古代文化典籍的浩劫。汉王朝结束秦末战乱之后，搜集整理古代文化典籍，其中儒家所传承下来的《诗》《书》《易》《礼》《春秋》称为“五经”（《乐》已经失传）。经学教育，除了精通“五经”中的一经，还要首先学习《孝经》和《论语》。

两汉学术思想的变迁可以划分为三大阶段：第一阶段是西汉初年，当权者推行黄老之术，休养生息；但是，陆贾《新语》、贾谊《新书》等具有儒家思想，汉文帝时已经设《诗》经博士。第二阶段是从汉武帝“独尊儒术”到西汉末年，朝廷设五经博士。博士与弟子传习经书，传承不同“师说”，形成若干流派，经学进入昌盛时期。经学中的今文经学占统治地位，主要代表是董仲舒。这个阶段，淮南王刘安主编《淮南子》，希望以黄老学说与独尊儒术的朝廷抗衡，结果以失败告终。第三阶段是西汉末年和东汉时代，今文经学虽然在朝廷仍占统治地位，但已经僵化、谶纬化；古文经学大师辈出，取得重要成绩。

汉代经学分今文经学和古文经学两大派。这两大派起源于记录文字的差异。今文经学由儒生传授，用汉朝流行的隶书记录，因汉朝隶书为“今文”，故其书称为“今文经”。如：伏胜及其后学传授的《尚书》，高堂生传授的《礼》，田生传授的《易》，齐、鲁、韩三家传授的《诗》，董仲舒传授的《春秋》。古文经是指用先秦文字（包括六国古文字和小篆）所记录而保存下来的儒家经典。武帝末年，鲁恭王刘馀拆毁孔子旧宅，从夹层墙壁中发现了用古文写的《尚书》《诗》《礼》《论语》和《孝经》等，河间献王刘德从民间所征得的先秦旧籍也是古文经。后来，这两大派发展到巨大的学术差异，今文经学关注的重心是政治哲学，为汉王朝大一统政治提供理论体系；古文经学所关注的重心是文献学与语言学。

今文经学一直占统治地位，朝廷所封的博士都是今文经学的学者。今文经学的主流是“春秋公羊学”，代表大师是董仲舒，还有丞相公孙弘等。董仲舒（前179—前104），景帝时代就被朝廷任命为经学博士。他以讲学为业，赢得普遍尊敬，人们甚至称他为“汉代孔子”。汉武帝元光元年（前134），下令各郡国向朝廷推荐贤良文学之士对策，武帝亲自主持，连出三道策问，董仲舒连对三策，畅谈天人关系，宣扬大一统学说。武帝赏识董仲舒的“天人三策”，于是“罢黜百家、独尊儒术”。董仲舒流传到现代的著作有《天人三策》和《春秋繁露》，还有散见于《汉书·匈奴传》《汉书·食货志》《汉书·五行志》《古文苑》《艺文类聚》和《汉魏遗书钞》中的作品。《春秋繁露》是董仲舒最系统的著作。书名的含义是：《春秋》意义深宏，可以治国安民，就像雨露滋养万物一样。《春秋繁露》共17卷，82篇，主要内容是：探讨《春秋》的微言大义，强调名分，遵守礼仪，尊重中央皇权。同时宣传“天人感应”“天不变，道亦不变”，主张君主应效法天道，重德治，轻刑罚。董仲舒的经学已非先秦原始的儒学，而是杂有阴阳家、燕齐方士和法家思想的新的儒学。如他阐发的“灾异”“符瑞”“天人感应”，就是出于五行家。他的“三纲”思想（君为臣纲、父为子纲、夫为妻纲），就是来源于法家。《韩非子·忠孝》早就说：“臣事君，子事父，妻事夫，三者顺则天下治，三者逆则天下乱。此天下之常道也。”因此，汉武帝所独尊的“儒术”，实际上是“儒表法里”的儒术，既维护君主专制制度，又适当照顾百姓的利益。汉以后的各个王朝大都如此。董仲舒之外，注释

董仲舒

《春秋公羊传》的学者们，还概括出了“三科九旨”等微言大义。何休的《春秋公羊解诂》是一部解释今文经的重要著作。今文经学各学派都讲究经学为现实政治服务，如按照《春秋》的思想判决案件，按照《礼》讨论朝廷的礼仪制度，用《尚书·禹贡》的方法治理黄河水患，引用《诗经》的语句作为劝谏依据。

今文经学发展到西汉后期日趋烦琐，例如解释《尚书·尧典》“曰若稽古”四个字，就用了十万字。更为严重的是出现了谶纬泛滥的趋势。“谶”是神秘的预言，如秦始皇时的谶语：“亡秦者，胡也。”“纬”是对“经”的神秘解释，当时产生了一批“纬书”。所以，谶纬之学就是把儒家经学神学化。于是，有扬雄、桓谭、王充、王符、荀悦、仲长统等一批杰出学者对谶纬进行批判。其中，最突出的是王充(27—约97)，他的代表作是《论衡》。《论衡》85篇，实存84篇。王充用“疾虚妄”三字概括全书的精神，批评世俗流行的各种违背真实的虚妄观念。他提出自然界万物生成变化都是元气聚散的结果。王充最突出的特点是具有不畏权威的怀疑批判精神。他批判董仲舒的“天人感应”说；他崇拜孔子，却写了《问孔》篇，指出孔子的某些说法不正确。他还写了《刺孟》《非韩》，揭露孟子、韩非言论中的错误。王充的这种精神在中国古代思想史上是出类拔萃的。

王　充

古文经学在王莽当政时期，由于刘歆极力鼓吹而曾经设立博士。东汉朝廷不重视古文经学，没有设立博士。但是东汉时代，古文经学的影响力越来越大，逐步压倒了今文经学。古文经学涌现了一批大师，如郑兴、郑众、贾逵、许慎、马融、服虔、卢植等，他们弟子众多，影响很大。东汉时代还出现了今文经学和古文经学互相融合的趋势。班

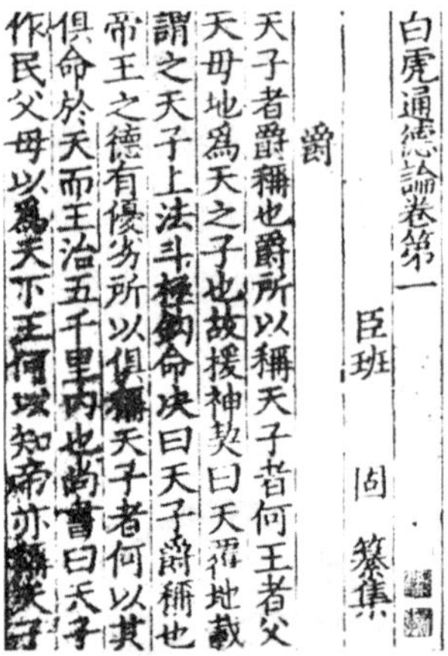
白虎通德論卷第一
臣班 固 纂集
爵
天子者爵稱也爵所以稱天子者何王者父天母地爲天之子也故援神契曰天覆地載謂之天子上法斗極鈎命決曰天子爵稱也帝王之德有優劣所以俱稱天子者何以其俱命於天而王治五千里內也尚書曰天子作民父母以爲天下王何以知帝亦稱天子

《白虎通德论》

固的《白虎通德论》首开风气。东汉末年，郑玄网罗众家、遍注群经，以古文经学为基础而又能吸收今文经学的某些成果，标志着汉代经学的终结。

总之，今文经学关心现实政治，促进了汉王朝的统一强大，开创以后两千年“儒表法里”的政治格局。古文经学对于传统文献学、语言学有巨大贡献。如刘向、刘歆、班固奠定了传统目录学，许慎的《说文解字》是文字学的不朽名著，郑玄等诠释了大批先秦典籍。当然，两汉“独尊儒术”的政策，限制了思想的自由，影响了学术的进步。

第三二讲　佛教及其传入中国

宗教是对超自然力的信仰。宗教有不同的分类，按照产生时间和信仰内容，可以划分为“自发宗教”和“人为宗教”两大类。“自发宗教”是原始时代民间自发产生的，所关注的重点是食物生产、生殖繁衍、死亡归宿，崇拜对象有自然图腾、祖先、鬼神等，缺乏系统的宗教教义。“人为宗教”是进入文明时代后在原始宗教的基础上演化而形成的，所关注的重点是人类的苦难解脱、善恶的根源因果、现实跟彼岸世界的关系、死亡归宿，具有系统的宗教教义。对世界影响最大的宗教是佛教、基督教和伊斯兰教，此外有道教、印度教、犹太教、袄教等。

佛教产生于印度，但是，传入中国之后即跟中国文化融合，形成了我国儒、道、释三结合的文化传统。

佛 像

佛教的创立者是乔答摩·悉达多(约前565—前486)。他是古印度迦毗罗卫国国王净饭王的儿子。因为出生于释迦部族,故成道之后被称为"释迦牟尼",意为释迦族的圣者。他幼年即好沉思,希望寻求解脱人间生、老、病、死的痛苦之道。他在29岁(一说19岁)时离家进入森林修道。35岁时,他在一棵菩提树(原名毕钵罗树)下觉悟正道而成佛。成佛之后,在恒河等地传道,直到80岁肉身涅槃。

佛教区别于其他宗教的基本标志,被称为"三法印":(一)"诸行无常"。佛教把世间出现的一切有形色的事物称为"有为法",它们都是流行变迁的空幻现象,转瞬生灭。世界有成、住、坏、毁,众生有生、老、病、死。所以,《金刚经》说:"一切有为法,如梦幻泡影,如露亦如电,应作如是观。"《心经》说:"色即是空,空即是色。"佛教认为只有真如佛性空寂明净,不生不灭,不增不减。(二)"诸法无我"。佛教认为世间的一切事物都是由"四大"(地、水、火、风)与"五蕴"(色、受、想、行、识)构成的,人也是一样。所以,不能强立主宰者。《金刚经》认为必须破除"我相""人相""众生相""寿者相",才能了悟世界真谛。(三)"涅槃寂静"。即通过正确的修习,获得智慧,超越世间的烦恼与生死等各种痛苦,免遭业报轮回,达到寂静长乐境界。这是佛教追求的目标。

围绕"三法印"的主要学说,还有"缘起论""十二因缘""四圣谛""轮回说"等。(一)"缘起论"是佛教关于宇宙及万物形成的最基本的理论。佛教认为"诸法从缘起""缘生法还生,缘尽法还灭"。"法"就是万物,"缘"就是条件,万物都因缘而起。人们自己的思想、语言、行动分别形成“意业”“口业”“身业”，总称“业缘”。善业获得好结果，恶业造成坏结果。最坏的恶业是贪婪、嗔怒、痴迷，合称“三毒”。（二）“十二因缘”是重要的缘起论，又称“十二缘起”。十二个环节，环环相扣：无明→行→识→名色→六处→触→受→爱→取→有→生→老死。前一个环节是产生后一个环节的“缘”（条件），形成生死轮回。“无明”就是愚昧、妄有执着，是造成生死轮回的发端之缘。众生因为“无明”而有所造作，造作即“业缘”。（三）“四圣谛”是佛教最基本的人生哲学。“四圣谛”包括苦谛、集谛、灭谛、道谛。“苦谛”是对于人生的基本估价，认为人生经历生、老、病、死等痛苦，轮回不止，犹如苦海；“集谛”说明集合为痛苦的各种因素，就是由于“无明”而产生的贪欲、愤怒、痴迷等业缘；“灭”就是“涅槃寂静”的意思，“灭谛”讲必须断绝贪欲，消灭苦因，达到不生不灭、寂静长乐的境界；“道谛”阐述达到涅槃寂静境界的修行之道。“八正道”和“六度”都是重要的修行之道。“八正道”包括“正见、正思维、正语、正业、正命、正精进、正念、正定”，即对于世界有正确的见解，按照佛教所指示的正确道路而思想、说话、行动、生活、修炼。“六度”包括“布施、持戒、忍辱、精进、禅定、般若”。“般若”就是智慧、觉悟的意思。佛教鄙弃愚昧无明，重视了悟世界真谛的智慧。“般若”可以引导人们达到彼岸世界。（四）“轮回说”讲生命的轮回转换，取自婆罗门教而进行了改造。佛教的“轮回说”划分“六凡”与“四圣”。六凡即未觉悟正道而在“六道”中生死轮回者：天（天神）、人、阿修罗、畜生、饿鬼、地狱。六道的芸芸众生，因自己的善恶业缘而轮回转生。“四圣”指能觉悟正道而超脱生死轮回者，包括佛、菩萨、声闻、缘觉四个果位。声闻、缘觉是自己能够觉悟者，菩萨是自己觉悟并能帮助他人觉悟者，佛是觉行圆满者。

佛教对婆罗门教采取批判继承的态度，反对婆罗门教特权，特别是反对不合理的种姓理论，提倡众生平等。但是，佛教又吸收婆罗门教成果。例如：把婆罗门教的梵天、因陀罗（帝释天）诸神，改变为自己的护法天神。又如:婆罗门教的时间与空间观念都极其开阔。时间单位从极小的“刹那”(一昼夜分为64亿刹那)到极大的无数“劫波”(几百万年或几亿年);空间单位从极小的“微尘”到极大的“三千大千世界”。佛教加以发展,认为时间和空间都是无限的;又认为大、小之间,能够互相包容,“芥子可纳须弥”(极小的芥菜籽可以包容纵横数万里的须弥山);而且认为,“三界唯心”“一念三千”,意念可以转化为物质世界。

佛教的典籍是释迦牟尼圆寂之后,首先由他的五百弟子在王舍城结集而成的,但当时都是口头传诵,后来才用巴利文写在贝叶上面,产生了文本佛教典籍(1世纪前后)。佛典,分经、律、论三大类别,总称“三藏”或“三法藏”。“藏”的原意是盛放东西的容器,这里是分门别类的含义。“经藏”是释迦牟尼所说的要义,每本佛经都用“如是我闻”开头,表示弟子们是听释迦牟尼亲自讲述的;“律藏”是佛为教团所制定的律仪;“论藏”是后世佛教大师对经义加以阐释的著作。佛典喜欢用寓言宣传玄妙的哲理,讽刺世态。如:大家熟悉的“猴子和鳄鱼”“瞎子摸象”“猴子捞月”“瓮中影”等都蕴含深刻的佛理。初学者阅读佛典寓言是了解佛教哲理的方便法门。

佛典按语文可分两大系统:梵文系统、巴利文系统。梵文是古印度的雅语,巴利文是当时的俗语。巴利文佛经流传于东南亚各国。汉文大藏经、藏文大藏经,都是从梵文翻译的。

汉文大藏经是通过西域传入中国的。西汉哀帝元寿元年(前2),西域大月氏国使臣伊存至长安,朝廷派遣博士弟子景卢跟随伊存学习佛经,伊存口授《浮屠经》。东汉明帝时代(58—75),派遣使者至印度求佛,白马驮经至洛阳,开始了佛经的笔译。魏晋南北朝至唐朝翻译事业鼎盛,著名佛经翻译家有安世高、鸠摩罗什、真谛、玄奘等。现存的汉文大藏经有1 900多部,8 000多卷。

现存藏文大藏经有6 000多部,超过汉文大藏经。本书将在“藏传佛教”进行论述。

我国云南傣族、布朗族等接触的佛典属于巴利文系统，是从缅甸、泰国等东南亚国家传入的。傣文大藏经有数万卷，大部分是用傣文字母音译的佛经，其中还包括科技作品及民间故事。傣族、布朗族等的佛教徒直接诵读巴利文佛教经典，故没有意译为本民族文字的佛经。

佛教的传入，对于中国哲学、宗教、文学、艺术（绘画、雕塑、建筑）等的发展都有深远影响。佛教对中国文化的影响大大超过基督教、伊斯兰教、拜火教等外来宗教。

第三三讲　道教

道教是中国本土产生的人为宗教。道教以“道”为基本信仰，创立

道　观

于东汉晚期。促使道教产生的本土因素有：道家哲学、鬼神崇拜、巫

术、神仙方术、谶纬神学以及四川等地少数民族的原始宗教。促使它产生的外来因素是佛教。道教创始时,有三个源头,一是太平道,一是天师道,一是丹鼎派。主流是天师道。

(一)天师道。天师道创立者是张道陵(生卒年或说为:34—156)。张道陵原名张陵,本是太学书生,博通五经和黄老学说。他在汉顺帝时居住到蜀地的鹤鸣山(青城山的后山)修道。他自称太上老君把"三天正法"传授给他,命他为"天师"。于是尊老子为道教始祖"太上老君",尊《老子》为道教根本经典(称为《道德真经》),创立"天师道"。张道陵造作道书,他的主要著作是《老子想尔注》,通过注释把哲学著作《老子》改造成宗教经典。《老子想尔注》说:"一者,道也。""一,散形为气,聚形为太上老君。"意思是说,"道"就是"一",就是元气和太上老君,就是宇宙本源。《老子想尔注》要求人们谨守道诫:"诫为渊,道犹水,人犹鱼。鱼失渊去水则死,人不行诫守道,道去则死。"《老子想尔注》认为人行道,善保精气,就可以成仙长寿;帝王行道,清静寡欲,乐善好生,就能天下太平。或说《老子想尔注》是张道陵的孙子张鲁所著。此书大约在唐宋时代已经散失,清末才在敦煌莫高窟发现残本,可能是六朝时代的钞本。张道陵还用符箓和咒语给人治病、驱邪禳灾。"符箓"是求神驱鬼的字帖文书。

张道陵招收弟子达300人,在川西北和汉中地区建立起24个宗教活动中心。天师道规定,接受传道的徒众每人要交五斗米,因此又叫"五斗米道"。张道陵传道给儿子张衡,张衡再传道给儿子张鲁。张鲁在汉中建立了政教合一的政权,推行宗教主张,减轻刑罚,并在路上设义舍,摆放米肉,路人可以量腹而食。割据20多年后,张鲁归降曹操,被封为侯,子孙相继为"天师"。第四代天师张盛,迁徙到江西省的龙虎山,尊称张道陵为"正一天师"。

(二)太平道。太平道以《太平经》(又名《太平清领书》)为主要经典。据《后汉书·襄楷传》说,汉顺帝时,琅琊人宫崇向朝廷献上其师于吉所得神书，号曰《太平经》。《太平经》今本仅存57卷。主要内容是：宣传“阴阳和顺”“无为而无不为”的思想，宣传财产共有、自食其力的善恶报应观念，勾勒了一个人人平均的和平社会，提出了辟谷、食气、养性、房中、占卜、堪舆等道术。《太平经》书中多次提到“太平”之气即将来临，大德之君即将出现。汉灵帝时，张角创立太平道，以符箓和咒语治病，要求病人跪拜认罪悔过。教徒有数十万，遍布全国。中平元年（184）张角发动教徒推翻汉朝，人人头戴黄巾，故称“黄巾起义”。失败后，太平道就衰败了。但是，《太平经》仍然列入道教经典。

（三）丹鼎派。丹鼎派的奠基著作是魏伯阳的《周易参同契》。魏伯阳，东汉末年人，生平不详。作者把易学、黄老之学、炉火会归于一，托《周易》的卦象和黄老学说而阐明炼丹的原理和方法。全书分“大易总叙”“乾坤设位”“日月悬象”“炼己立基”“金丹刀圭”“水火情性”“养性立命”“姹女黄芽”“鼎器妙用”“自叙启后”等三十五章，共约6 000字，基本是四字句或五字句的韵文，只有少数散文句。大多数学者认为《周易参同契》是一部内丹和外丹兼修的道教理论著作，而以炼“内丹”为主。所谓炼“内丹”就是修炼自身的精、气、神，炼“外丹”就是烧炼金丹服用，都是为了达到长生不死的目的。《周易参同契》用词往往保持神秘性，如把“水银”叫作“姹女”，把“硫黄”叫作“黄芽”。丹鼎派没有独立发展，其炼丹术成为道教的一项修炼内容。

《周易参同契》所阐述的丹术理论，后来被葛洪、陶弘景、司马承祯、钟离权、吕洞宾、陈抟、张伯端（紫阳山人）等所继承和发展。葛洪（约281—341），东晋时代人。他自号“抱朴子”，著作也叫《抱朴子》。取名来于《老子》的语句：“见素抱朴，少私寡欲。”《抱朴子》分为内外篇。内篇20篇讲道教理论，包括宗教哲学、成仙理论、成仙方术（炼丹、药物、符箓等）、道教经典目录等。外篇50篇，论述世俗的政治、人事以及文学理论批评等。陈抟（871—989），字图南，号扶摇子，赐号“希夷先生”，唐末宋初人。他著《指玄篇》，讲述养生和丹术；又作《无极图》,用图形表示炼内丹而达到天人合一的过程。葛洪、陈抟等完善了丹鼎派的理论,也完善了道教的理论体系。

南北朝时期,北魏嵩山的道士寇谦之改革规章,创立“北天师道”。刘宋庐山道士陆修静整理道教经典,规范斋戒仪式,创立“南天师道”。陆修静的弟子陶弘景自号“华阳隐居”,他阐扬道教理论,并主张道教和佛教、儒家融合,开创了茅山宗。到了唐朝,皇帝自称为老子李耳(太上老君)的后裔,封老子为玄元皇帝,封庄子、列子等为四大真人,并修了我国第一部道藏。

宋元时代,道教出现了四大流派。1. 南方“天师道”各派统一为“正一道”。宋理宗封第三十五代天师张大可为“正一道”天师,同时管理“三山”(江西省的龙虎山、阁皂山和江苏省的茅山)。元成宗时,再封第三十八代天师张与材为“正一教主”。2. 北方的金国,则出现三个派别,萧抱珍创立了“太一道”,刘德仁成立了“真大道”,王重阳成立了“全真道”。元末明初,张三丰开创了武当派,明朝还大修了两部道藏。

道教不同于世界其他民族人为宗教的突出特点是:追求现实世界的长寿和永生,不追求灵魂进入彼岸世界(天堂、天国)。所以,道教研究修身养性、炼丹、采药等长寿成仙的方术;又把人间的名山(如五岳、青城山、龙虎山、阁皂山、茅山、罗浮山、终南山、武当山、崂山等)当作修道的洞天福地。

道教不同于其他民族人为宗教的另一个特点是:多神信仰。其神仙有两个系统:第一类是得“道”者。道行最高的是“三清”,即元始天尊、灵宝天尊、道德天尊(太上老君),他们是“道”(元气)的化身。其次是真人、真君、仙人。第二类是管理世俗政治的神。最高的是玉皇大帝等“四天帝”,下面是各地的尊神,还有灵官、文昌、财神、瘟神、功曹,最基层的是城隍、土地、门神、灶君等。

道教的经典叫作“道藏”。唐玄宗时代,修了我国第一部道藏《开

三清石像

元道藏》。宋朝重修了道藏，还编了道教类书《云笈七签》。明英宗时修了《正统道藏》(5 305卷)，明神宗时修了《万历续道藏》(增加至5 485卷)。

道藏中有丰富的哲学思想，还有丰富的养生、医药、化学知识。如丹鼎派所讲的炼“内丹”，就是培养自身的精、气、神，调动人体内部的能量流。这对后代的“气功”影响很深。他们所讲的炼“外丹”，就是把水银(汞 Hg)、铅(Pb)、硫黄(S)等当原料，用炭火烧炼成丹砂(硫化汞 HgS)。《抱朴子·金丹》说：“丹砂烧之成水银，水银积变又成丹砂。”这个变化可列出现代化学反应方程式：

$$\text{HgS(丹砂)} + \text{O}_2\text{(氧)} \rightarrow \text{Hg(水银)}$$

$$\text{Hg(水银)} + \text{S(硫黄)} \rightarrow \text{HgS(丹砂)}$$

可见炼丹就是化学实验。它不自觉地促进了化学发展。而炼丹过程中如何控制爆炸反应，则促成了火药的发明。

第三四讲　魏晋玄学

东汉末年,战乱频繁,社会危机严重,动摇了"儒表法里"的伦理观念和价值观念。于是有些思想家想继承汉初的"黄老之治",并且以道家哲学统率儒家思想,于是创立了"玄学"。

"玄学"的"玄",来源于《老子》的"玄之又玄,众妙之门"。"玄"的含义实际上就是道家的"道"。魏晋玄学家最推崇的三本书是《老子》《庄子》和《周易》。《颜氏家训·勉学》云:"庄老周易,总谓三玄。"

玄学家围绕道家的"自然"与儒家的"名教"两者之间的关系做了深入探讨。"自然"指道家崇尚的"自然之道","名教"指儒家"因名设教"的伦理道德体系。玄学有三个重要的派别。

(一)名教本于自然派

玄学思潮起源于三国时代魏国的正始时期(241—249),开创者是何晏(约190—249)、王弼(226—249)。何晏、王弼等尊奉老庄学说,摒弃世务,崇尚"清谈"。何晏著《道德论》《无名论》《无为论》,又作《论语集解》。王弼著《老子注》《老子指略》《周易注》《周易略例》。他们以老庄思想解释《论语》《周易》及其他儒家经典,力图沟通儒道。他们认为:"无"超言绝象,无名无形,却能"成济万物",是物质世界一切现象赖以存在的本体。"天地万物以无为本",所以"无"叫作"母""本""体""一""意";又说"凡有皆始于无","有"处于"子""末""用""多""言"的地位,它就是有形的具体存在物,包括纲常名教、伦理制度等。他们的结论是:自然是名教之本,名教出于自然,圣人应该无为而治。他们认为,以道统儒就可以使衰落的名教重新得到活力,使社会度过危机。

王弼还强调“得意忘言”“得意忘象”，要求人们不为具体物象所迷惑，直接把握现象背后的本质（本体）。这就批判了两汉以来拘泥章句的古文经学或附会微言大义的今文经学，开了一代理论思辨的新风。

（二）越名教而任自然派

这派以阮籍（210—263）、嵇康（223—262）为代表。他们从王弼等的自然统率名教，发展到完全否定名教。他们“非汤武而薄周孔”，行为怪癖、放荡，甘作名教“罪人”。他们认为，人的真实本性应该跟自然本性协调一致，指责“名教”违背了人类自然本性，因而必须抛弃“名教”，“越名教而任自然”。他们离开了“以道统儒”的玄学主流，走向了以道排儒的异端。

（三）名教即自然派

西晋初年，裴頠著《崇有论》，强调“无“不能生“有”，维护名教，反对放任。裴氏的立场属于儒家。玄学家向秀（约 227—272）是阮籍和嵇康的朋友，他为《庄子》作注，也反对阮籍、嵇康的看法，并修正何晏、王弼的学说，认为名教与自然应该是统一的关系。向秀未完成《庄子注》就逝世了，郭象（？—312）在向秀的基础上完成了《庄子注》。《庄子注》是中国文化史中最重要的哲学著作之一。郭象认为，“有”即天地万物，一切事物都“相因”（相互依存），但是它们的“形”“影”都是“自为”（各自独立）的，所以，一切“有”都能够“独化”“自造”，不存在凌驾于“有”之上的虚无本体。他进而认为，人们不必追本溯源，只须因顺自然无为即可。

郭象从这种宇宙观出发来分析社会问题。他认为“物无妄然，皆天地之会”，即社会、人生的现实存在是一个和谐、有秩序的整体，社会的伦理制度、纲常名教“非人为也，皆自然耳”，也是自然的产物。因此，人必须随遇而安，从而获得本性上和精神上的满足。可见，郭象认为一切现实都是合理的，总结了玄学家们关于自然与名教关系的辩论。

玄学以道家为主而杂采儒、名、法学说,并受到了佛教的影响,是传统哲学思想的一次融合。他们的哲学思辨推动了传统哲学的进步。但是,王弼等玄学家忽视了对客观世界和社会实践的研究,所以后代批判崇尚清谈的玄学家说:"清谈误国。"当佛学兴盛之后,玄学就逐步消亡了,它的某些成果融进了佛学。

第三五讲 隋唐佛学和《坛经》

南北朝至隋唐,玄学逐步衰落,儒家哲学发展处于停滞阶段。儒家本来就短于本体论和抽象推理,于是导致出现"儒门淡泊,收拾不住人才,皆归释氏"的现象,从而造成佛学兴盛的局面。佛家哲学表现出深邃的智慧,洞察宇宙人生,反省人类理性,并精于概念分析、逻辑推理。

佛教各宗派在论证其哲学体系时,都对"心"做了细致的考察,客观上弥补了中国哲学疏于精神现象分析、研究的不足。同时,佛学对人类思维的某些环节、因素的考察也比过去的哲学流派更深入一层。

佛教开始输入中国时,不得不依附黄老之学以求立足。到了南北朝,一批名僧"引玄入释",吸收玄学成果以丰富自己的哲学体系。代表人物有鸠摩罗什、慧远、道安、僧肇等。慧远提出"三报论""形尽神不灭论",开净土宗的先河。道安提出"一阐提人(一切断善根的人)皆得成佛"和"顿悟成佛"说,开禅宗的先河。它们逐步形成了中国化的佛教哲学流派。

隋唐时代佛学崛起,主要有八大宗派。1. 天台宗:天台山僧人智顗(538—597)在陈、隋之际创立。以《妙法莲华经》为主要经典,故又

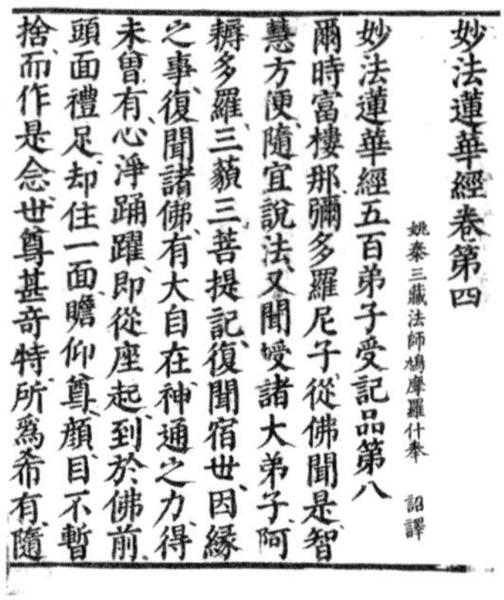
妙法蓮華經卷第四
姚秦三藏法師鳩摩羅什奉　詔譯
妙法蓮華經五百弟子受記品第八
爾時富樓那彌多羅尼子從佛聞是智
慧方便隨宜說法又聞授諸大弟子阿
耨多羅三藐三菩提記復聞宿世因緣
之事復聞諸佛有大自在神通之力得
未曾有心淨踊躍即從座起到於佛前
頭面禮足却住一面瞻仰尊顏目不暫
捨而作是念世尊甚奇特所為希有隨

《妙法莲华经》

称“法华宗”。2. 三论宗：隋代僧人吉藏（549—623）创立，以“三论”（《中论》《十二门》《百论》）为主要经典。3. 法相宗：唐朝玄奘（602—664）及其弟子窥基创立，以《解深密经》《瑜伽师地论》《十七地论》《成唯识论》为主要经典。其特点是深入研究“法相”。“法相”就是各种事物的本质和外在表现。法相宗说：“万法唯识。”故又称“唯识宗”。窥基等居住在长安慈恩寺，故又称“慈恩宗”。4. 华严宗：唐朝法藏（643—712）创立，以《华严经》为主要经典。法藏有“贤首大师”称号，故又称“贤首宗”。5. 净土宗：唐朝善导（613—681）创立，以《无量寿经》《观无量寿经》《阿弥陀经》等为主要经典。“净土”就是信仰者向往的阿弥陀佛所主持的“西方极乐世界”。净土宗把东晋时代的慧远作为初祖，而慧远曾经在庐山东林寺建立“白莲社”，故净土宗又称“莲宗”。6. 律宗：唐朝道宣（596—647）创立，以《四分律》等为主要经典，主张严格的戒律。以终南山为基地，故又称“南山宗”。7. 密宗：三国时代印度密教即开始传入，出现了多部陀罗尼经（神秘咒语）的汉译本。唐朝开元年间善无畏、金刚智、不空三名僧人来中国传授密教，形成宗派。以《金刚顶经》《大日经》为主要经典，强调“三密”：口诵真言（语密），手结契印（身密），心作观想（意密）。故又称“真言宗”。信仰者最常念的陀罗尼是“六字真言”（唵嘛呢叭咪吽），还有《大悲咒》。8. 禅宗。

这八大具有中国特色的佛学宗派中，净土宗和禅宗影响最大。净土宗修习方法简易，只要诚心念诵“阿弥陀佛”，死后就可以往生西方极乐世界，故一般民众多信仰净土宗。知识分子多接受禅宗的理论和影响。

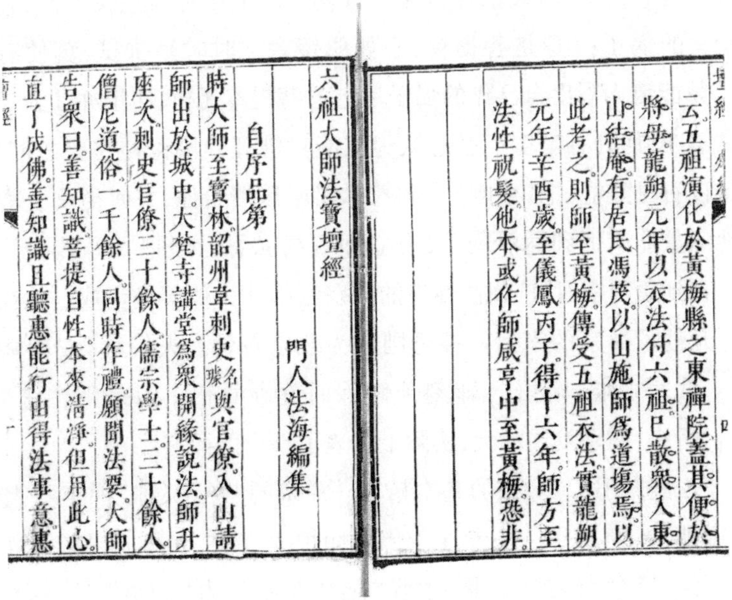

壇經

云五祖演化於黃梅縣之東禪院蓋其便於
將母龍朔元年以衣法付六祖已散衆入東
山結庵有居民馮茂以山施師爲道場焉以
此考之則師至黃梅傳受五祖衣法實龍朔
元年辛酉歲至儀鳳丙子得十六年師方至
法性祝髮他本或作師咸亨中至黃梅恐非

六祖大師法寶壇經
門人法海編集
自序品第一
時大師至寶林韶州韋刺史名璩與官僚入山請
師出於城中大梵寺講堂爲衆開緣說法師升
座次刺史官僚三十餘人儒宗學士三十餘人
僧尼道俗一千餘人同時作禮願聞法要大師
告衆曰善知識菩提自性本來清淨但用此心
直了成佛善知識且聽惠能行由得法事意惠

壇經 一

《坛经》

禅宗主要经典,除了《金刚经》《心经》,还有《坛经》。佛经都是对释迦牟尼传法的追述,只有《坛经》是中国禅宗六祖(或作慧能)的传法记录。慧能在韶州宝林寺(今广东韶关南华寺)法坛上宣讲佛法,门人法海等记录整理,成为《坛经》。慧能(638—713),俗姓卢,随父亲流放到广东,3 岁丧父,跟母亲相依为命,砍柴度日,不识字。他 24 岁才北上求佛。

宋宗宝本《坛经》分十品:行由品、般若品、疑问品、定慧品、坐禅品、忏悔品、机缘品、顿渐品、宣诏品、咐嘱品。古本《坛经》说,砍柴度日的慧能听别人诵读《金刚经》,产生了求法寻师的意愿。他得到别人资助,离家北上,投奔黄梅山(在今湖北省)的弘忍。弘忍问他:“从哪里来?”回答说:“岭南。”“为什么来?”“唯求作佛。”弘忍故意说:“岭南人无佛性,怎么能作佛?”慧能说:“即使人有南北的分别,佛性难道有南北的分别吗?”弘忍内心赏识他,留他每天干舂米的活。不到一年,弘忍要传衣钵了,叫大家各自作一首偈子。上座神秀地位最高,首先呈上写的偈子:“身是菩提树,心如明镜台。时时勤拂拭,莫使有尘埃。”慧能请人写出自己作的偈子呈上:“菩提本无树,明镜亦非台。佛性常清净,何处有尘埃?”弘忍认为慧能对佛理领悟比神秀要透彻,就在半夜召见慧能,把《金刚经》和衣钵秘密传授给他,并叫他马上离开此地。慧能南下到达岭南,没有立即宣扬弘忍已经把衣钵传授给自己。直到唐高宗时,广州法性寺的印宗法师才为他落发受戒。他在宝林寺开创了禅宗的南宗。神秀则成为北宗首领。人们称为“南能北秀”。北宗主张“渐悟”,即刻苦修炼而逐渐觉悟。南宗则主张“顿悟”。后来,南宗发展壮大,实际上代表了整个的禅宗。

《坛经》阐述了禅宗的基本精神。禅宗的“禅”又称“禅定”(梵语为“禅那”),意思是一心专注于佛理而熄灭妄想,获得心灵的清净安定。《坛经》的修习特点是:主张“定慧双修”,由“顿悟”而“见性成佛”。即通过“禅定”“静虑”的方式,获得大智慧,发现自己本来具有的佛性,顿时豁然开朗,领悟到宇宙的真谛。《坛经》说“本性是佛”“自心是佛”,只要“自性觉悟”就可以成佛。又说“诸佛妙理,非关文字”,不重视阅读经典和严格戒律,而强调内心修炼,“不立文字,直指本心”,故禅宗又称“心宗”。《坛经》讲的天地、日月、有无、大小、愚智、进退、生灭等“三十六对”,主要是指思维方法,告诫人“出没即离两边”,不可执着于一个方面。

慧能圆寂后,肉身至今仍然供奉在宝林寺,即今韶关的南华寺。南华寺面临曹溪,故后人尊称慧能为“曹溪古佛”。慧能之后,禅宗衍生为两系五宗:湖南南岳系下有沩仰宗、临济宗,江西青原系下有曹洞宗、云门宗、法眼宗。人们称为“一叶五花”。临济宗后来又分成杨岐派、黄龙派,五宗共有七派。

南宋僧人普济所整理的《五灯会元》,系统介绍了禅宗的历史。据说，释迦牟尼有一次传法，“拈花示众”，大家不能领会其意，只有摩诃迦叶发出微笑。释迦牟尼说：“微妙法门，不立文字，教外别传，咐嘱摩诃迦叶。”于是，摩诃迦叶成为印度禅宗初祖。菩提达摩是第二十八祖。菩提达摩来到中国，成为中国禅宗初祖。达摩传二祖慧可，依次传三祖僧璨、四祖道信、五祖弘忍、六祖慧能。禅宗留下了许多偈语、公案（传法的故事），主要保存在《五灯会元》里。

禅宗以佛教学说为主，融会了道家学说（特别是庄子学说）、魏晋玄学，是中国文化和印度文化交流融会的成果。禅宗推动了中国传统哲学的进步，启发了宋明理学。无论程朱理学还是陆王心学，都跟禅宗有千丝万缕的联系。

禅宗还影响了传统文艺和诗歌，追求“象外”的理趣。宋代罗大经《鹤林玉露》记录某尼姑有一首《寻春》诗：“尽日寻春不见春，芒鞋踏破岭头云。归来笑捻梅花嗅，春在枝头已十分。”而理学大师朱熹有一首《春日》诗：“胜日寻芳泗水滨，无边光景一时新。等闲识得东风面，万紫千红总是春。”两诗都以寻春比喻悟道，由坚持探寻而豁然开朗（顿悟），寄托理趣，何其相似。

第三六讲　藏传佛教

西藏与四川、云南相连，又与印度接壤。藏族原有的宗教“苯波教”历史悠久，可能受到过中国内地宗教和印度宗教的双重影响。7世纪，吐蕃王朝的松赞干布王娶唐朝文成公主和尼泊尔尺尊公主为妻，皈依了佛教。松赞干布派图弥三菩扎到印度留学，参照梵文字母而创制了藏文字母，并开始翻译佛经。8世纪，赤松德赞王迎接印度高僧莲华生等进入西藏，传播佛教密宗，建立寺庙，开始大批翻译梵语佛

喇　嘛

典；同时，内地的禅宗也传入西藏。赤祖德赞王即位后继续提倡佛教。9世纪中叶，朗达玛王曾经灭佛，佛教发展中断。朗达玛王灭佛一百年之后，佛教复苏，逐步形成具有民族特色的藏传佛教。藏传佛教把上师（德行高深的僧人）叫作“喇嘛”，故俗称藏传佛教为“喇嘛教”。11世纪开始，藏传佛教陆续形成五大支派。

（一）宁玛派。11世纪前半期，释迦迥乃（素尔波且）整理旧有的密宗典籍，创立宁玛派。这是藏传佛教最早的支派。藏语“宁玛”是古老的意思。它主要传承密教经典法门，重视密咒，故又称“密咒派”。该教派僧人戴红色僧帽，因而又称“红教”。宁玛派认为人心本自清净，注重修习心部的大圆满法，消业净习，契证本性。隆钦巴尊者（1308—1363）的《七宝藏》《四部心要》《三休息论》等对宁玛派的教理进行了整理和阐扬。

（二）噶当派。“噶”指佛语，“当”指教授，“噶当”的意思是用佛的教诲来指导人。噶当派的奠基人是阿底峡，他是从印度迎请过来的大师，于1056年创建了此派。噶当派以修习显宗为主，主张先显后密，教理系统化，修持规范化。它对噶举、萨迦各派都有影响，格鲁派更是直接继承发展其学说。15世纪时格鲁派兴盛后，原属噶当派的寺院都逐渐归属了格鲁派。

（三）萨迦派。“萨迦”的词义是灰白色的土地，因该派的主寺萨迦寺所在地的土色灰白得名。该教派寺院围墙上涂着象征文殊菩萨、观音菩萨和金刚手菩萨的红、白、黑三色花条，故又称“花教”。创始人是11世纪的昆·贡却杰布。其后,昆氏家族世代相传,出现了“萨迦五祖”,初祖是贡噶宁布,五祖是罗追坚赞(八思巴)。罗追坚赞(1235—1280),传说3岁就会口诵真言,故大家称他为“八思巴”(意

《藏文大藏经》

思是“圣者”)。1247年西藏归附蒙古,而且藏族贵族和蒙古族贵族联姻。1251年,年仅17岁的八思巴成为萨迦派教主,并会见了忽必烈。1260年,忽必烈继任蒙古汗位,八思巴被封为国师。他回西藏后建立了政教合一的地方政权。1270年,奉忽必烈之命创制了“蒙古新字”。八思巴圆寂后,萨迦派在北京召集藏、汉、印度名僧,把藏汉文佛教经典跟梵文原本对勘,历时3年撰成《至元法宝勘同总录》,为《藏文大藏经》的编定打下了基础。

(四)噶举派。“噶举”意为“口授传承佛语”,即亲口传授密咒教义。该派僧人按印度教的传统穿白色僧衣,故又称为“白教”。这一派支系众多,各有创始人。

(五)格鲁派。“格鲁”的意思是“善律”,即该派僧人要严守戒律。或说该派第一座寺庙是甘丹寺,“格鲁”是“甘丹必鲁”(甘丹派)的音转。格鲁派教理大多源于噶当派,故称“新噶当派”。该派僧侣戴黄色僧帽,故又称为“黄教”。创始人是宗喀巴(1357—1419)。宗喀巴的《菩提道次第广论》和《密宗道次第广论》,为格鲁派奠定了理论基础。格鲁派继承印度龙树的中观思想,主张“止观双修”,“止”就是把心安住于一境,“观”就是通过思维而领悟。同时,重视戒律,寺院组织严

密。格鲁派既重显宗,也重密宗,强调显密兼修,先修显宗,后修密宗。格鲁派寺院还重视文法、修辞、工巧、医药、历算等学科。从明末到清初,格鲁派出现活佛转世制度,西藏有“达赖”“班禅”两大活佛转世系统,内蒙古有“章嘉”活佛转世系统,蒙古国有“哲布尊丹巴”转世系统。以上特点推动格鲁派走向兴盛。所以,格鲁派寺院也迅速发展,除甘丹寺和拉萨三大寺外,西藏、青海、甘肃、四川、云南各地的大多数寺院,北京的雍和宫等都属于格鲁派。

藏传佛教大小乘兼学,显密双修,见行并重,而且大量吸收了“苯波教”的内容,具有鲜明的高原民族特色。如转神山、拜神湖、悬挂五彩经幡、刻石头经文、使用转经筒等各种仪轨,以及独特的医学、天文、历算知识,独特的歌舞、绘画技巧等等。

藏传佛教的文献极为丰富。现存《藏文大藏经》版本很多,其中的“北京藏”达到六千部。《藏文大藏经》分三大部分:正藏、续藏和杂藏。正藏称“甘珠尔”,又叫“佛部”,包括佛经、戒律和秘密咒语。副藏称“丹珠尔”,包括赞颂及经释、咒释等。杂藏称“松绷”,收录藏族、蒙古族佛教僧侣的著作。《藏文大藏经》数量超过《汉文大藏经》,特别是其中的密教典籍有绝大部分是《汉文大藏经》中所没有的。

第三七讲　宋代理学

理学以“天理”为最高哲学范畴,故称为理学。集中讨论天理、人性和道德修养,所以又称为“性理之学”。“天理”或称“道”,故理学或名“道学”。

理学发展有一个漫长的酝酿阶段。六朝至隋唐之际,玄学、佛学盛行,但是儒、道、佛各家内部都出现了呼吁“三家合一”的主张。隋朝儒家学者王通的著作《文中子》明确倡导："三教于是乎可一矣！"到了中唐时期，社会危机严重，必须寻找一种能够维护中央政权的积极入世的学说。于是，韩愈、李翱、柳宗元、刘禹锡等人奋起重振儒学。韩愈(768—824)极力排佛，模仿佛家的传法世系而构造了一个从尧、舜、禹、汤、文、武、周公到孔、孟代代相传的道统(《原道》)。韩愈的追随者李翱(772—836)，著作《复性书》。他援入禅宗的佛性理论，用佛教的"本心清净"来解释孟子的"性善"说，提出"灭情复性"命题。李翱说"人之性皆善"，只因为溺于七情和恶习而迷失了善良本性；人们只须禁欲灭情，就可以复归善性而成"圣人"。这就为理学的产生奠定了人性论基础。柳宗元、刘禹锡公开主张援佛入儒。经过漫长的酝酿阶段，理学终于在宋朝创立并发展到鼎盛。宋朝理学的发展可以分为三大阶段。

(一)开创阶段。理学在北宋仁宗庆历年间正式形成，代表人物是周敦颐与邵雍。周敦颐(1017—1073)，他在道州(今湖南道县)的故居有条濂溪，故人称他"濂溪先生"，称其学说为"濂学"。他受《周易》《老子》和佛教学说的启发，把著名道士陈抟所作的炼内丹的《无极图》，改造为《太极图》，并写了《太极图说》，构筑了儒家的宇宙生成模式：无极→太极→阴阳→五行→男女→万物。他还说"太极即理"，而人具有太极之理和五常之性。"理"与"性"，都成为理学的基本命题。邵雍(1011—1077)，他著作《皇极经世》，用"太极"的自我运动来解释宇宙的起源与变化，构建了被称为"象数之学"的哲学体系。此外，欧阳修(1007—1072)等对于汉唐经学的大胆怀疑和挑战，启发人们创新性地阐释儒家经典，也促进了理学的开创。

周敦颐

（二）繁盛阶段。宋神宗时代理学进入繁盛时期，出现了“洛学”“关学”及“新学”“蜀学”等流派。周敦颐的弟子洛阳人程颢、程颐兄弟开创“洛学”。程颢（1032—1085），世称“明道先生”；程颐（1033—1107），世称“伊川先生”。他们的著作合编为《二程全书》。“二程”提出“万物皆只是一个天理”的命题，认为阴阳二气、五行只是“天理”创生天地万物的材料。程颐强调“理”是万物的本体，“性”是伦理的本体。他把“天理”与“人欲”对立，提出：“去人欲，存天理。”“饿死事极小，失节事极大。”他主张格物致知、知先行后。程颢跟程颐略有差别，他强调主观的“心”，他说：“只心便是天，尽之便知性。”程颢写诗言志也突出心灵感受：“道通天地有形外，思入风云变态中。富贵不淫贫贱乐，男儿到此是豪雄。”（《偶成》）程颐则不喜欢表达情感的诗歌。张载（1020—1077），陕西眉县横渠镇人，在关中地区长期讲学。后人尊称他为“横渠先生”，称他的学说为“关学”。他的主要著作有《正蒙》《西铭》等。他提出“太虚即气”，肯定气是充塞太虚的极细微而又看不见的物质，是宇宙万物的本根。阴阳两气的聚散变化形成各种物象。张载认为，人与万物都是同受天地之气所生，“无一物非我”“民吾胞也，物吾与也”。在人性论方面，张载提出了“天地之性”和“气质之性”相对立，认为教育的作用就是“学以变化气质”。张载对自己的学说非常自信，他说：“为天地立心，为生民立命，为往圣继绝学，为万世开太平。”此外，王安石所创立的流派，称为“新学”“荆公新学”；四川苏轼、苏辙兄弟所创立的流派，称为“蜀学”。

（三）集大成阶段。南宋朱熹是理学集大成者。朱熹（1130—1200），字元晦，号晦庵，别称紫阳。徽州婺源（今属江西）人。因为长期侨寓建阳（今属福建），故后人称其学说为“闽学”。他广泛阅读和注释典籍，对经学、史学、文学、乐律、自然科学都颇有造诣。他的著作非常多，《朱子大全》有100多卷。他讲学的语录称为《朱子语类》，分“理气”“鬼神”“性理”等26个门类，共140卷。朱熹是程颐的四传弟子,他编著《伊洛渊源录》14卷,搜集周敦颐、“二程”、张载、邵雍等的传记资料,排成以“二程”为中心的理学谱系,故世人往往把他和“二程”的学说合称“程朱理学”。“程朱理学”是理学的正宗。

朱 熹

了解理学最简明的读本是《近思录》及《续近思录》。朱熹跟吕祖谦精选周敦颐、张载、程颢、程颐等的言论622条,分为“道体、为学、致知、存养、克己、家道、出处、治体、制度、政事、教学、警戒、异端、圣贤”等14卷,编成此书。他们根据《论语》“博学而笃志,切问而近思”的语句,定书名为《近思录》。《近思录》14项内容构成了一个简明而完整的理学体系。所以,朱熹说:“四子,六经之阶梯;《近思录》,四子之阶梯。”意思是说,读《近思录》是了解“四书”的基础,读“四书”是了解儒家六经的基础。到了清朝康熙年间,张伯行按照《近思录》的体系,精选朱熹的言论,编了《续近思录》。

朱熹提出“理”“气”二元论:“天下未有无理之气,亦未有无气之理。”但是,他肯定“理”决定气,以“理”为常,以“气”为变。他说:“理在先,气在后。”“有是理,便有是气,但理是本。”又说“理一分殊”“物无无对”。“理”是宇宙本源,化分为一切事物,一切事物都处在对立运动之中。

朱熹的人性理论继承了张载的“天命之性”和“气质之性”。他认为“天命之性”属于理,“气质之性”属于气;“道心”属于理,人心属于气。前者反映的是至善的天理,后者反映的是污浊的人欲。他从《尚书》的《大禹谟》篇抉出“人心惟危,道心惟微,惟精惟一,允执厥中”这16个字,认定这是尧、舜、禹三圣的道统真传。他提倡通过“居敬”“穷理”,以彰明“道心”“天理”,使人性恢复到至善至美的境界。在政治方面,朱熹认为,“王道”出于理,霸道出于气。他主张抵抗外族的侵略,战守结合:“非战无以复仇,非守无以制胜。”

理学家们以复兴孔孟儒学为己任,深入挖掘阐述《易传》《大学》《中庸》《孟子》等的义理,吸取佛、道哲学的本体理论和思辨方法,构筑了一个以儒为主的博大哲学体系。这个体系远远超过具有神学巫术色彩而且比较粗糙的两汉今文经学和专注于章句训诂的古文经学,也超越了忽视本体理论和思辨方法的先秦儒学,完成了传统儒学向抽象化、哲理化的发展。但是,理学因“去人欲,存天理”的主张而走向极端,束缚了人性的自由和思想的解放,不利于社会的进步。

第三八讲　陆王心学

心学是理学的一个派别,也是对理学的批判和变革。

朱熹集理学大成的同时,就出现了对立的学派。如:叶适等的“永嘉学派”,陈亮等的“永康学派”,他们都提倡功利,反对不计功利的“义理”。特别是出现了以陆九渊为代表的“心学”,反对朱熹的“理学”。淳熙二年(1175),陆九渊和朱熹接受吕祖谦的邀请到信州(今江西上饶)鹅湖寺聚会,两人展开了数天辩论。陆九渊的心学经明代王守仁的发展而成为理论完备的新哲学体系。

陆九渊(1139—1193),抚州金溪(今属江西)人。他曾经在象山讲学,学者称他为“象山先生”。他受佛学“万有唯识”的启发,又受程颢“只心便是天”的影响,提出了“心即理”的学说,反对朱熹说的“理”在心外。他说:“宇宙便是吾心,吾心即是宇宙。”“千万世之前有圣人出焉,同此心,同此理也;千万世之后,有圣人出焉,同此心,同此理也;东南西北有圣人出焉,同此心,同此理也。”他认为学习修养的主要方

陆九渊

法是“发明本心”，不必被书本束缚，他说：“学苟知本，六经皆我注脚。”

元朝“程朱理学”仍然占主流地位。明朝“心学”逐步兴盛。陈献章首开风气，王守仁集其大成。陈献章（1428—1500），广东新会白沙里人，故人称他为“白沙先生”。其著作编为《陈献章集》。他宣传说：“天地我立，万化我出。”“此心自太古……何必多读书。”“学者苟不但求之书而求诸吾心……一开卷便得之矣。”他提倡大胆怀疑的精神：“大疑则大进，小疑则小进。”

王守仁

王守仁（1472—1529），余姚人。曾经筑室于故乡的阳明洞，故人称他为“阳明先生”。官至南京兵部尚书，谥号“文成”，其著作编为《王文成公全集》。他的哲学观点集中表现在《传习录》与《大学问》中。《传习录》是门人编辑的王守仁语录，分为上、中、下三卷。上卷是徐爱、陆澄、薛侃三人的听课记录，中卷是重要书信，下卷是陈九川、钱德洪等五人的听课记录，《大学问》是王守仁对《大学》有关问题的解答，由钱德洪辑录。

王守仁发展陆九渊的心学，提出了著名的“致良知”和“知行合一”理论。王守仁认为“心外无物”“心外无事”“心外无理”“心外无学”，他说：“良知者，心之本体。”“心明便是天理。”他断言“夫万事万物之理不外于吾心”，人类的认识过程就是反求内心的修养过程，这个过程就是“致良知”。《传习录》把“致良知”概括为“王门四句教”：“无善无恶是心之体，有善有恶是意之动，知善知恶是良知，去善去恶是格物。”王守仁认为“知”和“行”是统一的，他说：“一念发动处，便即是行了。”“致良知”就是要从端正行为的动机开始。这就是他的“知行合一”论。因此，他反对程朱的“知先于行”的认识论，他说：“外心以求理，此知行之所以二也。求理于吾心，此圣门知行合一之教。”

王守仁学说崇尚简洁，以反对程朱理学传统的姿态出现，具有怀疑精神和革新精神。他在《答罗整庵少宰书》中说：“夫学贵得之心。求之于心而非也，虽其言之出于孔子，不敢以为是也，而况其未及孔子者乎！求之于心而是也，虽其言之出于庸常，不敢以为非也，而况其出于孔子者乎！”

王守仁的门人钱德洪、王畿、王艮等继承发展王学，到明朝中叶已是“王学遍天下”，出现了“泰州学派”等各种流派。其中最激进的是李贽。李贽（1527—1602），号卓吾。他公开批判假道学家，嘲笑“咸以孔子之是非为是非”；他提倡功利，认为“穿衣吃饭即是人伦物理”。他在文学上反对模拟复古，推崇小说、戏曲等通俗文学。其著作有《焚书》《藏书》等。

明朝后期思想家大都出于王学。如：黄宗羲就是出于王学。他的《明儒学案》系统总结了明朝的学术，是研究王学的必读作品。

第三九讲　经世实学

明清之交社会矛盾异常尖锐，是一个“天崩地解”的时代。而且，陆王心学的末流既脱离现实又不认真读书，学术陷入空疏。因此，一批杰出学者倡导学术研究必须脚踏实地，必须关心国计民生，从而形成了以“经世致用”为宗旨的“实学”，先后产生了黄宗羲、顾炎武、王夫之、方以智、李颙、唐甄、颜元、李塨、戴震等思想家。

黄宗羲

黄宗羲、顾炎武、王夫之是公认的“清初学界三先生”。黄宗羲(1610—1695),余姚人,学者称他为“梨洲先生”。明末,他领导“复社”成员反对腐朽的宦官集团;清兵南下,招募义兵进行武装抵抗;失败后,隐居著述,屡次拒绝清朝廷的征召。著作有《明夷待访录》《明儒学案》《宋元学案》等。黄宗羲出于王学,他的特点是把心学往泛神论方向推进,认为“心即气”。黄宗羲最突出的贡献是提倡民主政治思想。其代表作《明夷待访录》由《原君》《原臣》《原法》《置相》《学校》《取士上》《取士下》《建都》《方镇》《田制一》《田制二》《田制三》《兵制一》《兵制二》《兵制三》《财计一》《财计二》《财计三》《胥吏》《阉宦上》《阉宦下》等21篇组成,系统论述了政治、经济、法律、军事、教育等方面的根本问题。作者对专制暴君和封建制度做了有史以来最激烈的抨击:“为天下之大害者,君而已矣!”“天子之所是,未必是;天子之所非,未必非!”“天下之治乱,不在一姓之兴亡,而在万民之忧乐。”作者提出工商皆本,反对传统的歧视工商业的思想。《明夷待访录》是一部类似资产阶级人权宣言的历史文献,是中国的《民约论》,可惜中国当时没有实现民主政治的社会条件。顾炎武(1613—1682),昆山人,学者称他为“亭林先生”。著作有《日知录》《天下郡国利病书》《音学五书》等。他的《日知录》30卷分类探讨经义、吏治、财赋、史地、军事、艺文等问题。顾炎武最突出的特点是以

顾炎武

“明道”“救世”为宗旨,强调“六经之旨与当世之务”应该密切结合,反对空谈性理。他批判心学说:“今之所谓理学,禅学也。”他提倡“博学于文”“行己有耻”的古训,提出“天下兴亡,匹夫有责”“一事不知,儒者之耻”等名言。王夫之(1619—1692),衡阳人。他积极参加抗清,失败后退隐,晚年居住在衡阳的石船山,故学者称他为“船山先生”。他的著作很多,后人整理成《船山遗书》。在哲学方面的主要著作有《周易外传》《尚书引义》《读四书大全说》《张子正蒙注》《思问录内外篇》《黄书》《噩梦》。王夫之对古典哲学进行了全面探讨。他继承发扬张载的理学,进行多方面论证。他认为,“气”是世界的唯一实体,只有形态变化,不能生灭;气与理的关系是“理在气中”“理依于气”。又认为,宇宙万物不断运动,既矛盾又统一:“摩之荡之,而变化无穷。”“方动即静,方静旋动;静即含动,动即含静。”

王夫之

方以智(1611—1671),安徽桐城人,明末“复社”重要成员,明亡后出家为僧。著作有《物理小识》《东西均》等。他的特点是受西方科学知识的影响,重视自然科学,提出“寓通几于质测”,所谓“通几”指哲学,“质测”指实验科学,意思是说哲学要以实验科学为基础。他还提出了“合二为一”的哲学命题。李颙(1627—1705),号二曲,陕西周至人,著作有《二曲集》等。他兼容朱熹和陆九渊学说,主张自由讲学,特别强调实际有用的学问,包括学习西方的科学。唐甄(1630—1704),四川达州人,著作有《潜书》。《潜书》共97篇。他出于王学,但是反对末流空谈心性,提倡事功。他激烈批判专制制度,《潜书·室语》说:“自秦以来,凡为帝王者皆贼也。”他认为专制道德也可以“致人于死”,特别同情妇女的遭遇。他重视商业,特别可贵的是具有契约思想。《潜书·辨儒》说:四川农村有个好人,忠诚讲信用,借钱不要借据。他到陕西河南一带经商,用对待同乡人的态度去对待生意人,只有三年时间,就折掉全部资本,空手返回故乡。这个故事说明,小农山村跟商业市场的交易规则不相同,商业不可缺少契约。

清朝康熙年间,反对理学言辞最激烈,立场最鲜明的要数颜元、戴震。颜元(1635—1704),号习斋,著作有《四书正误》《四存编》等。戴震(1724—1777),字东原,著作有《孟子字义疏证》《原善》等。他们主张崇奉周公、孔子、孟子的原始儒学,批判宋明理学,具有明显的反对封建专制的启蒙意识。颜元提出必须重视"习行""践履"。他认为"行先知后",行是知的唯一源泉,"亲下手一番"才能获得真知。他批评朱熹说:"率天下入故纸中,耗尽身心气力,作弱人、病人、无用人者,皆晦庵为之也。"他的"习行""践履"论过分强调感性经验的作用,而忽视读书:"读书愈多,愈惑,审事机愈无识,办经济愈无力。"他的学生李塨,发挥了他的学说,世称"颜李之学"。戴震指出精神(心知)的本原在于物质(血气):"有血气斯有心知。"他认为"天理寓于人欲",批判"存天理,灭人欲"说,"后儒以理杀人",就好像"酷吏以法杀人"。

经世实学纠正了理学和心学中的不良倾向。它产生了两个重大影响:一是影响了一批当权人物。他们奉行经世实学,做出了利国利民的业绩。如:道光时代的两江总督陶澍,改革盐政、兴修水利、改良漕运而兴办海运,取得了举世瞩目的成绩。在他周围形成了湖湘经世学派。二是孕育了近代新学的因素。如:湖湘经世学派的贺长龄委托魏源编纂《皇朝经世文编》,总结了经世成果;鸦片战争后,魏源又受林则徐委托编纂了《海国图志》,开了近代新学的先河。

第四〇讲　近代新学

近代新学是中国近代社会变革的产物，也是东西方文化长期交流的结果。近代新学的特点就是我国传统学术和西方学术结合。

中西文化交流历史悠久，至少可以追溯到“丝绸之路”的开辟时代。汉武帝建元二年（前139），张骞奉命出使西域，开辟了“丝绸之路”。这条路以长安为起点，到达中亚、西亚，后来延伸到地中海各国。这条路西运的货物以中国丝绸最为有名，故19世纪德国地理学家李希霍芬把这条交通路线称为“丝绸之路”。笔者认为，可以西方“文艺复兴”为分水岭而把中西文化交流历史划分两大阶段。“文艺复兴”前，基本上是中国文化处于领先而影响西方，特别是中国的四大发明推动了西方的进步。“文艺复兴”后，西方政治制度和科技迅猛发展，中国明王朝闭关自守而造成文化落后，西方文化以先进姿态传入中国。16世纪下半叶，耶稣会传教士利玛窦等来华，带来了西方的科学技术，并影响了中国一批比较开明的士大夫（如徐光启、李之藻）。但是，这种交流在清朝前期中断了。1840年发生鸦片战争，西方用坚船利炮打开了中国古老的国门。于是，西方列强以胜利者的姿态进入中国，西方的哲学、政治学（如天赋人权、社会契约、君主立宪）、科学技术（武器制造、理化生物等），都如天风海雨一般降临中国的大地。于是，中国社会充满保守派与变革派的斗争，志士仁人掀起“救亡图存”和“改革开放”的大潮。中国近代的变革派，按照时代的先后，可以分为洋务派、维新派、民主革命派。他们不同程度地吸收西方的学说而形成自己的主张，被人们称为“新学”。

洋务派是清政府中主张学习西方科技的官僚。魏源《海国图志》中提出“师夷长技以制夷”，开了洋务思想的先河。洋务派代表有奕

魏 源

䜣、曾国藩、左宗棠、李鸿章、张之洞等。他们的基本主张是:“中学为体,西学为用。”既维护传统的政治制度和政治思想,又学习西方的科学技术,特别是制造大炮、军舰的技术。他们的思想只是近代新学的萌芽。

维新派是近代新学的奠基者。维新派总结洋务运动失败的教训,提倡全面学习西方文化(从物质技术到政治制度和学术思想),以渐进方式改良政治体制。维新派学术思想的特点是:引进西方的学术,对传统学术进行新的阐释,把传统学术和西方学术融为一体,进行思想启蒙。维新派以康有为、梁启超、谭嗣同、严复等为主要代表。

严复(1854—1921),福建侯官人。他大声疾呼:“今日中国不变法则必亡是已!”他的重要贡献是大量翻译西方的学术。如赫胥黎的《天演论》,亚当·斯密的《原富》(即《国富论》),斯宾塞的《群学肄言》,约翰·穆勒的《群己权界论》《穆勒名学》,孟德斯鸠的《法意》(即《论法的精神》)等。

康有为

康有为(1858—1927),广东省南海丹灶(今属佛山市南海区)人。他首先继承洋务派“中体西用”的口号,宣传“西学中源”论,即宣传西方的民主制度和科学思想都发源于中国,中国古已有之。他的著作《新学伪经考》《孔子改制考》《大同书》,都是托孔子的名义提倡政治改革。《大同书》把《礼记》的“大同理想”、今文派公羊经学的“三世说”(据乱世→升平世→太平世),跟西方的民主思想、空想社会主义、进化论学说等糅合在一起。他认为孔子作六经,就是要改革“乱世”(暗示封建专制社会)而进入“升平世”(君主立宪社会),并渐渐进化到“太平世”(世界大同)。他宣传以仁心为基础,逐步改良,就可以实现“无邦国,无帝王,人人平等,天下为公”的大同理想。梁启超的《古议院考》跟康有为配合,认为选举制度和议会民主都是产生于中国的上古时代。康有为于光绪二十一年(1895)领导了反对《马关条约》的“公车上书”,于光绪二十四年(1898)领导了“戊戌变法”运动。

谭嗣同

谭嗣同(1865—1898),湖南浏阳人。他是自觉为“戊戌变法”流血牺牲的志士。他的代表作《仁学》共50篇,融贯儒家哲学、佛经、基督教《圣经》的思想和西方的科学思想,提出“以太”(西方物理学名词)是物质的本原,而“以太”的根本精神是“仁”。他说:“仁为天地万物之源,故唯心,故唯识。”《仁学》宣扬“仁”为第一义,要冲破各种网罗,冲破男女、等级、中外等各种界限,反对专制,提倡平等,强调革新。《仁学》的实质就是用西方的博爱、平等、自由、民主来冲决封建专制主义和民族压迫。

梁启超(1873—1929),号任公,又号饮冰室主人,著作编为《饮冰室合集》。他提倡“新民”,其新民说的主旨是启蒙教育,使国民具有公德,要利群,要自强,要有国家思想、权利思想,要有进取冒险精神,从而促进中国进步。梁启超学术贡献突出,如《中国历史研究法》《中国历史研究法补编》《中国史叙论》和《新史学》等猛烈抨击封建史学,倡导“史学革命”。他编写《西学书目表》著录西学书籍几百种。他还鼓动“诗界革命”和“小说革命”。他的文章感情奔放,语言通俗化,富有鼓动力,世称“新文体”。

维新派壮大的近代新学,为以孙中山为代表的民主革命派所继承,也影响了熊十力、梁漱溟等“新儒学”学者。例如:孙中山的《孙文学说》(即《建国方略》中的《心理建设》),以进化论为基础,认为自然界和人类都是从低级到高级不断进化。进化分为三个时期:第一为物质进化时期,由“以太”运动而产生电子,而形成元素,而聚为物质,而形成地球。第二为物种进化时期,整个动植物和人类都是由“生元”(细胞)进化而来的,经过物种的生存斗争、自然选择、新陈代谢,不断由简而繁地发展。孙中山认为“生元”是有“知觉灵明”的。第三为人类进化时期。孙中山认为人类进化过程就是逐步减少兽性而实现人性的过程,“物种以竞争为原则,人类以互助为原则”。《孙文学说》提出“以太”就是中国传统学术的“太极”;又探讨传统哲学的知行问题,提出“知难行易”,强调“行之非艰,知之惟艰”,所以要重视“心理建设”,唤醒民众。这就跟维新派一样,把传统学术和西方学术融为一体了。

第四一讲　经书·蒙学·家训

我国教育历史悠久。《孟子·滕文公上》说,夏朝把学校叫作“校”,商朝把学校叫作“序”,周朝把学校叫作“庠”。《礼记》说,周朝朝廷办的学校有“成均”、“辟雍”、“上庠”、“东序”(又称东胶)、“瞽宗”,合称为五学;各地则有乡学。汉朝称国学为“太学”,晋朝称国学为“国子学”,北齐称国学为“国子寺”,隋朝及隋以后各朝代都称国学为“国子监”。除了“国子监”,各地也有学校,如明清时代的府学、县学、私塾等。此外,还有书院。这是由于唐宋以后官学主要是为科举考试服务,于是一批有远见的教育家提倡兴办书院,倡导人格和学识的培养,倡导自由讲学之风。如朱熹热心书院教育,他在 1179 年修复庐山白鹿洞书院,1193 年扩建岳麓书院,并制定学规,亲自讲学。全国在宋朝最有名的是五大书院:(江西)庐山白鹿洞书院、(湖南)长沙岳麓书院、(湖南)衡阳石鼓书院、(河南)商丘应天府书院、(河南)登封嵩阳书院。

岳麓书院

儒家对教育的贡献最大,影响最深。孔子首开私学,促进了文化的繁荣。孔子、孟子、荀子、董仲舒、马融、郑玄、王通、韩愈、周敦颐、“二程”、张载、朱熹、王守仁等都是著名的教育家,具有丰富的教育思想。由于儒家对教育影响最深,所以一般人都把知识分子和教师称为“儒”。

先秦儒家的教育内容是“六艺”:礼、乐、射、御、书、数。学习礼、乐,是养成行为规范,陶冶品格;学习射箭、驾驭车马,是锻炼身体和习得武艺;学习文字、算数,是提高知识和本领。汉朝尊崇儒家,把《易》

《尚书》《诗》《礼》《春秋》称为“五经”。首先要求学习者熟悉《孝经》《论语》,然后精通“五经”中的一经。唐文宗时代(826—840),在太学立石碑刻上十二部儒家经典:《易》《尚书》《诗》《周礼》《仪礼》《礼记》《春秋左传》《春秋公羊传》《春秋穀梁传》《论语》《孝经》《尔雅》。中唐开始,《孟子》地位提高,到五代、北宋时期被列入经典,于是形成了儒家的“十三经”。

北宋理学家程颐提出《论语》《大学》《中庸》《孟子》为“四书”,作为教学的最基本读本。《大学》《中庸》是从《礼记》中特别选出来的。他认为“四书”分别代表了孔子、曾子、子思、孟子的思想,故又称“四书”为“四子书”。朱熹是程颐的四传弟子,他倾注毕生精力完成《四书章句集注》。他对《大学》进行了调整,划分为“三纲八目”。三纲是“明明德”“亲(新)民”“止于至善”。八目是“格物”“致知”“诚意”“正心”“修身”“齐家”“治国”“平天下”。“三纲八目”是求学、修身、从政的基本纲领。他把《中庸》划分为33章,认为《中庸》是“孔门传授心法”,体会其中的道理就可以正确处理万事万物。朱熹的《四书章句集注》问世后,成为元明清三朝学校教育的读本,是科举考试出题与评卷的依据。“四书”在科举教育中实际上取代了“五经”的地位。

除了科举考试,民间还流行一批通俗教育读本。它们对于提高民众的知识水平和道德素质起了巨大作用。我们择要介绍两类。

第一类是口诀式读本。编者使用整齐押韵的句式表达丰富的内容,朗朗上口,容易记忆。如:(一)西汉史游编撰的《急就章》,选择2 000多个常用字,按照姓氏、衣服、饮食、器用等分类编成押韵的句子(主要是七字句),教育儿童识字。(二)南北朝梁代周兴嗣撰的《千字文》。全书把1 000个不同的字,编为四言韵语,以“天地玄黄,宇宙洪荒”开头,依次叙述有关天文、博物、历史、人伦、教育、生活等方面的知识。(三)北宋初年在钱塘出现《百家姓》,收集400多个常见的姓氏,编成四字韵语。(四)南宋王应麟编撰的《三字经》。全书1 100多字,采用三字韵语，把识字、历史知识和道德训诫冶为一炉。（五）成书于明朝中叶而清初增订的《增广贤文》，是历代诗文名句、格言、谚语的集锦，充满人生智慧。它按韵编排，把韵脚相同的话语编排在一起，便于记诵。（六）明末程登吉编写的《幼学琼林》，简称《幼学》，又名《成语考》。全书分 33 类介绍并阐释关于天文、地理、政治、人事等方面的术语、成语、典故。阐释很简洁，采用对偶句。民间谚语推崇《增广贤文》和《幼学琼林》说："学了《增广》会说话，学了《幼学》走天下。"（七）清朝康熙年间李毓秀编的《弟子规》，又名《训蒙文》。此书以《论语·学而》"弟子入则孝，出则悌，谨而信，泛爱众，而亲仁，行有余力，则以学文"为总纲要，三字一句、两句一韵，分孝、悌、谨、信、爱众、亲仁、学文等七个部分，教育子弟应该恪守的规范。

第二类是诗文选本。如：（一）《千家诗》，是由宋代谢枋得和明代王相所选的"七言千家诗"和"五言千家诗"合并而成。所选的诗歌是比较流行的唐宋时期的绝句和律诗，有山水田园、赠友送别、思乡怀人、吊古伤今等多种题材。（二）《唐诗三百首》，清朝乾隆年间孙洙编。共选唐朝 77 位诗人 300 余首脍炙人口的诗歌。俗语说："熟读唐诗三百首，不会吟诗也会吟。"（三）《古文观止》，清康熙年间吴楚材、吴调侯编选。收录自先秦至明末的散文以及少量骈文、辞赋，共 222 篇。此书盛行不衰，跟《唐诗三百首》并称"蒙学双璧"。

此外，还有不少专门读物。如针对学习医药者的读本《医学三字经》《药性赋》《汤头歌诀》，针对女子的读本《女儿经》，宣传孝顺故事的《二十四孝》，等等。

我国自古重视家庭教育，"家训"是家庭教育的文化结晶。最有名的家训是颜之推的《颜氏家训》。颜之推（531—约 590 以后），历经梁朝、北齐、北周、隋朝四个朝代，饱尝离乱之苦。他不满南北朝贵族子弟的虚浮享乐之风，结合自己的人生经历，写成《颜氏家训》一书以训诫子孙。全书 20 篇，内容广泛。他鼓励子孙认真读书，务实求真："若

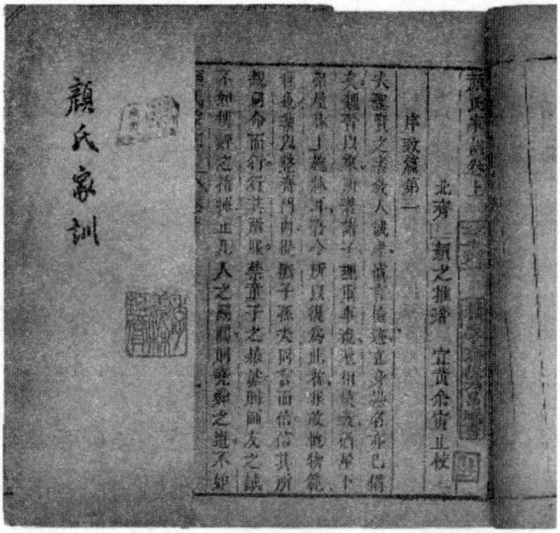
《颜氏家训》

能常保数百卷书，千载终不为小人也。”他要求子孙把大贤大德的人做自己的人生偶像，讲究诚信、孝顺、谨慎、戒奢、节俭。他认为家长要成为子女的楷模：“夫风化者，自上而行于下者也，自先而施于后者也。是以父不慈则子不孝，兄不友则弟不恭，夫不义则妇不顺矣。”《颜氏家训》还有其他学术价值，如：《书证》篇考据名物，《音辞》篇辨析声韵。《颜氏家训》教育效果显著，其后裔名人辈出，如唐朝大学者颜师古、大书法家颜真卿、壮烈殉国的颜杲卿等。所以，它被誉为“古今家训之祖”（陈振孙），开后世家训的先河。

《颜氏家训》之后，著名的家训首推朱柏庐的《朱子家训》，又称《朱柏庐治家格言》。全书仅500多字，被广泛传诵。如：“黎明即起，洒扫庭除。”“一粥一饭，当思来处不易；半丝半缕，恒念物力维艰。”“处世戒多言，言多必失。”“善欲人见，不是真善；恶恐人知，便是大恶。”朱柏庐名用纯，明末学者，入清不仕。

传统文学

第四二讲　传统文学鸟瞰

文学是用语言塑造形象以反映现实的艺术。了解中国传统文学，笔者认为要注意两个基本事实，要注意中国传统文学的特点。

第一个基本事实是：中华民族是由56个兄弟民族组成的，中国传统文学包括56个兄弟民族的文学，各民族都有自己的贡献。如：我国汉族传统文学中，没有长篇史诗。有的研究者为弥补这个遗憾而把《诗经》中的《玄鸟》《生民》等叫作史诗。《玄鸟》只有22行，《生民》只有72行，都只是一种祭歌，怎么能叫作史诗呢？我们应该把眼光放得广阔些，只要关注少数民族的传统文学，就会发现许多少数民族都有宏伟的史诗。如：藏族的《格萨尔王传》、蒙古族的《江格尔》、柯尔克孜族的《玛纳斯》，篇幅非常宏伟，在全世界也名列前茅。可惜的是我们过去对于少数民族的文学和艺术，缺乏整理，更缺乏研究。且以文学为例。很多著名的少数民族文学典籍，直到当代才整理出版，研究更落后一些。如：19世纪末，俄国汉学家瓦西里（瓦·巴·瓦西里耶夫）已经出版《中国文学史纲要》（1880），日本学者末松谦澄已经出版《支那古文学史略》（1882），儿岛献吉郎已经发表《支那文学史》（1891）等著作。清末宣统二年（1910），林传甲《中国文学史》问世；五四运动前后，谢无量的《中国大文学史》、胡适的《白话文学史》、鲁迅的《汉文学史纲要》等也先后问世。但是，这些书都只初步研究了汉族的传统文学。可喜的是，在改革开放后，情况已经得到改观。如：先后出版了《藏族文学史》(中央民族学院编著,1985 年出版)、《壮族文学史》(欧阳若修等编著,1986 年出版)、《维吾尔文学史》(李国香著,1992 年出版)、《蒙古族文学史》(内蒙古人民出版社编著,2000 年出版)等。特别是中国社会科学院少数民族文学研究所于 1984 年召开座谈会确定编写出版"中国少数民族文学史文学概况丛书",现在已经陆续出版;梁庭望、张公瑾、马学良主编的《中国少数民族文学史》也已经于 2001 年出版。总之,几十个少数民族都有了本民族的文学史。

第二个基本事实是:在中国传统文学中,汉族传统文学历史最悠久,影响最大,留下的文献最多,包括诗歌集、散文集、说唱文学脚本、小说、剧本等。汉族传统文艺在观念、体制、主题、表现手法等四个方面都有不同于世界其他民族文艺的特点。

(一)文学观念差异。西方文学重视"再现",中国文学重视"表现"。重视"再现",就是主张文艺要如实地模仿生活。古希腊很多哲学家都主张"模仿说",亚里士多德在《诗学》中总结前人的主张,认为:"诗的起源……出于人的天性。人从孩提的时候起就有模仿的本能。"又说:"必须模仿下列三种对象之一:过去有的或现在有的事、传说中的或人们相信的事、应当有的事。""过去有的或现在有的事"指历史或现实题材,"传说中的或人们相信的事"是指神话或寓言题材,"应当有的事"是指理想的虚构题材。重视模仿,所以史诗、小说、戏剧等叙事文艺,在西方很发达。中国传统文学重视"表现",就是主张文艺应该是思想感情的倾泻。《尚书·尧典》说:"诗言志。"《诗·大序》说:"诗者,志之所之也。在心为志,发言为诗。"因此,抒情、寓意的诗歌很发达,长期占主流地位;而虚构叙事的通俗文学小说、戏剧等产生得很迟。不仅传统文学如此,传统的绘画、书法等也是重视表现。国画重视写意传神,而不重视形象的逼真;书法往往表现书法家的个性,特别是草书,它表现个性甚至超过了交流功能。

(二)文学体制差异。中国汉族传统文学中,抒情、寓意的诗歌和日常应用的散文发达，诗歌和散文长期处于正统地位，而虚构叙事的通俗文学小说、戏剧等滞后。闻一多《文学的历史动向》说："从西周到宋，我们这大半部文学史，实质上只是一部诗史。"《诗经》、《楚辞》、唐诗、宋词等抒情诗真是光辉夺目，无与伦比，古典散文也有杰出成就，但是，叙事作品非常落后，长篇史诗更是缺乏。早在 1903 年梁启超就指出中国缺乏长诗。胡适《白话文学史》说："故事诗(Epic)在中国起来得很迟，这是世界文学史上一个很少见的现象。"他认为原因是："纯粹故事诗的产生不在于文人阶级而在于爱听故事又爱说故事的民间。"笔者以为，这种现象应该跟小农社会有关。这是因为，长篇故事的演唱必须有广大的受众。游牧生活的民族，或者城市经济发达的民族，才能有广大的受众。中国游牧生活的民族有长篇史诗，中国城市经济发达后小说、戏剧就繁荣起来，也可以说明这点。

胡　适

（三）文学主题和风格差异。中国传统文学大多数都受儒家、道家或佛学的熏陶。如：忧国忧民、自强不息、建功立业、忠孝仁义、道德自律、安贫乐道的思想，文以载道的主张，温柔中和的风格，都出于儒家；养生复性、傲视王侯、逍遥游仙的思想，讴歌自然、天马行空、虚实相生的意境，都出于道家；因果报应、人生无常、慈悲平等、精进求法、普度众生的主题，则出于佛学。此外，还有出于墨家的"侠义精神"，出于无产者的"江湖义气"，出于市民的享乐主义。至于西方文艺中源于古希腊的"日神精神"（超越现实的理性追求）、"酒神精神"（反理性的感情冲动）、"命运悲剧"、"性格悲剧"以及"浮士德精神"等，在中国传统文学中十分罕见。

（四）表现手法差异。表现手法上的民族特点在中国传统戏曲中尤其突出。1. 它具有高度综合性:“唱”“做”“念”“打”相结合,综合具有话剧、歌剧、舞剧、武术等的因素。2. 它具有强烈的抒情性:重视由诗词曲演变而来的唱词,唱词优美;但是不重视对话,演出时主唱以外的人物往往有手足无措的尴尬。人物的“自报家门”则留下了叙事体的痕迹。3. 它的时间、空间、背景、场面具有虚拟性:一般不需要布景,可以通过眼神、唱词等表现时空的推移、环境的变化;可以通过手势、身段等表示进门、上楼、爬山、乘船;可以用几个人在舞台上打圆场表示千军万马。4. 它的舞台表演具有程式性:程式性是对生活形态的提炼加工,使表演动作更典型、更优美;戏曲的角色分工,特别是以脸谱显示人物品格(如:白色脸谱显示奸诈多疑,红色脸谱象征忠义,黑色脸谱代表刚直),也是程式性的体现。

第四三讲　各民族神话传说

神话是最原始的充满幻想的传说故事,其内容是初民对世界起源、自然现象、社会生活的原始理解,其思维特点是“万物有灵”,其角色形象是超自然的。神话按照内容大致可分为五类:创世神话、始祖神话、洪水神话、战争神话、发明创造神话。创世神话,又称“开辟神话”,它讲述世界起源、人类起源,是最古老又最典型的神话。传说是神话的演进发展,传说的主人公不是天地之神而是具有神奇本领的人或精灵,“或为神性之人,或为古英雄”(鲁迅《中国小说史略》)。

我国古代汉文典籍没有记载神话的专门著作,只有先秦时代的《山海经》《左传》《国语》《楚辞》,汉朝的《淮南子》《风俗通》以及三国魏晋南北朝时期的笔记小说等,分散记载了神话故事。如《山海经》中的“精卫填海”“夸父追日”,《淮南子》中的“女娲补天”“后羿射日”

“嫦娥奔月”,《风俗通》中的“女娲用黄土造人”,等等。而著名的“盘古开天辟地”神话,则记载于三国时代的《三五历纪》《五运历年纪》中:

> 天地浑沌如鸡子。盘古生其中。万八千岁,天地开辟,阳清为天、阴浊为地。盘古在其中,一日九变……天日高一丈,地日厚一丈,盘古日长一丈。如此万八千岁,天数极高,地数极深,盘古极长……故天去地九万里。(《三五历纪》)
>
> 首生盘古,垂死化身:气成风云,声为雷霆,左眼为日,右眼为月,四肢五体为四极五岳,血液为江河,筋脉为地理,肌肉为田土,髭发为星辰,皮肤为草木,齿骨为金石,精髓为珠玉,汗流为雨泽;身之诸虫因风所感,化为黎甿。(《五运历年纪》)

这两部书都已经散失,只有后代引用的佚文。《三五历纪》的作者是吴国太常卿徐整。徐整在桐柏山一带游历,记录了当地盛传的盘古神话,上段引文出自《艺文类聚》。《五运历年纪》作者不详,上段引文出自《绎史》。“盘古”神话可能是南方少数民族的神话,跟“盘瓠”神话同出一源。晋朝干宝的《搜神记》中就有“盘瓠”是南方六族祖先的记载,至今侗族、瑶族、畲族等还有“盘王节”活动,传唱着《盘王歌》。

汉族最古老的传说有“黄帝和蚩尤大战于涿鹿”“大禹治洪水”等。秦汉以后最著名的传说有“牛郎织女”“孟姜女”“董永与七仙女”“梁山伯与祝英台”“白娘子与许仙”,它们被称为五大民间传说,不仅在全国各地汉族中广泛流传,而且在壮族、彝族、白族、布依族等少数民族中广泛流传。

少数民族神话传说丰富多彩,有的记载于本民族的典籍中。如:蒙古族和藏族的史书,纳西族的《东巴经》等,都记载了本民族的神话

盘王节

传说故事。其中,藏族神话有一个显著特色:往往跟自然科学巧合。如:1. 海洋变陆地的神话。无论是史书还是口头传说,都说世界原来是一片大海,后来海水流入了“贡吉曲拉”大山洞,或说海水被七个太阳烤干了,才出现了陆地。2. 猕猴变人的神话。一只猕猴和岩罗刹女结婚,生了六只小猴,后繁衍出很多只猴子,猴子们挨饿悲啼,老猕猴就叫它们吃野生的谷类,年深日久,体毛变短,尾巴消失,就变成了人类。这两个神话,前者符合西藏的地质变迁历史,后者符合人类进化的历史。

大多数少数民族的神话都是口头流传的,有的以史诗形式传唱。如壮族的《布洛陀》,瑶族的《密洛陀》,彝族的《阿细的先基》《梅葛》,苗族的《苗族古歌》等都是创世史诗。

壮族的《布洛陀》主要在红水河流域和右江流域的各县口头传唱,某些地方有巫师和歌手的“土方块字”手抄本。今天整理的版本分 19 章,近万行。它说,有黑、白、黄三色气体凝结成为三个石蛋,经历千万年以后形成三个兄弟:雷王、龙王、布洛陀。大仙派黑甲郎虫把石蛋又

布洛陀

咬又推，于是石蛋发生爆炸，上片上升形成天，下片下沉形成海，中片形成大地。雷王被99只彩凤簇拥上升，管理天空；龙王被99只鲤鱼抬下海，管理海洋；布洛陀被99朵鲜花簇拥，99朵鲜花变成美女姆六甲。姆六甲用黄泥造人，布洛陀造了太阳、月亮、星星、谷物和耕牛。瑶族的《密洛陀》叙述女神密洛陀创造人类。《布洛陀》和《密洛陀》这两部史诗关系密切。

《阿细的先基》是彝族支系阿细人的史诗，口头流传在云南省弥勒县西山一带。阿细语“先基”就是“歌”的意思，故或译为《阿细人的歌》。整理本分四个部分：(一)引子。(二)最古的时候：1. 造天地、造人；2. 人是怎么生活的；3. 世上的几代人；4. 分年月、种植庄稼；5. 造房、祭神。(三)男女说合成一家：1. 我多伤心啊；2. 唱调子的路不能断；3. 铺好了爱情的路；4. 我们两个到山上去；5. 要像天上的彩虹，生死永不离；6. 我们两个啊，已经是夫妻了；7. 在荒地上种庄稼；8. 穿上了麻布衣；9. 到外面去卖工；10. 回家收割庄稼；11. 让我们的孩子去种庄稼。(四)尾声。《阿细的先基》说：“最古的时候，没有天和地。”“云彩有两层，云彩有两张，轻云飞上去，就变成了天……重云落下来，就变成了地。”天地形成后不稳，阿底神就用四根柱子把天稳住，银龙神和阿托把地稳住。又说，人类的男始祖“阿达米”和女始祖“野娃”是由男神阿热和女神阿咪分别用黄泥和白泥制造出来的。

《梅葛》流传在云南省楚雄彝族自治州。“梅葛”是演唱曲调的名称。全书有四大内容:创世歌、造物劳动歌、婚事和恋歌、丧葬歌。创世歌演唱开天辟地和人类起源,说是四个创造神用四根铜柱撑起天空,用四把扫帚扫除四方而使天和地远远分开。

《苗族古歌》大多在祭祀活动、节日、婚丧等聚会场合演唱,演唱者多为巫师、歌手。它长一万五千余行,主要分为四部分:《开天辟地》《枫木歌》《洪水滔天》和《跋山涉水》。它反映了苗族先民对天地、万物及人类起源的解释。

满族、白族、纳西族、布依族、高山族等的传说故事中,也有创世神话和始祖神话。如:满族神话把宇宙分成天上国、地上国、地下国,人类是天神阿布凯思创造的。

第四四讲　各民族寓言

寓言是从神话传说中脱胎出来的,但是思维方式超越了神话传说。神话传说是"万物有灵"的原始思维方式,而寓言是理性思维方式。寓言把"万物有灵"变成拟人化手法,用来类比社会现象,表达对社会现象的理性思考。中国古代寓言,是中国文化与中国文学中的一座宝库。中国古代寓言影响东亚各国,形成了中国东亚寓言体系,它与印度东南亚中东寓言体系、希腊欧洲寓言体系,共同成为世界寓言三大体系。中华民族是由 56 个民族共同组成的大家庭,各个民族都对中国寓言文学做出了自己的贡献。

汉族传统寓言以散文体为主,历史悠久。汉族寓言从酝酿到萌芽经历了一个漫长的历史时期,从夏、商、西周直到春秋时代,以后发展从未中断,可划分六个各有特色的阶段。(一)战国哲理寓言。战国诸子大都喜欢采用寓言作为阐述并宣传自己学说的有力工具,以形见理，风格多样，异彩纷呈。《墨子》用寓言宣传“兼爱”“非攻”，风格简朴。《孟子》用寓言宣传“仁义”“王道”，讽刺不良现象，风格辛辣深刻。《庄子》寓言不仅是《庄子》思想的载体，也是全书的艺术精华，它想象飞驰，夸张大胆，语汇富丽，汪洋恣肆。《庄子》还是最早提出“寓言”概念的作品。《列子》寓言思想风格接近《庄子》。《韩非子》喜欢用寓言故事说理，全书有寓言 400 则，风格峻峭挺拔。《战国策》寓言气势宏伟，在政治、外交领域发挥出巨大的作用。《吕氏春秋》思想综合各家，其寓言也风格多样。总之，战国哲理寓言的作者不少是世界一流的思想家。（二）两汉劝诫寓言。如：宣传黄老之道的《淮南子》寓言，宣传儒家思想的《说苑》和《新序》（刘向编著）寓言。（三）魏晋南北朝寓言具有转折性。以《笑林》为代表的寓言，从劝诫转为嘲讽，开了后代讽刺寓言与诙谐寓言的先河。印度佛经寓言传入，为中国寓言注入了新鲜血液。（四）唐宋讽刺寓言。唐宋寓言创作融汇了前代寓言和印度、西域寓言的成功经验，关切社会现实，讽刺官场与世俗的丑恶。最杰出的代表是柳宗元的寓言和苏轼的寓言。柳宗元的寓言，能塑造典型，描写细腻，风格峻洁。苏轼的寓言，风格诙谐，嬉笑怒骂。唐诗的繁荣促进了寓言诗的繁荣，作者有白居易、刘禹锡等。传奇小说的繁荣还促成寓言体小说的成熟。（五）元明世俗化诙谐寓言。作家们在言论极端不自由的情况下，往往吸收笑话的手法创作寓言，对社会现实进行旁敲侧击、冷嘲热讽。重要作家有刘基、宋濂、刘元卿、江盈科、赵南星、冯梦龙等。元明时期戏剧与长篇小说异军突起，推动了寓言戏剧与寓言长篇小说的产生与繁荣。例如：《中山狼杂剧》（康海）、《后西游记》（梅子和）。（六）明朝末年至近代是寓言创作的变革阶段。西学和西方寓言传入，中国寓言创作开始走上了中西结合的道路。1840 年鸦片战争以后，救亡图存、改革开放，成为中国的时代主旋律，也成为寓言的思想主旋律。教育界也接受西方的经验，把寓言引入儿童读物与儿童启蒙课本。

汉族民间寓言也相当丰富，而且，其中的动植物寓言和韵文寓言可以补充古代作家寓言的不足。如鼓曲唱词《蝈蝈和蛐蛐》：

> 闲来没事出城西，我看见了一个蝈蝈斗蛐蛐。这个蝈蝈说："在东山头我吃了两棵大柳树。"这个蛐蛐说："在西山头我吃了两头葱白的大叫驴。"这个蝈蝈说："在南山头我吃了两只斑斓虎。"这个蛐蛐说："在北海我吃了两条大鲸鱼。"扑扑地从后面过来了一只芦花大公鸡。你说这公鸡愣不愣，它过去就把这蝈蝈吃。蛐蛐一见心好怕，骂了一声芦花大公鸡："你不该南山头吃了我的亲娘舅，又不该吃了我的姑姑姨，称四两棉花纺一纺，我蛐爷不是好惹的。"说着恼，道着怒，扑棱扑棱翅，抱了抱爪儿，蹬了蹬腿儿，捋了捋须，它赌着气地也喂了鸡。

藏族寓言有悠久历史，大约 2 世纪，就有尸语故事流行。7 世纪中叶大量输入了印度佛经寓言。11 世纪到 15 世纪，出现了四部注释佛教著作的重要故事书：《喻法宝聚》《萨迦格言及注释》《甘丹格言注释》《益世格言注释》。其中有许多著名寓言，如《蓝皮狐狸当兽王》《母猴丢爱子》《猴子捞月》《小兔杀狮》《驴蒙豹皮》《聪明人和傻子》《蓝皮狐狸》《蝙蝠被逐》《乌龟自夸落地》《猴子笑人无尾巴》《井底之蛙》《落井人恩将仇报》《猫喇嘛讲经》等。19 世纪，藏族出现了一批寓言小说，著名的有《猴鸟故事》《白公鸡》《莲苑歌舞》等。《猴鸟故事》用韵散夹杂体写作，写猴子入侵，鸟类据理力争，终于迫使猴子就范，和平解决争端。有人认为这个故事是影射 18 世纪末西藏人民在祖国大力支持下挫败廓尔喀入侵的事件。藏族民间口头流传着许多寓言故事。最著名的如《咕咚》故事：木瓜林中住了六只兔子，有一次，木瓜落进湖水发出"咕咚"一声，兔子受惊奔跑，狐狸、猴子、鹿、猪、水牛、犀牛、大象、熊、豹、虎、狮……一个跟着一个拼命逃跑;最后才真相大白。这个故事很幽默生动,讽刺了社会盲从心理。

蒙古寓言也历史悠久。如:十三四世纪流传下来的《两匹骏马》的故事,描写成吉思汗的两匹骏马负气出走和醒悟回归。民间流传着《瞎子和瘸子》《五兄弟和五支箭》《骆驼和羊》《小猫钓鱼》等许多著名寓言。

维吾尔族寓言长诗独领风骚,我们将在《少数民族长篇故事诗》中讲述代表作品《福乐智慧》。维吾尔族还广泛流传机智人物阿凡提的故事,约400则,其中也不乏寓言。

壮族是中国人口最多的少数民族。既有解释性的早期动物寓言,如《老虎身上为什么满是斑痕》《猫教老虎爬树》《杜鹃鸟的来历》等;又有道德教训的寓言,如《骄傲的公鸡》《大鹏、龙虾和鲸鱼》《蜗牛和它的硬壳屋》《莫笑邻居起火》等。

傣族很早就输入了巴利文本的佛本生寓言故事,傣族称它们为"阿暖"(梵文译音,古老之意)故事,共有500多则。傣族还创造了不少具有本民族特色的寓言,如《大象和毒蛇》《狗做国王》《虎王、牛王被狐狸吃掉》等。

我国有些民族,虽然人口很少,但是其民间寓言相当不错。如赫哲族、纳西族等。赫哲族以渔猎为生,他们用寓言反映渔猎生活,如:系列寓言《黑瞎子和狐狸》,描写黑瞎子(熊)、狐狸、猎人之间的纠葛,颇有地域特色。纳西族善于保存本民族的文化成果,寓言作品的数量与质量都可观。如《东巴经》中的《买卖年龄》《青蛙和兔子赛跑》《富偷穷家羊》《五马换六羊》等。

《东巴经》

第四五讲　三大英雄史诗

史诗是叙述重大历史事件和英雄传说的古老叙事长诗。史诗多以古代英雄歌谣为基础,经过群体长期传唱而成。史诗可分为两大类:创世史诗和英雄史诗。最具有神话特性的创世史诗,我们已经在“神话”部分讲了。我国著名的三大英雄史诗是:藏族的《格萨尔王传》、蒙古族的《江格尔》和柯尔克孜族的《玛纳斯》。

《格萨尔王传》在 11 世纪前后出现了最早的手抄本。手抄本的编纂者主要是藏传佛教宁玛派的僧侣。它是在藏族古代神话、传说、诗歌和谚语等民间文学的丰厚基础上产生和发展起来的,它的孕育时间有人上推到前 2 世纪至 6 世纪之间。《格萨尔王传》篇幅宏伟,可能达到 100 部,100 多万行。最重要的就有 30 部左右,约有 30 万行。这 30 部可以划分三大阶段:(一)开篇部分:有《天岭卜筮》《英雄诞生》《赛马称王》等部分。讲述很久很久以前,藏区妖魔鬼怪横行,黎民百姓遭受荼毒。观世音菩萨向阿弥陀佛请求派天神之子下凡降魔。神子推

格萨尔王

巴噶瓦降生到藏区，即格萨尔。他12岁在部落选王的赛马大会上取得第一名，成为岭国的国王，娶森姜珠牡为王妃。（二）主体部分：有《北方降魔》《霍岭大战》《姜岭大战（保卫盐海）》《门岭大战》《大食财国》等20多部。描写格萨尔王征战四方，降伏妖魔和敌国，拯救苦难的百姓；还描写格萨尔王先后降伏18大宗、18中宗和18小宗（“宗”是藏族古代的部落或小国），完成了统一事业。（三）结尾部分：有《安置三界》《地狱救母》等部分。写格萨尔王降伏了人间妖魔，功德圆满，跟母亲、王妃共同返回天界。

《格萨尔王传》概括了藏族发展的历史进程，描述了广阔的社会生活，塑造了数以百计的人物形象，是研究藏族历史、文化、文学的百科全书。《格萨尔王传》被誉为“东方的《荷马史诗》”。《格萨尔王传》的世界影响虽然不如《荷马史诗》，但是，《格萨尔王传》篇幅超过了荷马的《伊利亚特》（15 693行）和《奥德赛》（12 110行），也超过了印度的史诗《摩呵婆罗多》（20多万行）、《罗摩衍那》（约48 000行），是世界最长的英雄史诗。

《江格尔》形成于蒙古族的卫拉特部落（居住在新疆阿尔泰地区）。它长期在民间口头流传，经过民间艺人不断加工，篇幅逐渐增多，已经搜集到的就有60多部，长10多万行。史诗主人公江格尔两岁时，家乡遭到了蟒古斯（魔王）的蹂躏，父母被害，亏父亲的好友救了他。江格尔人小胆大，3岁就能手握黄花戟，身跨枣红马，4岁时就能出征，7岁时开始建功立业，宝木巴地方的臣民把他推举为圣主江格尔可汗。蟒古斯人侵犯宝木巴国，江格尔率领他的十二名“雄师”、三十五名虎将和八千个勇士，荡平了蟒古斯，保卫了宝木巴，扬名四十四国。他以非凡的品德才能，把国家建成一个理想的乐园："没有冬天和严寒，四季如春阳光灿烂；没有痛苦和死亡，人人永葆青春时光；没有潦倒和贫穷，只有富足和繁荣；没有孤儿和鳏寡，只有兴旺和发达；没有动乱和恐慌，只有幸福和安康；珍禽异兽布满山头，牛羊马驼撒满草原；和风轻吹，细雨润田。"《江格尔》是蒙古族文化的瑰宝，在蒙古族文化史、文学史上占有重要地位。

《玛纳斯》是柯尔克孜族史诗。柯尔克孜族和吉尔吉斯斯坦的吉尔吉斯人是同一个民族，我国的柯尔克孜族和吉尔吉斯斯坦，有不同的《玛纳斯》版本。中国版《玛纳斯》共有 8 部，23 万余行。第一部《玛纳斯》是最精彩的部分，叙述柯尔克孜族第一代英雄玛纳斯的故事。他诞生前，统治柯尔克孜族的卡勒玛克汗王被占卜者告知：柯尔克孜族将要降生一个力大无比的英雄玛纳斯，长大后要推翻卡勒玛克人的统治。卡勒玛克王派人四处查找，并把所有怀孕的柯尔克孜族妇女剖腹查看。在柯尔克孜族民众机智的保护下，玛纳斯终于平安降生。玛纳斯目睹人民的苦难，立志要为本民族报仇雪耻。他富有同情心，把自己家的财产分赠给穷苦的人；他力大无比，又敬重长者，信任贤能，能够团结四面八方的勇士，统一了分散的柯尔克孜各部落。他联合邻近被压迫的民族，南征北战，反抗卡勒玛克的黑暗统治，使各族人民过上了欢乐富裕的生活。他被拥戴为汗王。后来，在远征契丹国都时负重伤，回国后去世。第二部《赛麦台依》，叙述玛纳斯的儿子赛麦台依继承父业，继续与卡勒玛克斗争。可惜他被叛逆者杀害，柯尔克孜族人再度陷入卡勒玛克统治的悲惨境遇。第三部《赛依台克》，描述赛麦台依之子赛依台克严惩内奸，驱逐外敌，重新振兴柯尔克孜族。第四部《凯耐尼木》，述说赛依台克之子凯耐尼木严惩恶豪，消除内患。第五部《赛依特》，讲述凯耐尼木之子赛依特斩除妖魔，为民除害。第六部《阿斯勒巴恰・别克巴恰》，讲述赛依特之子阿斯勒巴恰和别克巴恰两兄弟继承祖辈的事业，继续跟卡勒玛克斗争。第七部《索木毕莱克》，讲别克巴恰之子索木碧莱克战败卡勒玛克、唐古特、芒额特部等的名将，驱逐外族掠夺者。第八部《奇格台依》，叙说索木碧莱克之子奇格台依，打败卷土重来的卡勒玛克掠夺者。史诗八部紧密相连，宏伟壮阔，描绘出柯尔克孜族领袖和民众前赴后继的英雄事迹。

除了三大英雄史诗，我国其他少数民族也有英雄史诗。如：维吾尔族的《乌古斯可汗的传说》，描写了乌古斯可汗南征北战的赫赫武功，壮族的《莫一大王》，描写了莫一大王反抗朝廷的神奇事迹。

第四六讲　少数民族长篇故事诗

我国汉族古代正统文学中，既缺乏史诗，也缺乏长篇故事诗。如号称“第一长诗”的《孔雀东南飞》，也仅有 350 余行。我国少数民族的传统文学中有数量巨大、篇幅宏伟的长篇故事诗，其中最突出的是傣族、维吾尔族、哈萨克族、彝族。

云南傣族有创世歌谣、英雄歌谣等突出的故事长诗。傣族民间艺人吸收印度佛经故事，又对本族民间故事进行加工，创作了大量的号称“阿銮”的长篇故事诗，据统计有 550 部。“阿銮”长诗中最长的有数万行，如《兰嘎西贺》就有 3 万多行，最短的也在千行以上。《召树屯》《娥并与桑洛》是其中最著名的作品。《召树屯》讲勐板加（意思是“板加国”）的勇敢王子召树屯出猎，在金湖遇见勐董板（孔雀国）的神女玛诺拉，两人相爱，结为夫妇。婚后不久，爆发战争，召树屯出征。召树屯出征后，玛诺拉被摩古拉诬蔑为“不祥妖物”，要杀她祭鬼。玛诺拉要求在临终前跳一次舞，她乘机飞返孔雀国。召树屯胜利归来不见爱妻，非常愤怒，决心追寻玛诺拉。他历尽千辛万苦才到达孔雀国，又经过国王叭团的考验,夫妻终于团圆。长诗情节曲折,想象丰富,塑造了成功的诗歌形象,也反映了傣族广阔而特殊的社会生活。这部长诗后来被改编为木偶戏、舞剧、电影。这部长诗的故事,也流传于泰国、老挝、缅甸和印度等许多亚洲国家。《娥并与桑洛》是悲剧长诗。故事情节是:桑洛出身于沙铁家庭(富裕家庭),他反对母亲的包办婚姻,借经商离开家庭。桑洛在外地结识了娥并,两人真心相爱,生活美满。桑洛回家,要求母亲答应娶娥并为妻,但母亲拒绝桑洛的请求。怀孕的娥并来找桑洛时,桑洛的母亲百般虐待娥并,将她赶出门外。娥并在归家途中,生下孩子后含恨死去。桑洛闻讯赶来,见娥并已死,于是举刀自刎。两人的精魂化作两颗星星。长诗抒情与叙事交融,情调浪漫,语言优美,修辞手法多样,人物形象描绘得栩栩如生,揭露了封建包办婚姻的罪恶,歌颂了青年争取爱情自由的叛逆精神。

新疆维吾尔族能歌善舞,诗歌非常发达,产生了许多重要诗人。维吾尔族的文学作品绝大多数都是诗歌体裁,这在中国和世界各民族文学中独具特色。维吾尔族长篇故事诗有两大类型。第一类是长篇爱情故事诗。如《艾里甫和赛乃姆》《塔依尔与祖赫拉》。《艾里甫和赛乃姆》的基本情节是:国王阿巴斯和丞相艾山为儿女指腹为婚,国王的女儿叫赛乃姆,丞相的儿子叫艾里甫。两人青梅竹马,后又同窗共读,产生了真正的爱情。但是,国王阿巴斯刚愎自用,毁约悔婚。艾里甫不愿放弃,他不顾艰难危险潜入王宫中当了园丁。他在好心人的帮助下,携赛乃姆私奔出走。后来,国王醒悟,成全了艾里甫和赛乃姆的爱情。长诗表达了呼吁爱情自主的要求,也反映了希望出现"公正君王"的理想,而这个理想是维吾尔族文学传统中的一个重要主题。这部叙事长诗的情节来源于中亚地区广泛流传的一个民间故事,在乌兹别克斯坦、土库曼斯坦、阿塞拜疆、土耳其等国家中还有不同的变体。《塔依尔与祖赫拉》长诗的基本情节是:很早以前,国王和宰相都没有子女。他们诉说忧伤时遇到一名老人,老人给他们两个苹果说:拿回去给妻子吃下就可得子女，条件是他们要廉洁公正地治理国家，两家孩子成人后结为夫妻。一年后，国王生了千金祖赫拉，宰相生了公子塔依尔。国王因愤恨而派人“杀掉”祖赫拉，宰相悲伤身亡。几年后，国王悔恨不已，找回没有被杀掉的祖赫拉，让女儿和塔依尔同窗学习，但不提婚约。女儿与塔依尔两人相爱，国王把塔依尔钉在木箱里抛进河里。塔依尔被下游哈拉扎木城的小公主救起，被迫成亲，郁郁不乐。祖赫拉委托一名商人到处寻找塔依尔，商人遇到塔依尔，并告诉他祖赫拉对他的思念之情。塔依尔毅然随商人回国，会见祖赫拉。正当他们倾诉衷肠时，被一直梦想得到祖赫拉的卡拉巴图发现，他禀告国王，抓获了塔依尔，并把塔依尔砍头示众。祖赫拉站在塔依尔坟前深情地呼唤，坟墓突然应声洞开，祖赫拉飞身跃入，跟随塔依尔长眠地下。闻讯赶来的卡拉巴图也自刎身亡。国王把祖赫拉和塔依尔分葬两处，中间安插卡拉巴图的坟墓。不久，塔依尔的坟顶长出一株白玫瑰，祖赫拉的坟顶长出一株红玫瑰，而卡拉巴图的坟顶长出了一株黑刺草。白

哈吉甫墓

玫瑰和红玫瑰越长越旺，枝叶相连，黑刺草因挤压窒息而死。这部长

诗被称为维吾尔族的《梁山伯与祝英台》。第二类是具有寓言色彩的长篇故事诗。11 世纪，著名诗人尤素甫·哈斯·哈吉甫（1019—1085）的《福乐智慧》是杰出代表。这首诗是突厥语诸民族最早的古典文学名著。它长达13 290行，塑造了四个主要形象：国王“日出”，象征公正；大臣“月圆”，象征幸运；月圆之子“贤明”，象征智慧：大臣的族人修道士“觉醒”，象征知足与来世。长诗通过四人的对话，勾画出了作者的政治理想：国君应公正，以法治国，重学任贤，爱护民众，并为来世而广积善德。维吾尔族著名寓言长诗还有《七星图》《爱苦相依》等。此外，维吾尔族还有一名大诗人纳瓦依（1441—1501），他有几十部诗集，最负盛名的抒情诗集是《精义宝库》（四部），最负盛名的叙事诗集是《五卷诗集》。他既用突厥语也用波斯语写作，他的诗歌在中亚各国广泛流传。

1991 年苏联发行的纳瓦依纪念币

新疆哈萨克族有丰富的英雄长诗、历史长诗、爱情长诗。《阔孜库勒帕什与巴彦苏鲁》长30 000行，是爱情长诗的杰出代表。不仅歌颂了一对青年纯真的爱情，还记述了 8 至 10 世纪哈萨克族的社会生活和风俗习惯。故事说，少年阔孜的父亲和少女巴彦的父亲曾经为自己的儿子和女儿“指腹为婚”，但是，阔孜的父亲去世后，巴彦的父亲哈拉拜不愿将女儿嫁给孤儿阔孜，而将女儿许给了库达尔，借以笼络库达尔为他打井和放牧。哈拉拜搬离原地以避开阔孜。巴彦料定阔孜会来跟她相会，就沿路留下耳环、手镯、牧羊棍子等做标记。她留下的棍子都长出了叶子，阔孜历尽千辛万苦才按照标记找到了巴彦。这对情人相聚时，哈拉拜与库达尔共同害死了阔孜。巴彦为了复仇，用短剑把库达尔刺死，并自杀殉情，长诗以悲剧结束。在另一种异文版本中，阔孜在与库达尔的决斗中取胜，严惩了库达尔和哈拉拜。哈萨克族长篇故事诗具有“串联组合”的特色，代表作品是号称“四个四十”的系列长篇故事诗，即《克里木的四十位英雄》《巴合提亚尔的四十枝系》《四十个大臣》《鹦鹉故事四十章》，它们各由四十部长诗组成。

彝族支系撒尼人的优秀长篇叙事诗《阿诗玛》，早已经广泛流传，脍炙人口。《阿诗玛》整理本共分十三章。第一章《应该这样唱呀》，是长诗的开头，主要是歌手的谦词。第二章至第四章介绍女主人公阿诗玛。“诗”在撒尼话中的词意是“金子”。阿诗玛美丽出众，能歌善舞，播种、织布、缝衣、绣花等劳动能力拔尖。第五章至第六章，是冲突的开端。恶霸热布巴拉的儿子阿支看中了阿诗玛，派媒人提亲失败，就派打手和家丁抢走了阿诗玛。第七章至第九章，一方面讲述阿诗玛不屈不挠，另一方面讲述哥哥阿黑赶往热布巴拉家搭救阿诗玛。第十章至第十二章是冲突的高潮。讲阿黑和阿支斗智斗勇救回阿诗玛。第十三章《回声》，是故事的结局。热布巴拉家向崖神祈求，在阿黑带着阿诗玛经过十二崖子渡河时，崖神突发洪水，把阿诗玛冲走。阿黑大声地呼喊：“阿诗玛！阿诗玛！”可是，只听到那十二崖子顶上传来同样的叫声。原来是阿诗玛变成了石峰，变成了回声之神。阿黑哥哥、父亲、母亲、撒尼人怀念阿诗玛，只要对着山谷呼唤阿诗玛的名字，山谷里就传来她的回声。《阿诗玛》人物形象鲜明，充满诗意，结尾亦虚亦实，亦幻亦真，余音袅绕，独放异彩。

少数民族的长篇故事诗还有壮族的《百鸟衣》《刘三姐》，白族的《望夫云》，蒙古族的《孤儿传》《嘎达梅林》，回族的《马五哥与尕豆妹》，裕固族的《黄黛琛》，藏族的《在不幸的擦瓦绒》，羌族的《木姐珠与斗安珠》，土家族的《锦鸡》，侗族的《秦娘梅歌》，苗族的《娘阿莎》，景颇族的《凯诺和凯刚》，等等。

汉族传统文学中缺少长篇故事诗，而说唱文学样式很多。说唱文学促进了戏曲的产生和小说的繁荣。明清时代的说唱文学作品，也可以看作是汉族长篇叙事诗。

第四七讲 《诗经》

《诗经》是我国古代第一部诗歌总集，收集的大抵是自西周初年（前11世纪）至春秋中叶（前6世纪）五百年间的诗歌。相传国家派出主管音乐的乐官到各地采集诗歌以观察民情风俗，叫作“采风”。《汉书·艺文志·六艺略》说：“故古有采诗之官，王者所以观风俗，知得失，自考正也。”相传孔子编选这些诗歌，传授给弟子们。《诗经》在先秦时期称为《诗》，孔子、子夏、孟子、荀子等儒家大师都非常重视《诗》的教化作用，春秋时代的政治家和外交家也经常引用《诗》。西汉尊崇儒家，《诗》被列为儒家“五经”之一，始称《诗经》。

2008年3月25日，北京，孔庙国子监内的孔子文化展展出的古书——《诗经》

汉初传授《诗经》的共有四家：齐地人辕固生，鲁地人申培，燕地人韩婴，赵地人毛亨、毛苌。他们传授的版本，各自称为齐诗、鲁诗、韩诗、毛诗。汉朝以后，齐诗、鲁诗、韩诗等“三家诗”先后亡佚（韩诗留下了《韩诗外传》），流传至今的《诗经》是毛诗的传本。

毛本《诗经》共有诗歌311篇，其中《南陔》等6篇只留下标题，没有诗句，称为"笙诗"（笙是伴奏诗的乐器），所以实际上只有305篇，人们取其整数称《诗经》为《诗三百》。

《诗经》的句式特征是以四言为主，杂有二言、三言、五言、六言、七言、八言。据夏传才主编的《诗经学大辞典》统计，《诗经》有7 284个句子，其中四言句有6 667个，占92%。四言句是构成《诗经》整齐韵律的基本单位。《诗经》的押韵方式多样，而以双句押韵为主。《诗经》的结构特征是大量使用重章叠句的复沓结构。即同一诗章往往三次重叠，只变换少数几个词以表现动作的进程或情感的变化。一唱三叹，曼妙非常。如《郑风·风雨》：

风雨凄凄，鸡鸣喈喈。既见君子，云胡不夷？
风雨潇潇，鸡鸣胶胶。既见君子，云胡不瘳？
风雨如晦，鸡鸣不已。既见君子，云胡不喜？

"六义"是关于《诗经》的一个重要概念。它是《诗·大序》提出的，包括"风""雅""颂"和"赋""比""兴"。"风""雅""颂"是《诗经》的三个类别，"赋""比""兴"则是《诗经》的三个重要表现手法。

"风"，又称"国风"。"国"是指各诸侯国，"风"的意思是歌谣。"国风"包括了十五个地方的歌谣，被称为"十五国风"，分别是：周南、召南、邶（bèi）风、鄘（yōng）风、卫风、王风、郑风、齐风、魏风、唐风、秦风、陈风、桧（即"郐"，kuài）风、曹风、豳（bīn）风。这些地方当时都是诸侯国，主要包括今天的陕西、山西、河南、河北、山东等中原地区。"风"类诗歌共160篇，大部分是民间歌谣，也有少量是名人的创作，如《载驰》就是许穆夫人的作品，她是卫国的公主，又是许国君主的夫人。"雅"是周王朝国都附近的乐歌，共存105篇，多为贵族举行宴会或祭祀的乐歌，也有反映社会矛盾的讽刺诗。"雅"分为"小雅""大雅"，

“小雅”中有少量民歌。“颂”分为“周颂”“鲁颂”“商颂”，共有40篇，都是宗庙祭祀的诗歌。《诗·大序》说：“颂者，美盛德之形容，以其成功告于神明者也。”

《诗经》，特别是“风”类诗歌，具有强烈的现实主义精神，全面地反映了当时的社会面貌。其中爱情、婚姻类的诗歌比重最大，还有反映亲情友情、劳动生产、战争徭役的诗歌，以及反抗压迫、讽刺统治者的诗歌。何休《春秋公羊解诂·宣公十五年》概括《诗经》现实主义精神说：“饥者歌其食，劳者歌其事。”

“颂”和“大雅”中追思和歌颂历史名人的篇章，具有重要的历史价值。如：“大雅”中的《生民》《公刘》等诗篇反映了周民族依靠农业而兴盛的历史。

“赋”就是直接铺叙的手法。朱熹《诗集传》说：“赋者，敷陈其事而直言之也。”如《七月》直接铺叙一年的劳动过程，《采薇》直接铺叙长久离家服役者的心绪，也描述了他看到的景物：“昔我往矣，杨柳依依；今我来思，雨雪霏霏。”

“比”就是譬喻。《诗集传》说：“比者，以彼物比此物也。”如《硕人》写庄姜的美貌用了一连串的比喻，《硕鼠》全诗用老鼠比喻不劳而获、不关心民众的统治者。

“兴”既有“发端”的含义，又有“兴起”的含义。《诗集传》说：“兴者，先言他物，以引起所咏之词也。”所谓“先言他物”，便是首先描写环境，作为诗歌的开头。《诗经》中的兴句分为两大类，第一类是不含比喻义的环境描写，叫作“赋兴”。其中有的只是起韵而已，有的则达到了情景交融的境界，如《蒹葭》诗：“蒹葭苍苍，白露为霜，所谓伊人，在水一方。”第二类是含比喻义的环境描写，叫作“比兴”。如《桃夭》诗：“桃之夭夭，灼灼其华。之子于归，宜其室家。”鲜艳的桃花既是环境描写，又比喻漂亮的新娘。

毛本《诗经》，除了诗歌原文，还有两项内容：一是有注解，二是有序言。

《诗经》注解一般认为是毛亨所作，称为《毛传》。后来的《诗经》注本非常多，大多数以《毛传》为基础：东汉的郑玄在《毛传》的基础上进一步作注解，称为《郑笺》；唐朝孔颖达，既注解诗句，又疏通《毛传》和《郑笺》，称为《孔疏》。《毛传》《郑笺》《孔疏》合为《诗经注疏》，又称《毛诗正义》。除了《毛诗正义》，最重要的注本还有《诗集传》（朱熹）、《毛诗传笺通释》（马瑞辰）等。

序言是传授者对《诗经》的论述，称为《毛诗序》，简称《诗序》。《诗序》有《大序》和《小序》。每篇诗皆有《小序》，分别放在每篇的开头，论述每篇诗歌的主旨。而在首篇《关雎》的《小序》后，有一段较长的文字，世称《诗・大序》，实际是论述全书主旨的总序，相传是孔子弟子子夏所作。《诗・大序》是研究《诗经》的第一篇著作，后来汗牛充栋的《诗经》研究著作都继承发展了《诗・大序》的传统。

第四八讲　屈原和楚辞

楚辞，有人称为"赋"或"古赋"（相对汉赋而言）。楚辞本是楚国民歌。《孟子・离娄上》就记载了《孺子歌》："沧浪之水清兮，可以濯我缨。沧浪之水浊兮，可以濯我足。"楚国巫师利用民歌创作了大量祭祀鬼神的歌曲。战国末期，屈原提升楚国民歌和巫歌而进行创作，用以抒发自己的人格操守、政治理想和爱国精神，于是形成了影响深远的新诗体楚辞。西汉末年，刘向收录屈原、宋玉、景差的作品，加上汉朝贾谊的《惜誓》、淮南小山的《招隐士》、东方朔的《七谏》、严忌的《哀时命》、王褒的《九怀》和刘向自己的《九叹》，汇编成集，定名为《楚辞》；东汉后期，王逸加上自己的《九思》，并作了注释，定名《楚辞章句》。《楚辞》是我国继《诗经》之后的第二部传世的诗歌总集。《楚辞》著名传统注本，除了《楚辞章句》，还有洪兴祖的《楚辞补注》、朱熹的《楚辞集注》、蒋骥的《山带阁注楚辞》等。

《楚辞》的地域特色非常鲜明：1. 运用楚地的方言声韵，描写楚地的山川人物、历史风情。所以，宋朝人黄伯思《校定楚辞序》说："盖屈宋诸骚，皆书楚语，作楚声，记楚地，名楚物，故可谓之《楚辞》。"2. 感情奔放，句式活泼，想象奇特，跟《诗经》的古朴风格迥然不同。3.《楚辞》句式有一个明显标志，即大量使用"兮"字。每一句之中或两句之间都有"兮"字。《招魂》篇则使用"些"字。"兮"字和"些"字是感叹词，大约相当于现代汉语的"啊"。代表作家是屈原，还有宋玉。

屈　原

屈原（约前 340—约前 278），名平，字原；又自云名正则，字灵均。他是楚武王熊通之子屈瑕的后代，故是芈姓、屈氏。司马迁《屈原列传》与《楚世家》记载，屈原曾担任地位很高的左徒，议论国政，应对诸侯，起草宪令。但是，楚王听信谗言，屈原遭受排挤而两次被流放。当他在汨罗江畔听到楚国都城郢被秦军攻陷的消息不久，他便投江以身殉国，时间是在农历五月五日。《楚辞》收录屈原的作品有 25 篇：《离骚》、《九歌》（11 篇）、《天问》、《九章》（9 篇）、《远游》、《卜居》、《渔父》。《屈原列传》还把《招魂》看作是屈原的作品。

屈原遭放逐后深入民间，了解到南楚巫师的祀神歌舞，便大胆学习，由模仿发展到创作。他的创作可以划分三个类型：

（一）搜集加工祀神歌词，在其中渗透进自己的理想和追求，这便是《九歌》《招魂》。《九歌》共 11 篇：《东皇太一》祭祀最高天神，《云中君》祭祀云神，《湘君》《湘夫人》祭祀湘江的配偶神，《大司命》《少司命》祭祀主持寿命和后嗣的神,《东君》祭祀太阳神,《河伯》祭祀黄河神,《山鬼》祭祀山林的精灵,《国殇》祭祀为国战死的鬼魂,《礼魂》是祭祀完毕时的送神曲。王逸和朱熹都说,屈原写《九歌》既是为了敬神,也是表达对君国的思念。《九歌》格调神奇而明丽,往往情景交融,风韵缥缈。如《湘夫人》开头四句:“帝子降兮北渚,目眇眇兮愁予。袅袅兮秋风,洞庭波兮木叶下。”《招魂》是模仿民间习俗而写的招魂歌词,寄托精神的思念。

(二)利用祀神歌词的艺术体裁直接抒发自己的感受和思考,这便是《九章》和《天问》。《九章》包括 9 篇作品:《橘颂》《惜诵》《涉江》《哀郢》《抽思》《怀沙》《思美人》《惜往日》《悲回风》。它们都是缘事而作,如《橘颂》以岁寒不凋的橘树象征坚贞的品格,《涉江》写流放历程和心境,《哀郢》哀悼自己的故都。《天问》是四言诗,诗人提出 170 多个问题,表达对宇宙、历史和人生的思考。

(三)自铸伟辞以总结自己的一生,这就是震古烁今、精彩绝艳的杰出抒情长诗《离骚》。《离骚》共 373 句,2 490字,是汉族最长的古典政治抒情诗。全诗可分为三个部分。第一部分“理想受挫”,从开头至“岂余心之可惩”。诗人不负祖先的期望,努力进德修业,希望实现美政以报效祖国,却招致诽谤,遭受疏远,痛苦孤立。但是诗人决心坚持理想,表示“虽九死其犹未悔”。第二部分“上下求索”,从“女媭之婵媛兮”至“余焉能忍而与此终古”。诗人不愿退缩保身,而是突破时空上下求索:上天宫叩求,到九疑拜见虞舜,寻访古代的贤女。第三部分“幻灭殉国”。追求失败后,诗人通过问卜求神的方式,曲折反映剧烈的思想斗争。最后打算离开黑暗无望的楚国,升天远行。但是,当他在高空俯视到祖国的大地,连仆人和马都悲伤留恋,不忍向前,于是诗人决心以身殉国。全诗洋溢着坚持理想、追求不懈、为国献身的精神。在艺术表达上大量使用比喻和象征手法,正如王逸《楚辞章句·离骚序》所说的那样:“《离骚》之文,依《诗》取兴,引类譬喻。故善鸟香草,以配忠贞；恶禽臭物，以比谗佞；灵修美人，以媲于君；宓妃佚女，以譬贤臣；虬龙鸾凤，以托君子；飘风云霓，以为小人。”诗人把巫歌中的神游术升华为上下求索的精神，把巫歌中的娱神装饰升华为人格修养和理想追求，把占卜巫术升华为心路历程的描写，并借用巫术中的神话、神物创作出一幅幅色彩斑斓的艺术画。《离骚》是楚辞的巅峰之作，所以人们又称楚辞为“骚体”，跟《诗经》的“国风”并称为“风骚”。“风骚”被公认为是中国诗歌的鼻祖，并往往成为古典诗歌的代名词，“骚人”也往往成为古典诗人的代名词。

宋玉（约前298—约前222），相传是屈原的弟子。《楚辞章句》收录宋玉的作品有《九辩》《招魂》。其他古籍还收录了宋玉的《风赋》《高唐赋》《神女赋》《登徒子好色赋》《对楚王问》《笛赋》《大言赋》《小言赋》《钓赋》《舞赋》等。其中，《九辩》的著作权没有疑义，也是宋玉最有成就的作品。

楚辞还有另外一个支流，那就是荀子的《赋篇》和《成相》等。荀子晚年居住在楚国，所以受楚国民歌影响而作赋。荀赋以四言诗句为主，不用“兮”字。《汉书·艺文志·诗赋略》所著录的模仿“荀卿赋”的作品都失传了。

楚辞开创了中国诗歌的浪漫主义传统，楚辞和《诗经》是中国古典诗歌的两个源头。汉赋则是楚辞文体的直接继承者。

第四九讲　两汉辞赋及其流变

赋是汉朝作家文学的主要形式，作者如林，作品如云。两汉辞赋是楚辞的直接继承者。《汉书·艺文志·诗赋略》著录屈原、宋玉等的作品就称为赋，有人称为辞赋。赋的体制可以划分为三大类型：骚体赋、文赋、诗体赋。

（一）骚体赋得名于《离骚》，它是楚辞的嫡系，其显著标志是使用“兮”字句。西汉前期的贾谊（前200—前168），是著名的政论家，又是汉朝骚体赋的代表作家。他的《鹏鸟赋》是探讨人生的哲理赋，他的《吊屈原赋》是赞扬屈原并抒发自己怀才不遇的抒情赋。除了贾谊，两汉骚体赋著名作品还有淮南小山的《招隐士》，东方朔的《七谏》，司马相如的《长门赋》，王褒的《九怀》，刘向的《九叹》，刘歆的《遂初赋》，蔡邕的《述行赋》，等等。

（二）文赋的特点是采用散文的句式展开铺叙，不用“兮”字表示咏叹，押韵非常宽松。文赋可以说是一种散文诗。屈原的《卜居》《渔父》和宋玉的《风赋》《对楚王问》等，是两汉文赋的滥觞。文赋还吸收了《战国策》等的铺张扬厉的文风。文赋有大赋和小赋之分。

文赋中的大赋是两汉赋的代表。大赋以描写都城和宫廷为中心，宣扬大汉帝国的声威，词采华丽，气势磅礴。汉大赋代表作家是：枚乘、司马相如、扬雄、班固、张衡、王延寿。枚乘（？—前140），字叔。他的代表作《七发》，韵散结合，运用主客问答的形式，铺叙音乐、饮食、车马、游观、田猎、观潮，然后以劝谏结尾。这篇赋奠定了汉代散体大赋的特征，标志着汉代散体大赋的初步形成。司马相如（约前179—前118），字长卿，他是汉大赋首屈一指的作家，被后人称为“赋圣”。他的代表作是《子虚赋》和《上林赋》。两赋虚构出“子虚”“乌有”先生和“亡（无）是公”三个人物，通过他们之间的问答，放手铺写，结构宏伟、辞藻富丽，绘声绘色，极尽罗列之能事，开创了汉代大赋的新格局。司马相如还有《大人赋》《长门赋》《美人赋》《哀秦二世赋》等。扬雄（前53—后18），字子云，后世把他和司马相如并称为“扬马”。他的赋代表作品是《甘泉赋》《河东赋》《羽猎赋》《长杨赋》，其中《甘泉赋》采用了骚体赋形式。这四篇赋都是对帝王奢侈生活进行委婉讽喻。他还有《解嘲》《逐贫赋》和《酒箴》等小赋。扬雄还有《太玄》《法言》《方言》等学术著作。班固是著名史学家，亦善辞赋。他的大赋《两都赋》(《西都赋》《东都赋》)风格典雅，歌颂东汉王朝的建都立国。他还有《幽通赋》等。张衡(78—139)，字平子，著名天文学家、数学家。他模拟班固的《两都赋》作《二京赋》，规劝帝王要关爱百姓，精思傅会，十年乃成。《二京赋》篇幅宏大，对文物制度、各类行业(包括"百戏")都展开描写，刻画生动，具有史料价值。他还有《思玄赋》《温泉赋》《归田赋》等赋作。王延寿是一个早熟而早夭的作家。他的《鲁灵光殿赋》，颇有传神的刻画，为人称道。他的《梦赋》《王孙赋》也有新奇之处。

文赋中的小赋篇幅不太长，以抒发个人感受为主。东方朔(前154—前93)的《答客难》《非有先生论》是小赋的代表作品。东方朔是"滑稽之雄"，其作品风格诙谐。《答客难》采用主人和客人问答的形式，一步步抒发人才不得志的愤懑情绪。后来扬雄的《逐贫赋》《解嘲》和班固的《答客戏》，都受到其影响。王褒(汉宣帝时代人，生卒年不详)的《洞箫赋》《僮约》，也是小赋的著名作品。

(三)诗体赋，它以四言诗句为主，篇幅短小。可能是受《诗经》《天问》和"荀卿赋"的影响。如：扬雄的《酒赋》，刘歆的《灯赋》，张衡的《归田赋》，蔡邕的《青衣赋》。刘歆的《灯赋》只有10句。诗体赋也不完全是四言诗句。如：班固的《竹扇赋》是七言诗句，赵壹的《刺世疾邪赋》有四言、六言、七言和"兮"字句。

辞赋可以指赋，也可以分指歌辞和赋两类作品。赋喜欢铺叙，篇幅较长；而歌辞以抒情为主，比较短小，直接来源于楚地民歌，使用"兮"字句。大家熟知的作品有：项羽的《垓下歌》，汉高祖刘邦的《大风歌》《鸿鹄歌》，汉武帝的《秋风辞》，梁鸿的《五噫歌》等。

两汉辞赋特别是文赋中的大赋，具有明显的缺陷。如：题材比较狭窄，结构程式化，行文板滞，语言雕琢堆砌而且用词生僻。但是，不能否认两汉辞赋的历史地位。第一，它开拓了诗歌的题材和主题，特别是反映了大汉帝国的磅礴雄伟的气象和精神气势。第二,它描写事物讲究细腻刻画,运用语言力求丰富新奇。第三,它开创了新的文体。所以,在汉朝以后,历代都有大批辞赋作品。

魏晋南北朝时期的诗人在写作上都是诗、赋并重。他们继承两汉辞赋的传统而摆脱了两汉大赋的板滞,创作了不少脍炙人口的抒情小赋,其中有的辞赋吸收骈文特点而讲究对偶,叫作“骈赋”。著名作品如曹植的《洛神赋》,王粲的《登楼赋》,向秀的《思旧赋》,潘岳的《秋兴赋》,陶渊明的《归去来兮辞》《闲情赋》,鲍照的《芜城赋》《舞鹤赋》,江淹的《恨赋》《别赋》,谢惠连的《雪赋》,谢庄的《月赋》,萧绎的《荡妇秋思赋》,庾信的《小园赋》,等等。这些抒情小赋风格清新绮丽。此外,曹植的《鹞雀赋》开后代俗赋的先河,阮籍的《猕猴赋》以猴喻人,讽刺官场奸佞,陆机的《文赋》阐述文学理论,别具一格。这个时期也有大赋作品,如左思的《三都赋》,庾信的《哀江南赋》。

唐宋辞赋数量巨大,著名人物王绩、魏徵、李白、杜甫、韩愈、柳宗元等都是辞赋作家。唐宋还产生了“律赋”“新文赋”“俗赋”。“律赋”是科举考试的产物,应考者按照命题作赋,严格遵守命题、对仗、韵脚、篇幅的规定,因难见巧。但是,因受考试限制,难抒发真情实感。“新文赋”是在古文运动影响下产生的,句式自由,风格清新流畅,产生了一批脍炙人口的佳作。如杜牧的《阿房宫赋》、欧阳修的《秋声赋》、苏轼的前后《赤壁赋》。“俗赋”产生于民间,清朝末年从敦煌石室发现的唐朝俗赋有《晏子赋》《韩朋赋》《燕子赋》《茶酒论》等,语言通俗生动,风格泼辣,情节委曲,想象大胆。从元明直到清朝末年,大批著名人物仍然写作辞赋,如清末的王闿运、民主革命家章炳麟。

第五〇讲　乐府和“古诗”

乐府诗是继《诗经》等之后首先在民间兴起的一种新诗体。乐府本来是专门管理乐舞演唱教习的机构。秦朝曾经设立乐府，汉武帝时重建乐府，负责采集民间歌谣或文人的诗进行配乐。后世把乐府所搜

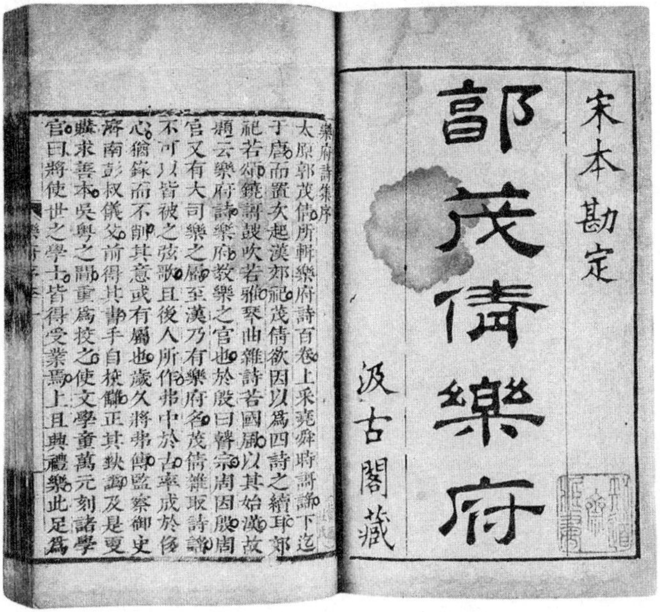

《郭茂倩乐府》

集整理的诗歌叫作乐府诗。北宋时代郭茂倩所编的《乐府诗集》100卷，是收集乐府歌辞最完备的一部总集。《乐府诗集》按照应用场合和曲调把乐府诗分为郊庙歌辞、燕射歌辞、鼓吹曲辞、横吹曲辞、相和歌辞、清商曲辞、舞曲歌辞、琴曲歌辞、杂曲歌辞、近代曲辞、杂歌谣辞和新乐府辞等12大类；大类中又分若干小类。乐府按照时代，可分为汉乐府和魏晋南北朝乐府。

《汉书·艺文志·诗赋略》著录了西汉乐府314篇，称为“歌诗”。

它说："自孝武立乐府而采歌谣，于是有代、赵之讴，秦、楚之风。皆感于哀乐，缘事而发。"东汉时代，乐府诗更加成熟。

汉乐府反映了广阔的社会生活。第一个重点是反映民间的疾苦。如《妇病行》《孤儿行》《平陵东》《东门行》等写民众的极度贫困和血泪控诉。《十五从军征》《战城南》等写战争灾难。《十五从军征》说，一个农民15岁入伍打仗，到80岁才回家，家园变成废墟，家里已经没有任何亲人。第二个重点是描写爱情和婚姻。如《上邪》："上邪！我欲与君相知，长命无绝衰。山无棱、江水为竭，冬雷震震、夏雨雪，天地合，乃敢与君绝。"诗歌以女主人公的口吻对爱情做坦露的表白，大胆泼辣、毫不掩饰。汉乐府还接触到生死主题。如：《日出入》由太阳的升降联想到人的寿命，并展开大胆想象：太阳落下是在另一个世界运行，诗人也期待能够驾驭六龙遨游天国。

汉乐府的主要诗句是五言，但也有二言、三言、四言、六言。汉乐府的叙事性比《诗经》大大进步了。如《陌上桑》用夸张描写、侧面烘托等手法渲染女主人公的美丽动人，用巧对使君的情节突出女主人公的品德和机智，人物的语言既严正又充满幽默。汉乐府还有一些出人意表的构思。如《枯鱼过河泣》："枯鱼过河泣，何时悔复及。作书与鲂屿，相教慎出入。"枯鱼为了关注自己的同伴，竟然会哭泣、会写信。又如《战城南》，极力渲染战场的苍凉、凄惨，阵亡战士的尸体被乌鸦啄食。诗人只好请求乌鸦在吃尸体前为死者哀号，真是震撼人的心灵。

魏晋南北朝时期，南方是汉族建立的政权，北方是匈奴、鲜卑等游牧民族建立的政权。地域风情和民族性格的差异，造成了南方乐府和北方乐府在主题、风格等方面的差异。人们形容这种差异说："骏马朔风漠北，杏花春雨江南。"南方乐府有以《子夜歌》为代表的"吴歌"和以《西洲曲》为代表的"西曲"，主要是抒发爱情，风格缠绵悱恻。如《西洲曲》用季节景物的推移和如泣如诉的抒情，细腻逼真地描写了女主人公的爱情心理，韵律和谐，朗朗上口，还采用了比喻、双关、顶真等修辞手法。北方乐府描写游牧生活和战争，具有尚武精神，风格刚健清新。如《敕勒歌》："敕勒川，阴山下。天似穹庐，笼盖四野。天苍苍，野茫茫，风吹草低见牛羊。"《木兰辞》是家喻户晓的作品，诗歌把叙事和抒情融为一体，塑造了一位光彩照人的女英雄形象，她孝顺、爱国、勇敢、坚强，热爱平凡的生活，不羡慕功名富贵。诗歌音韵铿锵，却本色自然，古朴刚健。

"古诗"特指文人学习乐府写的古体诗，主要是五言古体诗。东汉初期史学家班固的《咏史》是最早产生的五言古体诗，但是"质木无文"。文人五言"古诗"在东汉末年趋向成熟。叙事诗代表作品是《羽林郎》和《孔雀东南飞》，抒情诗代表作品是《古诗十九首》。

辛延年的《羽林郎》，是一首成功模仿民歌《陌上桑》的古诗。《孔雀东南飞》，正式名称是《古诗为焦仲卿妻作》。它产生于建安时代，是"古诗"中的一枚硕果。诗歌叙述焦仲卿和刘兰芝这一对恩爱夫妻的悲剧，他们反抗包办婚姻，生死不渝，双双自杀殉情。

《古诗十九首》反映了中下层文人的生活和思想情感。有的反映游子思念故乡和亲人，如《涉江采芙蓉》："涉江采芙蓉，兰泽多芳草。采之欲遗谁，所思在远道。还顾望旧乡，长路漫浩浩。同心而离居，忧伤以终老。"有的反映思妇对游子的思念，如《行行重行行》："行行重行行，与君生别离。相去万余里，各在天一涯；道路阻且长，会面安可知？胡马依北风，越鸟巢南枝。相去日已远，衣带日已缓；浮云蔽白日，游子不顾反。思君令人老，岁月忽已晚。弃捐勿复道，努力加餐饭！"《古诗十九首》还表现了文人在社会大动荡、思想大转变时期的追求与痛苦。如《回车驾言迈》："四顾何茫茫，东风摇百草。所遇无故物，焉得不速老。盛衰各有时，立身苦不早。"《生年不满百》："生年不满百，常怀千岁忧。昼短苦夜长，何不秉烛游？"

《古诗十九首》长于抒情，质朴自然，抑扬有致，韵味无穷，往往达到了情景交融、物我互化的艺术境界。如《冉冉孤生竹》："冉冉孤生竹,结根泰山阿。与君为新婚,兔丝附女萝。兔丝生有时,夫妇会有宜。千里远结婚,悠悠隔山陂。思君令人老,轩车来何迟!伤彼蕙兰花,含英扬光辉;过时而不采,将随秋草萎。君亮执高节,贱妾亦何为?”《古诗十九首》还善于使用叠字以增加诗歌的节奏美和韵律美。如《迢迢牵牛星》:“迢迢牵牛星,皎皎河汉女。纤纤擢素手,札札弄机杼。终日不成章,泣涕零如雨。河汉清且浅,相去复几许。盈盈一水间,脉脉不得语。”

文人七言“古诗”成熟比较迟。三国曹丕用乐府题目写的《燕歌行》是第一首完整成熟的文人七言“古诗”,他被人称为“七言之祖”,但可以说是孤军突起。直到两百多年以后,南朝的鲍照才创作了30多首七言乐府诗,成为文人大量创作七言“古诗”的里程碑。

第五一讲 魏晋南北朝诗歌

魏晋南北朝是一个战乱频繁的时代,也是思想和文学发生大转折的时代。诗人们继承和发展了乐府和汉代诗歌的传统,使五言古诗以及七言古诗发展成熟。诗人们又追求语言的精工,讲究音律,孕育了新的诗体“近体诗”。

汉献帝建安时代曹操当权,实际上结束了汉朝的统治,开始了新的时代。建安时代的诗人有“三曹”“七子”和蔡琰。“三曹”中,曹操的诗慷慨悲壮,曹丕的《燕歌行》是七言“古诗”成熟的标志,曹植的成就最高。曹植(192—232),字子建,是曹操第三子,曾封为陈王,谥号思,故又称陈思王。他是最杰出的建安诗人,是第一个大量写作五言古诗的诗人。他才华横溢,有七步成诗、才高八斗的美誉。《世说新语·文学》记载,其兄魏文帝曹丕命令他七步中作成诗,他应声便成诗:“煮豆持作羹,漉菽以为汁;萁在釜下燃,豆在釜中泣。本自同根生,相煎何太急!”谢灵运赞扬曹植说:“天下才有一石,曹子建独占八斗。”作品编为《曹子建集》,其中诗歌80多首,代表作有《送应氏》《白马篇》《赠白马王彪》《野田黄雀行》《杂诗》等。“七子”中,王粲的《七哀诗》、刘桢的《赠从弟》、陈琳的《饮马长城窟行》都是佳作。蔡琰是中国古代文学史上第一个有突出成就的女诗人。她的《悲愤诗》描写亲身的悲惨遭遇和精神剧痛,也代表了那个时代的平民特别是妇女的命运,感人至深。魏末正始时代诗人有阮籍、嵇康,阮籍的诗风格曲折幽深,嵇康的诗风格豪壮清新。

晋代诗人有张华、陆机、潘岳、左思、刘琨、郭璞等。张华、陆机是西晋初年诗坛的领袖,诗风华丽,追求语言精巧。潘岳诗风比较明畅,代表作品是《悼亡诗》。左思的《咏史》8首,表达对门阀制度的批判和对理想人格的追求。刘琨的《扶风歌》,风格遒劲,洋溢爱国热情。它们是这个时代出类拔萃的作品。郭璞的《游仙诗》也颇有成就和影响。在阮籍、嵇康、郭璞的影响下,产生了阐扬玄学的“玄言诗”,但这些诗缺乏诗歌的意象和激情。

陶渊明

陶渊明(365或372或376—427),一名潜,字元亮,私谥靖节。他不仅是东晋著名诗人,也是中国文学史上最杰出的田园诗人。他的田园诗以纯朴自然的语言描写淳朴平常而又具有理想色彩的田园风光,塑造出高远拔俗的意境,表现出弃绝官场的高尚节操。如《归园田居》第一首:

少无适俗韵,性本爱丘山。误落尘网中,一去三十年(当作“十三年”)。羁鸟恋旧林,池鱼思故渊。开荒南野际,守拙归园田。方宅十余亩,草屋八九间。榆柳荫后檐,桃李罗堂前。暧暧远人村,依依墟里烟。狗吠深巷中,鸡鸣桑树颠。户庭无尘杂,虚室有余闲。久在樊笼里,复得返自然。

陶渊明的田园诗为中国诗坛开辟了新天地,并直接影响到唐代的田园诗派。陶渊明还有咏怀诗和咏史诗,以《杂诗》《咏贫士》《咏荆轲》《读山海经》等为代表,抒发济世志向、政治苦闷,表达决不同流合污的人格追求。陶渊明作品最全面的传统注本,是清朝陶澍的《靖节先生集注》。

南北朝产生了几个重要诗歌现象。一是山水诗的繁荣。山水诗的开拓者是谢灵运。谢灵运,字灵运。“野旷沙岸净,天高秋月明”(《初去郡》),“明月照积雪,北风劲且哀”(《岁暮》),“池塘生春草,园柳变鸣禽”(《登池上楼》)等等,都是他留下的千古传诵的名句。谢朓、江淹、阴铿、何逊也有许多写景名句。如谢朓的“余霞散成绮,澄江静如练”(《晚登三山还望京邑》),“天际识归舟,云中辨江树”(《之宣城郡出新林浦向板桥》)。二是“永明体”的产生。南齐武帝永明年间(483—493),周颙、沈约、谢朓、王融等,发现了汉语音节有“平、上、去、入”四声,主张写诗要注意四声的搭配,同时要避免音律方面的“八病”,他们以及在他们影响下所创作的诗歌称为“永明体”。“永明体”孕育了近体诗。三是七言古诗的成熟。鲍照诗风俊逸,是第一个大量创作七言古诗的诗人。他的《拟行路难》18首都是从乐府脱胎的七言古诗。四是“宫体诗”的出现。“宫体诗”是梁、陈时代流行的宫廷文人们的作品,主要内容是描写女性的容貌体态和生活,风格轻艳柔靡。梁朝简文帝萧纲、陈朝后主陈叔宝及他们周围的文人,是宫体诗作家。

由南朝进入北朝的诗人有庾信、王褒等。庾信(513—581),字子山,是南北朝的最后一位重要诗人。他的代表作品是《拟咏怀》27首,这些诗描写北方景物,表达对南方故国的思念,风格苍凉。杜甫称赞说:“庾信平生最萧瑟,暮年诗赋动江关。”

第五二讲　近体诗的产生

中国是一个诗歌特别发达的国度。从上古到唐朝,先后产生了《诗经》、楚辞、赋、乐府、古体诗、近体诗(绝句和律诗)等各类诗体。《诗经》体以四言为主,楚辞体有一个特殊的标志字“兮”,赋体的句式散文化,乐府以五言句为主,五言古诗和七言古诗都是学习乐府民歌发展起来的。以上这些诗体都不讲格律,都是自由诗体。近体诗包括五言绝句、七言绝句、五言律诗、七言律诗,都是格律诗体,必须遵守严密的格律。因为近体诗萌芽于南朝,成熟于唐初,产生时间比古体诗晚,所以唐宋人称为“近体诗”或“今体诗”。

古体诗和近体诗的区别可概括为五个方面:(一)句数:古体诗句数无限制,篇幅可长可短;近体诗句数有限制,绝句每首四句,律诗每首八句(排律可成对增加)。(二)字数:古体诗每句字数有一定灵活性,特别是七言古诗。如李白《蜀道难》《梦游天姥吟留别》,杜甫《兵车行》,虽以七言为主,但有三言、四言、五言、八言、九言、十言等句式,以及楚辞句式、散文句式。近体诗每句字数固定,五绝和五律每句五字,七绝和七律每句七字,不得有任何突破。(三)用韵:①古体诗虽然一般是偶句押韵,但可以一句一韵(如岑参《白雪歌送武判官归京》),也可以允许某些句子不押韵(如乐府《江南可采莲》);近体诗规定偶句(第二、第四、第六、第八句)押韵,首句可以押韵也可以不押韵。②古体诗可押平声韵,也可押仄声韵;近体诗基本上只可押平声韵。③古体诗可一韵到底,也可中途换韵,可以仄声韵与平声韵交错;近体诗必须一韵到底,不能换韵。④古体诗用韵宽,发音相近的韵部(邻韵）可以互相通押；近体诗用韵严，一首诗只能用同一韵部的字，不能出韵。（四）对偶：古体诗对偶自由，可用对偶句，也可不用；近体诗中的律诗的中间两联必须用对偶句。（五）平仄：古体诗不讲平仄；近体诗要求合平仄。以上五项，平仄是关键的一项。古人把四声划分为平仄两类。平就是指的平声字；仄就是指的上声、去声、入声字。为什么要讲究平仄呢？这是因为当时平声发音平而舒缓，仄声发音有起伏，两者交替出现可以构成一种特有的交错回环之美，增添诗歌的艺术感染力。所以，讲究平仄是近体诗的根本特征。如果某一首诗，句数、字数、押韵等都合近体诗的要求，但是只要平仄不合，那它就不能算近体诗。

近体诗中，绝句的产生先于律诗。这是因为，绝句比较简短，五言绝句直接来源于五言四句的南朝民歌。五言绝句之后，才逐步产生五言律诗、七言律诗和七言绝句。近体诗所遵守的平仄格式叫作“平仄谱”。五言绝句、七言绝句、五言律诗、七言律诗各有 4 种平仄谱，总共有 16 种平仄谱。我们且看五言绝句的一种平仄谱（首句用平声开头而且不押韵的平仄谱。－代表平，|代表仄）。

古人云此水，－－－||
一歃怀千金。|||－－（韵）
试使夷齐饮，||－－|
终当不易心。－－||－（韵）

我们且分析这种绝句平仄的特点。1. 每个句子中都是平声字和仄声字交替出现，这叫作“平仄相间”。2. 两句构成一联，上句和下句的相对应处，上句用平，下句便用仄；上句用仄，下句便用平。这叫作“平仄相反”，或叫“平仄相对”。3. 上联的结句（第二句）与下联的出句（第三句），开头两个字平仄相同，使上下两联连起来。这叫作“平仄相黏”。因此,我们可以总结平仄谱构成的规律是:“一句之中,平仄相间;一联之中,平仄相反;两联之间,平仄相黏。”绝句和律诗的16种平仄谱都遵守这个构成规律。在节奏点(即停顿点)的地方,如每句的第二字、第四字,平仄应该严格;在不是节奏点的地方,如每句的第一字、第三字,平仄可放松一些。

这首例诗是东晋广州刺史吴隐之的《酌贪泉诗》。《酌贪泉诗》的用韵和平仄都符合构成规律,可见五言绝句是最早产生的近体诗。也许吴隐之是不自觉的,《酌贪泉诗》是偶然巧合。事物发展总是会经历由不自觉到自觉、由偶然到必然的过程。

吴隐之贪泉碑

南朝齐梁间周颙、沈约等提出“四声八病”,讲究平仄交错:“前有浮声,后有切响。”这就使近体诗的创作进入了自觉阶段。沈约、谢朓、王融、阴铿、庾信等的诗篇,讲平仄,讲对偶,已经奠定了律诗的基础。隋唐之际的诗人王绩,已经写出了第一首符合平仄谱的五言律诗《野望》:“东皋薄暮望,徙倚欲何依。树树皆秋色,山山唯落晖。牧人驱犊返,猎马带禽归。相顾无相识,长歌怀采薇。”到了初唐前期,宫廷诗人上官仪提出“六对”“八对”等对偶技巧,促进了律诗的发展;杜审言、沈佺期、宋之问等完成了七言绝句和五言律诗、七言律诗的定型。如杜审言的《渡湘江》是标准的七绝:“迟日园林悲昔游,今春花鸟作边愁。独怜京国人南窜,不似湘江水北流。”沈佺期的《古意呈乔补阙知之》(又作《独不见》)是完全成熟的七言律诗:“卢家少妇郁金堂,海燕双栖玳瑁梁。九月寒砧催木叶,十年征戍忆辽阳。白狼河北音书断,丹凤城南秋夜长。谁为含愁独不见,更教明月照流黄。”

近体诗不仅是中国古典格律诗产生和成熟的标志，不仅为讲究格律的词和曲开了先路，而且还提高了古体诗的语言技巧。唐朝诗人和后代诗人创作的古体诗，往往出现合符平仄与对偶的律句。如白居易的《琵琶行》与《长恨歌》中就大量出现这样的句子。

第五三讲　唐诗(上)

唐朝诗歌发展阶段的划分，最流行的是“四唐”说，即划分为初唐、盛唐、中唐、晚唐四个时期。

(一)初唐：从唐朝开国到唐睿宗时代(618—712)。初唐是唐诗的奠基期。初唐又有前后期之分。初唐前期诗歌受南朝齐梁浮艳诗风的影响较大，内容多局限于宫廷，讲究雕饰辞藻。如以上官仪为代表的“上官体”。但是，当时也有能够突破齐梁诗风和“上官体”影响的诗人。如王绩的诗歌意境清逸，诗僧王梵志、寒山、拾得等的诗歌宣传佛理，语言通俗，明白如话。初唐后期，杜审言、沈佺期、宋之问等完成了近体诗的定型，而且出现了自觉突破齐梁诗风的创作倾向。刘希夷的《代悲白头翁》和张若虚的《春江花月夜》，思考人生哲理，风格清新，是从齐梁宫体诗蜕变出的诗歌硕果。“初唐四杰”(王勃、杨炯、卢照邻、骆宾王)的诗歌，扩大了创作内容，提高了审美追求。陈子昂大声疾呼，反对齐梁的萎靡诗风，恢复风雅传统和汉魏风骨。这一切都为盛唐诗歌做了雄厚的铺垫。

(二)盛唐：从唐玄宗开元时代到唐代宗永泰元年(713—765)。盛唐是唐诗的鼎盛期，涌现了“山水田园诗派”和“边塞诗派”，产生了“诗仙”李白和“诗圣”杜甫。盛唐著名诗人还有贺知章、张九龄、常建、崔颢等。

山水田园诗派多用五言诗描写闲适的生活情趣，色彩清淡，意境幽深，以王维、孟浩然为代表。王维(701？—761)，字摩诘。他既是诗人，又是画家，他的《山居秋暝》《竹里馆》《鹿柴》等，皆诗画相融，动静相兼，层次丰富，声色俱佳。故苏轼说："味摩诘之诗，诗中有画；观摩诘之画，画中有诗。"因为王维的诗蕴含着空寂的禅理，故人们称王维为"诗佛"。著名的山水田园诗人还有储光羲、祖咏、裴迪等。

边塞诗派多用七言歌行和七言绝句描写边塞景物和军旅生活，格调悲壮，以高适、岑参为代表。高适《燕歌行》《别董大》，岑参《白雪歌送武判官归京》《走马川行奉送封大夫出师西征》《逢入京使》，王昌龄《出塞二首》《闺怨》，王之涣《凉州词》，王翰《凉州词》，李颀《古从军行》等都是脍炙人口的边塞诗篇。

李白(701—762)，字太白，号青莲居士。李白最突出的特色是：强烈地表现自我，追求个性的自由，热爱自然，蔑视权势；想象丰富，意境雄奇，情感豪迈奔放，风格清新飘逸。所以，现代文学史家都认为他是继屈原之后的伟大浪漫主义诗人。他思想深受道家和道教的影响，又喜欢求仙访道，所以被后人誉为"诗仙"。李白诗歌今存 900 多首，最有名的传统注本是王琦《李太白诗集注》。李白最擅长的体裁是七言歌行和绝句。

李　白

李白的七言歌行大开大合、跳跃跌宕。代表作品有《蜀道难》《将进酒》《宣州谢朓楼饯别校书叔云》等。且看《梦游天姥吟留别》：

海客谈瀛洲，烟涛微茫信难求；越人语天姥，云霞明灭或可睹。天姥连天向天横，势拔五岳掩赤城。天台四万八千丈，对此欲倒东南倾。我欲因之梦吴越，一夜飞度镜湖月。

湖月照我影，送我至剡溪。谢公宿处今尚在，渌水荡漾清猿啼。脚著谢公屐，身登青云梯。半壁见海日，空中闻天鸡。千岩万转路不定，迷花倚石忽已暝。熊咆龙吟殷岩泉，栗深林兮惊层巅。云青青兮欲雨，水澹澹兮生烟。列缺霹雳，丘峦崩摧。洞天石扉，訇然中开。青冥浩荡不见底，日月照耀金银台。霓为衣兮风为马，云之君兮纷纷而来下。虎鼓瑟兮鸾回车，仙之人兮列如麻。忽魂悸以魄动，恍惊起而长嗟。惟觉时之枕席，失向来之烟霞。世间行乐亦如此，古来万事东流水。别君去兮何时还？且放白鹿青崖间，须行即骑访名山。安能摧眉折腰事权贵，使我不得开心颜！

李白的五、七言绝句，风格清新明丽。如《静夜思》《早发白帝城》《望庐山瀑布》《送孟浩然之广陵》等都能达到“只眼前景、口头语，而有弦外音、味外味，使人神远”（《说诗晬语》）。

杜　甫

杜甫（712—770），字子美，自号少陵野老，因曾经有“工部员外郎”的官衔故人称“杜工部”。杜甫本来有诗集60卷，早已散佚。北宋时代王洙收辑1 400多篇，编为20卷的《杜工部集》。最详尽的传统注本是仇兆鳌《杜少陵集详注》，还有杨伦《杜诗镜铨》等。

杜甫是我国最杰出的现实主义诗人。诗人生活在唐朝由盛转衰的历史时期，他用诗歌反映社会的矛盾、国家的灾难、人民的疾苦，记录了历史的巨变，因而其诗被誉为“诗史”。杜甫忧国忧民，洋溢着儒家的仁爱精神和强烈的忧患意识，因而被称为“诗圣”。文学史家都以“沉郁顿挫”概括杜甫诗歌的独特风格。“沉郁”主要是指内容的深厚、情感的浓郁,“顿挫”主要是指艺术表达的曲折变化,语言的千锤百炼。

杜甫擅长古体诗,特别是擅长用五言古诗记事,其中有很多传诵千古的名篇,如《自京赴奉先咏怀五百字》、《北征》、《羌村三首》、“三吏”(《石壕吏》《新安吏》《潼关吏》)、“三别”(《新婚别》《无家别》《垂老别》)、《赠卫八处士》、《草堂》等。他的七古《兵车行》《茅屋为秋风所破歌》《观公孙大娘舞剑器行》《岁晏行》等名篇也继承了乐府诗的写实精神,并且因事命题,开创了新生面。杜甫的律诗和绝句成就也很高。五律如《春望》《月夜》《春夜喜雨》《登岳阳楼》,七律如《登高》《闻官军收河南河北》《秋兴》《咏怀古迹五首》,排律如《风疾舟中伏枕书怀三十六韵奉呈湖南亲友》,绝句如《八阵图》《江南逢李龟年》,等等。杜甫对后世影响巨大而深远。如:中唐时期,元稹《唐故工部员外郎杜君墓系铭并序》推崇杜甫说:“尽得古今之体势,而兼人人之所独专矣。……则诗人以来,未有如子美者。”元稹、白居易等人的新乐府创作直接继承了杜甫的现实主义传统。韩愈、孟郊诗派则发展了杜诗奇崛苍劲的风格。韩愈《调张籍》推崇李白、杜甫说:“李杜文章在,光焰万丈长。”晚唐时期,李商隐发展了杜甫精湛的诗艺,而杜荀鹤等传承了杜甫关心民瘼的衣钵。北宋时期,以杜甫为宗形成了“江西诗派”。南宋的陆游、文天祥,清初的顾炎武等等,无不对杜甫推崇备至。

(三)中唐:从唐代宗大历时代到唐文宗时代(766—840)。中唐仍然是唐诗的繁荣时期,作家众多,流派林立。大历至唐德宗贞元年间,韦应物、刘长卿、张继等的山水诗,“大历十才子”(钱起、李端、卢纶、韩翃、司空曙等)和李益等的边塞诗,都有一定成就;而元结、顾况等描写民间疾苦的诗歌,则成为新乐府的先驱。

唐宪宗元和年以后,出现了新乐府诗派和韩孟诗派。两派之外还有著名诗人刘禹锡、柳宗元、李贺。刘禹锡的诗豁达而诙谐,流畅而含蓄。柳宗元的诗,内容哀怨激越而风格淡泊雅丽。李贺号称“诗鬼”,

才气纵横，诗风奇崛幽峭，形象怪诞。

白居易

新乐府诗派的诗陈述民间疾苦，讽喻政治，语言通俗，风格朴素平易。白居易(772—846)，字乐天，号香山居士。他是新乐府诗派的领袖。他存诗3 000多首，成就最突出的是政治讽喻诗和叙事诗。政治讽喻诗的代表作品是组诗《新乐府》50 首和《秦中吟》10首，全面而系统地揭示了吏治、赋税、边塞、宫廷生活、妇女命运等社会问题。白居易用自觉的诗歌理论指导诗歌创作。《新乐府序》说："为君、为臣、为民、为物、为事而作，不为文而作也。"《与元九书》说："文章合为时而著，歌诗合为事而作。"《琵琶行》与《长恨歌》是我国不朽的古典叙事诗，其特点是叙事极精炼，重点是描写人物心理，渲染环境气氛，声随情起，情随事迁。唐宣宗悼念白居易的诗说："童子解吟《长恨》曲，胡儿能唱《琵琶》篇。文章已满行人耳，一度思卿一怆然。"新乐府诗派的重要诗人还有元稹、张籍、王建、李绅等人。

韩孟诗派的领袖是散文家韩愈。韩愈以文为诗，擅长七言古诗，如《山石》《石鼓歌》《八月十五夜赠张功曹》《谒衡岳庙遂宿岳寺题门楼》等诗都气势磅礴，意象雄浑。他的五古《南山诗》，一口气用50 多个"或"字领头的比喻句描写形态各异的山峦，逞才使气，充分显示了奇崛险怪的诗风。这个诗派的重要诗人还有孟郊、贾岛、卢仝、刘叉等。他们追求独特意象、刻意推敲字句，诗风奇奥险峭。

(四)晚唐：从唐武宗到唐灭亡(841—907)。晚唐最有艺术成就的诗人是李商隐和杜牧，二人有"小李杜"之称。杜牧(803—853)，字牧之,号樊川居士。他的七绝成就最高,风流潇洒,神味隽永。写景则情景交融,咏史则议论警拔。如《江南春》《清明》《泊秦淮》《赤壁》。李商隐(约813—约858),字义山,号玉谿生、樊南生。他的咏史诗善于借史述怀。他的《无题》诗更是独具一格。这些《无题》诗描写伤感凄恻的爱情,还可能蕴涵着政治失意的苦闷,意境幽远,辞藻精丽,声调和美,回肠荡气。晚唐末期,皮日休、聂夷中、杜荀鹤、罗隐等人的诗歌反映百姓疾苦,则继承了新乐府运动的优良传统。晚唐末期重要诗人还有温庭筠、韩偓、韦庄、郑谷、齐己、司空图等。

第五四讲　唐诗(下)

唐诗是唐朝文学的最高成就,也是我国古典诗歌的最高峰。唐诗繁荣的突出表现有三个方面:

第一,作家和作品众多。胡震亨《唐音统签》统计,有别集的诗人就有690多家。清朝康熙年间,彭定求等奉敕编纂唐诗,他们以胡震亨《唐音统签》和季振宜《唐诗》为基础,编成《全唐诗》(曹寅奉旨刊刻),共收2 837名作者的49 403首诗歌(还附有唐五代词)。今人王重民等又收辑增补,得诗2 000多首,中华书局汇编为《全唐诗外编》。这50 000多首诗歌并不是唐诗的全部,是历经岁月淘洗而留下的部分作品。帝王将相、后妃宫女、官员贵

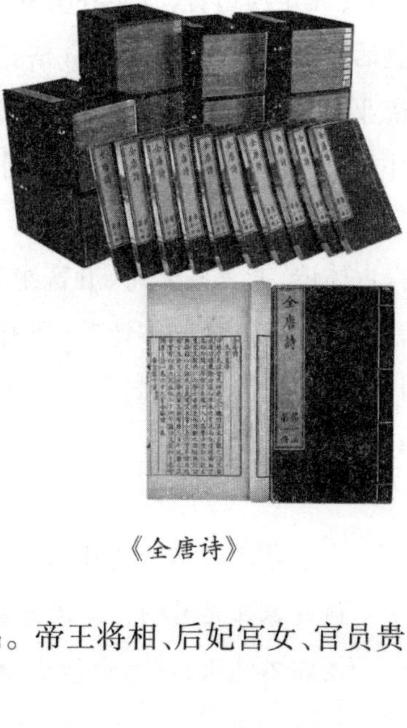

《全唐诗》

戚、僧道士兵、商贩农工、老弱妇孺，各种人都喜欢写诗。这是涌现李白、杜甫、王维、白居易、李贺、李商隐、杜牧等一大批优秀诗人的群体基础。

第二，题材广阔，开掘深入。明媚的山水、荒凉的边塞、远征的士兵、漂泊的游子、寂寞的空闺、劳苦的农夫、贪残的官吏、缠绵的爱情、真挚的友谊等都进入诗人们的描述。所以，闻一多说："凡生活中用到文字的地方，他们一律用诗的形式来写，达到任何事物无不可以入诗的地步。"(《闻一多说唐诗》)更重要的是，不仅描述内容广阔，而且主题的挖掘都达到了相当深度。如王之涣的写景诗《登鹳雀楼》："白日依山尽，黄河入海流。欲穷千里目，更上一层楼。"20个字写了景的开阔，登楼的层次，更蕴涵着诗人的胸襟和给人启迪的理趣。杜荀鹤写酷吏的诗《再经胡城县》："去岁曾经此县城，县民无口不冤声。今来县宰加朱绂，便是生灵血染成。"民冤和升官，构成对比；"朱绂"跟"血"，意象相融，可谓开掘深刻，构思巧妙。陈陶写战争的《陇西行》："可怜无定河边骨，犹是春闺梦里人。"曹松写战争的《己亥岁》："凭君莫话封侯事，一将功成万骨枯。"章碣写暴政的《焚书坑》："竹帛烟销帝业虚，关河空锁祖龙居。坑灰未冷山东乱，刘项原来不读书。"这些并非第一流诗人的作品，都达到了相当深度。

第三，体裁兼备，艺术精纯。前代所创造的一切诗体，乐府诗、五言古体诗、七言古体诗、五言绝句、七言绝句、五言律诗、七言律诗、四言诗、六言诗、楚辞体诗等，还有民间刚产生的词体，唐诗都具备。而且，吸收前代诗人的艺术成果，达到了精纯的境界。如张若虚《春江花月夜》：

春江潮水连海平，海上明月共潮生。滟滟随波千万里，何处春江无月明！江流宛转绕芳甸，月照花林皆似霰。空里流霜不觉飞，汀上白沙看不见。江天一色无纤尘，皎皎空中孤月轮。江畔何人初见月？江月何年初照人？人生代代无穷已，江月年年只相似。不知江月待何人，但见长江送流水。白云一片去悠悠，青枫浦上不胜愁。谁家今夜扁舟子？何处相思明月楼？可怜楼上月徘徊，应照离人妆镜台。玉户帘中卷不去，捣衣砧上拂还来。此时相望不相闻，愿逐月华流照君。鸿雁长飞光不度，鱼龙潜跃水成文。昨夜闲潭梦落花，可怜春半不还家。江水流春去欲尽，江潭落月复西斜。斜月沉沉藏海雾，碣石潇湘无限路。不知乘月几人归，落月摇情满江树。

全诗紧扣“春”“江”“花”“月”“夜”，而又以“月”为主体展开描写，诗情随着月轮的生落而起伏曲折，又灌注了人生哲理。闻一多称赞这首诗说：“诗中的诗，顶峰上的顶峰。”（《宫体诗的自赎》）又如崔颢最为人称道的《黄鹤楼》：“昔人已乘黄鹤去，此地空余黄鹤楼。黄鹤一去不复返，白云千载空悠悠。晴川历历汉阳树，芳草萋萋鹦鹉洲。日暮乡关何处是？烟波江上使人愁。”沈德潜《唐诗别裁》评此诗说：“意得象先，神行语外，纵笔写去，遂擅千古之奇。”据说李白到了黄鹤楼都为之搁笔。

唐诗繁荣的因素是多方面的，客观因素主要有两个。一是有利的社会背景。唐朝国力兴盛，文化政策开放包容，并且重视诗歌创作。二是历代积累的艺术经验。从《诗经》、楚辞到乐府，积累了相当深厚的诗歌艺术经验，唐朝诗人们借鉴、发扬、改造、创新，从而攀登上了古典诗歌的高峰。

最适合初学者入门的传统唐诗选本，首推蘅塘退士编选的《唐诗三百首》。

第五五讲　宋诗

宋诗和唐诗，不仅是两个朝代诗歌的总名，而且代表了两种不同的诗风和创作方法。它们的差异表现在：1. 唐诗主言情，多注重描写和抒发对事物的形象感受，风格含蓄，以情韵取胜；宋诗喜说理，多从理性上把握事物，风格直露，以理趣见长。2. 唐诗语言自然流丽，无斧凿痕迹；宋诗追求语言技巧，而且往往把散文的章法、句法引入诗中。宋诗以理趣见长，跟宋朝哲学发展有密切关系。欧阳修、王安石、苏轼等诗人都是思想家，而程颢、朱熹等理学家也喜欢写诗。

宋朝印刷术已经很发达，所以宋诗保存下来的作品不少。《全宋诗》共收两宋9 000多名诗人的诗歌，是《全唐诗》4 倍。宋诗的发展，首先应该划分为北宋和南宋两个大阶段。

从北宋开国到宋真宗时代，是宋诗沿袭唐诗的时期。这个时期的诗歌基本上沿袭唐朝的不同诗派。主要诗人有王禹偁、林逋，还有“西昆体”诗人。从宋仁宗时期开始，宋诗开始形成独立的风格。首先是欧阳修、梅尧臣、苏舜钦等著名诗人主张诗文革新，接着是王安石、苏轼、黄庭坚相继主盟诗坛。这些诗人自觉学习杜甫、韩愈的关注和议论现实的诗篇，使朝野诗风为之一变，形成了宋诗的独特风格。苏轼、黄庭坚是北宋最重要的诗人。

苏轼(1037—1101)，字子瞻，号东坡居士。他诗、词、散文、书法皆精。他存诗2 700多首。他以散文的句法和气势写诗，描写穷形尽相，既能反映国计民生，又能从平常事物中参悟哲理。他的诗风格豪放，潇洒自如，充满理趣。如：

水光潋滟晴方好，山色空蒙雨亦奇。欲把西湖比西子，

苏　轼

淡妆浓抹总相宜。(《饮湖上初晴后雨》)

横看成岭侧成峰,远近高低各不同。不识庐山真面目,只缘身在此山中。(《题西林壁》)

人生到处知何似,应似飞鸿踏雪泥。泥上偶然留指爪,鸿飞那复计东西。老僧已死成新塔,坏壁无由见旧题。往日崎岖还记否,路长人困蹇驴嘶。(《和子由渑池怀旧》)

诗歌或把对自然现象的观察上升为哲理,或把人生感受转化为理性反思。总之,苏轼代表了宋诗的独特生面。

黄庭坚

黄庭坚(1045—1105),字鲁直,号山谷道人,晚号涪翁。他和秦观、晁补之、张耒都曾经游学于苏轼门下,故合称为“苏门四学士”。黄庭坚的诗歌法度严谨,刻意求新,风格瘦硬挺拔。在他影响下形成了一个影响巨大的诗派。因为他是江西人,所以这个诗派叫作“江西诗派”。江西诗派以杜甫为祖,以黄庭坚、陈师道、陈与义为宗,号称“一祖三宗”。这个诗派崇尚写诗技巧:一是注重字词章句的锤炼。他们提出诗有“句中眼”(后人称为“诗眼”),就是注重对关键字词的推敲。他们追求诗句简易、命意曲折。二是提倡既化用古人的诗文名句又要推陈出新,“要字字有来处”,要“点铁成金、夺胎换骨”。

宋钦宗靖康元年(1126),金兵南下,攻占开封,俘虏宋钦宗和宋徽宗。靖康二年(1127),把开封城搜刮一空,掳走宋钦宗、宋徽宗和后妃、皇族共3 000多人,北宋灭亡,百姓也遭受巨大的苦难,史称“靖康之乱”。靖康(1126—1127)这两年的干支纪年恰好是丙午年和丁未年,术数家称为“赤马红羊浩劫”。这次浩劫,促成了诗风的巨大转变,决定了南宋诗歌的新特点,那就是高扬爱国精神。

1127 年,南宋朝廷建立。南宋前期,抗敌、北伐成为时代精神的主流,也成为诗歌的基本主题。陆游、杨万里、范成大、尤袤号称“中兴四大诗人”。杨万里的诗歌善于捕捉独特的景象,风格自然活泼,幽默诙谐,富有情趣,被称为“诚斋体”。范成大最突出的作品是《四时田园杂兴》60 首。这 60 首田园组诗,全面描写了农村的自然风光、季节风俗、劳动场面以及农民的疾苦灾难,散发出浓郁的泥土气息,风格质朴自然,是集我国古代田园诗大成的作品。

陆　游

陆游(1125—1210),字务观,号放翁。他自己说“六十年间万首诗”,今《陆放翁全集》存诗9 300余首。陆游诗歌内容广泛,最主要的内容是抒发慷慨报国的热情和河山没有收复的悲愤,风格奔放悲壮。且看:

早岁那知世事艰,中原北望气如山。楼船夜雪瓜州渡,铁马秋风大散关。塞上长城空自许,镜中衰鬓已先斑。出师一表真名世,千载谁堪伯仲间。(《书愤》)

死去元知万事空,但悲不见九州同。王师北定中原日,家祭无忘告乃翁。(《示儿》)

《书愤》回忆早年参加抗战的昂扬斗志,也倾诉了壮志未酬的悲愤。《示儿》是临终的嘱托。这两首诗体现了陆游爱国诗歌的突出特点:一是亲身参加战斗,一是爱国热情至死不渝。所以梁启超《读陆放翁集》赞扬说:“诗界千年靡靡风,兵魂销尽国魂空。集中什九从军乐,亘古男儿一放翁。”陆游描写田园风光的诗歌色彩明丽,往往蕴含哲理。如:“山重水复疑无路,柳暗花明又一村。”(《游山西村》)陆游的爱情诗也真挚不渝,回肠荡气。如陆游 75 岁时写的诗句:“梦断香消四十年,沈园柳老不吹绵。此身行作稽山土,犹吊遗踪一泫然。”(《沈园二首》之一)

南宋后期出现了“永嘉四灵”和“江湖诗派”。南宋末年,国破家亡,英雄的诗歌和爱国遗民的诗歌最感人肺腑。文天祥是他们的杰出代表。文天祥(1236—1283),号文山。他为拯救祖国的危亡而出生入死,百折不回,被俘后决绝一切威逼利诱,从容以身殉国。他的《过零丁洋》《正气歌》《绝笔诗》等都表达出浩然正气。《过零丁洋》中“人生自古谁无死?留取丹心照汗青”的诗句,永远激励着仁人志士。

金朝是跟宋对立的北中国王朝,金朝诗歌代表人物是元好问。元好问(1190—1257),号遗山。他存诗1 300余首,最有价值的是反映金元之际社会苦难的“丧乱诗”和《论诗三十首》。

宋朝以后仍然有不少著名诗人。如元朝的耶律楚材、刘因、赵孟頫、杨维桢、王冕、萨都剌;明朝的刘基、高启、李梦阳、王世贞、唐寅、杨慎、袁宏道、江盈科、陈子龙、夏完淳;清朝的顾炎武、王夫之、钱谦益、吴伟业、王士禛、查慎行、沈德潜、厉鹗、袁枚、郑板桥、赵翼、黄景仁;近代的龚自珍、黄遵宪、陈三立、秋瑾,以及诗僧八指头陀、苏曼殊,等等。他们或推崇唐诗,或推崇宋诗,他们最好的作品是植根于时代而自出机杼的诗歌。

第五六讲　宋词

词是继乐府之后起源于民间的新诗体。它孕育于隋末唐初，成型于中唐，成熟于五代，繁盛于两宋。词本是歌曲的唱词，所以，词又名曲子词、曲子、歌曲、乐章、乐府。

词以乐曲谱命名，叫作"词调"。如《清平乐》《如梦令》《忆江南》《念奴娇》《水调歌头》《声声慢》等。后来音乐失传了，便只留下了句式与平仄。宋朝以后的人根据前代作品的平仄，汇编为"词谱"。最早的词谱是明朝张綖的《诗余图谱》，成熟的词谱是清朝万树的《词律》。康熙皇帝命词臣王奕清等编成的《钦定词谱》最完备精密，共收 826 个词调，2 306 体。还有一本流行的通俗词谱，即清人舒梦兰编的《白香词谱》，收常用词调 100 个，便于初学入门。

词调的体式特点是："调有定句，句有定字，字有定声。"具体表现为：1. 句式参差，长短交错，故被称为"长短句"。2. 受到近体诗的影响，讲究平仄，所以被称为"近体乐府"或"诗余"。3. 用韵比近体诗自由。可用平声韵，也可用仄声韵；可一韵到底，也可换韵。4. 词可以分段，每段叫一片或叫一阕。分上下两片的最多。如：《忆江南》不分片，《虞美人》分两片，《兰陵王》分三片，《莺啼序》分四片。且举《忆江南》词调为例（－代表平，|代表仄，+代表可平可仄）：

－+|，+||－－（韵）。+|+－－||，+－+||－－（韵）。+||－－（韵）。

这个平仄谱便是从名作概括出来的。如白居易词："江南好，风景旧曾谙。日出江花红胜火，春来江水绿如蓝。能不忆江南？"苏东坡词:"春未老,风细柳斜斜。试上超然台上望,半壕春水一城花,烟雨暗千家。"第一句,白居易词是"平平仄",苏东坡词是"平仄仄",所以词谱规定第二个字可平可仄。词谱中的词调虽然很多,但每个词人常用的词调少。而且前人填词多依音乐,后人填词则模仿名家名作的句式平仄,只要记住一些名家名作便可模仿,不必呆记词谱中的平仄。在不是节奏点的地方平仄可放松一些。词调中,篇幅比较短的叫作"小令",篇幅比较长的叫作"慢词"。如《十六字令》《如梦令》《声声慢》《莺啼序》等。词的句式长短自由,突破了古诗特别是近体诗的局限,而且适应了汉语双音节化的发展趋势,这是中国诗歌发展史上的又一次巨大进步。

唐五代词是宋词的先驱。今人搜辑的《全唐五代词》共有2 500多首。敦煌发现的曲子词是唐朝民间词,中唐的张志和、白居易等开始写作文人词,晚唐的温庭筠、韦庄专注于词的创作。温庭筠词色彩浓艳而结构精密,韦庄词清丽疏朗,对词的发展各有贡献。五代词的创作中心是西蜀国和南唐国。西蜀国的词人编了《花间集》,以温庭筠、韦庄为鼻祖,花间派词人有孙光宪等。南唐国著名词人有冯延已、李璟、李煜。李煜(937—978),南唐后主。他是我国古代杰出的词人。李煜善于用白描的手法抒写他的生活感受,意境优美,感情纯真,语言自然而精炼。特别是亡国之后的词,倾吐身世家国的感受,突破了词以艳情为主的藩篱,扩大了词的表现领域。如:

李 煜

虞美人

春花秋月何时了?往事知多少。小楼昨夜又东风,故国不堪回首月明中。　雕栏玉砌应犹在，只是朱颜改。问君能有几多愁？恰似一江春水向东流。

宋词是词的高峰，是宋朝最有特色的文学创作。《全宋词》共收录宋朝1 300多名词人的近两万首词。

北宋著名词人有范仲淹、张先、晏殊、柳永、欧阳修、晏几道、苏轼、秦观、贺铸、周邦彦等。其中影响最大的是柳永、苏轼、周邦彦。柳永（约987—约1053），宋词体制的开拓者，“婉约派”首领，作品编为《乐章集》。他善于使用的词调有100多个，并且大部分是独创的词调；他特别善于创作篇幅比较长、从容铺叙的慢词，用来描写都市生活和市井风光，描写市民阶层男女之间的爱情，描写羁旅行役。如：

雨霖铃

寒蝉凄切，对长亭晚，骤雨初歇。都门帐饮无绪，留恋处，兰舟催发。执手相看泪眼，竟无语凝噎。念去去，千里烟波，暮霭沉沉楚天阔。　多情自古伤离别，更那堪，冷落清秋节！今宵酒醒何处？杨柳岸，晓风残月。此去经年，应是良辰好景虚设。便纵有千种风情，更与何人说？

苏轼是继柳永之后，宋词内容和风格的开拓者。他突破了词为“艳科”的传统格局，他的词像诗体一样，不仅有词调标题，还往往有内容标题，内容广泛，思想开阔，风格多样而充满豪情，因而开创了跟“婉约派”迥然不同的“豪放派”。如《念奴娇·赤壁怀古》《水调歌头·中秋》《水龙吟·次韵章质夫杨花词》《江城子·密州出猎》《江城子·乙卯正月二十日夜记梦》《八声甘州·寄参寥子》《贺新郎·夏景》等，都是不朽佳作。

周邦彦（1056—1121），号清真居士。作品《清真居士集》已佚，今存《片玉集》。其词格律谨严，语言典雅精丽，影响巨大，被“婉约派”词人尊为“格律正宗”，甚至称他为“词家之冠”或“词中老杜”。

李清照

南宋最有代表性的词人是李清照、辛弃疾、姜夔。李清照（1084—约1151），号易安居士，古代著名的女词人，有“千古第一才女”的美誉。词集名《漱玉词》。靖康之乱前的词，主要写自然风光和离别相思，风格清新活泼，婉转曲折，如《如梦令》《醉花阴》等。靖康之乱后的词，主要写怀乡悼亡，抒发亡国痛苦，风格凄丽，如《菩萨蛮》（风柔日薄春犹早）、《蝶恋花》（上巳召亲族）、《永遇乐》（落日熔金）、《声声慢》（寻寻觅觅）等。

辛弃疾

辛弃疾（1140—1207），号稼轩，中国古代杰出的豪放派爱国词人。《稼轩长短句》存词600多首，内容非常广阔，风格变化多样。但是，强烈的爱国思想和战斗精神是辛词的主要内容，雄伟奔放是辛词的主要风格。如《破阵子·为陈同甫赋壮词以寄之》《永遇乐·京口北固亭怀古》《水龙吟·登建康赏心亭》《菩萨蛮·书江西造口壁》等。即使是写景词，也洋溢着爱国情怀。如《太常引·建康中秋夜为吕叔潜赋》：“一轮秋影转金波，飞镜又重磨。把酒问姮娥：被白发、欺人奈何！　乘风好去，长空万里，直下看山河。斫去桂婆娑，人道是、清光更多。”辛派词人有张元干、张孝祥、陈亮、刘克庄等。

姜夔（约 1155—1209），号白石道人，南宋杰出的格律派词人。《白石道人歌曲》收词 100 多首，其中包括 17 首自己谱写的工尺谱。他的词风格清空典雅、瘦硬峭拔，又吸收了《离骚》的艺术营养。代表词作有《暗香》《疏影》《扬州慢》《点绛唇》等。姜派著名词人有吴文英、史达祖、高观国、周密、王沂孙、蒋捷、张炎等。

宋朝以后也有不少著名词人，其中最有特色的当数清朝的纳兰性德。纳兰性德(1655—1685)，字容若，满洲正黄旗人。王国维说："纳兰容若以自然之眼观物，以自然之舌言情，此由初入中原，未染汉人风气，故能真切如此，北宋以来，一人而已。"

第五七讲　元散曲

曲是继词之后起源于民间的新诗体。王国维《宋元戏曲史自序》说："唐之诗，宋之词，元之曲，皆所谓一代之文学，而后世莫能继焉者也。"

词以乐曲谱命名，叫作"词调"；曲也以乐曲谱命名，叫作"曲牌"。它们都是长短句，但是有区别：(一)押韵差别。宋词可以中途换韵，元曲不可以中途换韵，要一韵到底，即使是由多支曲子组成的"套数"，也要一韵到底。宋词不可以平仄通押，元曲平仄可以通押，而且不忌重韵(韵脚字可重复出现)，不忌赘韵（不必押韵的地方也可押韵）。（二)平仄差别。宋词按传统的平、上、去、入四声划分平仄，元曲按当时中原地区的四声（入声消失，平声分为阴平、阳平）划分平仄。（三）字数差别。宋词字数要求比较严，一般不突破词谱规定的字数；元曲往往突破曲谱规定的字数，添加或多或少的"衬字"。（四）风格差别。曲比词更通俗，又多诙谐作品。（五）结构差别。宋词分片，元曲不分片。(六)曲牌跟音乐结合得非常紧,曲牌都标明宫调。记载曲牌的专著,有清朝初年李玉的《北词广正谱》和现代吴梅的《南北词简谱》。

元曲有小令、带过曲、套数三种结构类型。小令是单独使用一支曲子。且看:

> +－+|－－(韵),+－+|－－(韵),+|+－||(韵)。+－－|(韵),+－+|－－(韵)。
>
> 枯藤老树昏鸦,小桥流水人家,古道西风瘦马。夕阳西下,断肠人在天涯。

这就是小令《越调 · 天净沙》的曲谱,例曲是马致远《越调 · 天净沙 · 秋思》。如果接连使用同一支曲子吟咏一个主题,就叫"重头",相当于组诗。《雍熙乐府》所著录的最长的"重头",是接连用 100 支《小桃红》小令吟咏《西厢记》故事。

"带过曲"是用一支小令带上另外一支或两支小令,共同吟咏一个题目。如张养浩的带过曲《双调 · 雁儿落带得胜令 · 退隐》:

> 云来山更佳,云去山如画,山因云晦明,云共山高下。//依杖立云沙,回首见山家。野鹿眠山草,山猿戏野花。云霞,我爱山无价。看时行踏,云山也爱咱。(//前为《雁儿落》,后为《得胜令》)

"套数"是把宫调相同的多支曲牌套用(组合)在一起,再加上煞尾。最著名的"套数"如马致远《双调 · 夜行船 · 秋思》,由[夜行船][乔木查][庆宣和][落梅风][风入松][拨不断][离亭晏煞]组成;睢景臣《般涉调 · 哨遍 · 高祖还乡》,由[哨遍][耍孩儿]及[五煞][四煞][三煞][二煞][一煞][尾声]等组成;刘时中《正宫 · 端正好 · 上高监司》，由[端正好][滚绣球][倘秀才]及[三煞][二煞][一煞][尾声]等组成。

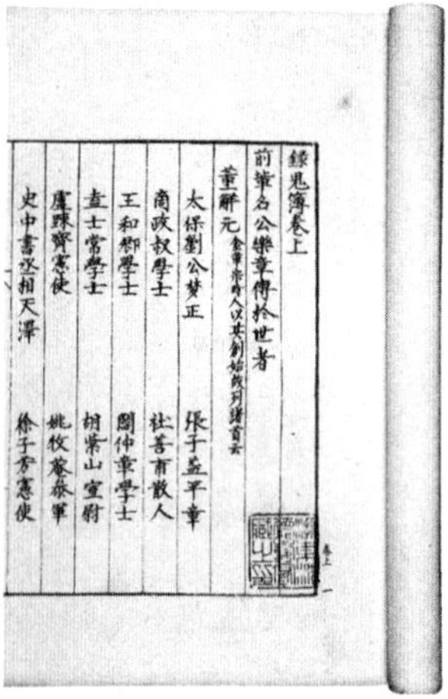
錄鬼簿卷上
前輩名公樂章傳於世者
董解元 金章宗時人以其創始故列諸首云
太保劉公夢正 張子益平章
商政叔學士 杜善甫散人
王和卿學士 閻仲章學士
盍士常學士 胡紫山宣尉
盧疎齋憲使 姚牧菴參軍
史中書丞相天澤 徐子芳憲使

《录鬼簿》

马致远

元散曲有200多名作家的3 800多首小令和457套套曲传世。主要作家有关汉卿、白朴、马致远、卢挚、姚燧、冯子振、贯云石、张养浩、乔吉、睢景臣、刘时中、张可久、徐再思、周德清、钟嗣成等。周德清的《中原音韵》，总结元曲韵律，具有极高的学术价值。钟嗣成的《录鬼簿》著录了150余个散曲和杂剧作家，是散曲和戏剧史的宝贵资料。

元散曲用作戏曲的唱词，就成了"元杂剧"，杂剧每折戏的唱词都是一个套数，都是一韵到底。那已经不是一般的诗歌，而是属于戏曲的范围。

曲起源于民间通俗歌曲，有"北曲"和"南曲"的分别。北曲盛行于元朝，故称"元曲"。南曲起源于南方歌曲，盛行于明朝。明朝散曲兼用北曲和南曲，有400多名作家的10 500多首小令和2 054套套曲传世。主要作家有王磐、陈铎、冯惟敏、薛论道等。明朝和清朝"传奇"（戏曲）的唱词都用南曲。

第五八讲　先秦两汉散文

散文是一种自由书写的文学体裁,其特点是“形散神聚”。它可以叙事,可以说理,可以抒情,它结构自由、写法多样,不拘一格,也不押韵,这叫作“形散”;好的散文要突出中心,要有贯穿全文的线索,这叫作“神聚”。我国传统文学中最发达的体裁,第一是诗歌,第二是散文。

散文中,叙事散文发展最早。从殷商甲骨文、西周铜器铭文,到《周易》《尚书》,已经具有记事散文的雏形。春秋战国时代的《左传》《国语》《战国策》都是相当成熟的叙事散文。《左传》善于叙事,如《郑伯克段于鄢》,不仅把事件的起因、经过、结果,讲得有条不紊,波澜起伏,而且人物栩栩如生:郑庄公的处变不惊、老谋深算,姜氏的偏私任性,共叔段的恃宠骄纵,都跃然纸上。《曹刿论战》《殽之战》《齐桓公伐楚盟屈完》《烛之武退秦师》等,也都是广为传诵的描述战争和外交辞令的名篇。《战国策》的文风铺张扬厉,对后代论说文有巨大影响。汉朝的《史记》《汉书》等都是优秀的叙事散文。《史记》中的人物传记,无论叙事还是人物描写都是传统叙事散文中的巅峰。它描叙历史事件使人如临其境,描叙历史人物栩栩如生,笔端充满感情,文字富有神韵。如《项羽本纪》《魏公子列传》《李将军列传》等非常脍炙人口。所以,《史记》受到刘向、班固、韩愈、柳宗元、欧阳修、归有光、公安派、桐城派等的一致推崇,成为我国叙事散文的典范,并且影响了小说和戏曲创作。

说理散文成熟于百家争鸣的时代。诸子散文由语录体发展为对话体,最后发展为结构完整的论说文。其中,《孟子》《庄子》《荀子》《韩非子》特色突出。《孟子》富有雄辩性,风格犀利,气势磅礴。如《孟子·梁惠王上》批评梁惠王说:“庖有肥肉,厩有肥马,民有饥色,野有饿莩,此率兽而食人也。兽相食,且人恶之;为民父母,行政不免于率兽而食人,恶在其为民父母也?”当面批评君主,不留情面,句式整散交错,声调铿锵有力,具有银河直下九天的气势。《孟子》中的许多比喻、寓言和语句都成为成语,丰富了祖国的文学语言。如“舍生取义”“缘木求鱼”“水深火热”“揠苗助长”“为渊驱鱼”“一曝十寒”“专心致志”“杯水车薪”“引而不发”“顿开茅塞”“五十步笑百步”“不以规矩,不能成方圆”等。《庄子》文章艺术水平很高,情节生动,想象奇特,风格汪洋恣肆而辛辣幽默,特别善于运用寓言把深奥的哲理阐述得通俗明白。如《逍遥游》中大鹏与小鹌鹑的生动对比,《齐物论》中对风的形容铺叙,《秋水》篇对黄河与大海的描绘,对河伯形象的生动刻画。《荀子》的文章风格醇厚,语句严整,循循善诱。如《劝学》篇讲学习要不断进取积累,要有恒专一:“青,取之于蓝,而青于蓝;冰,水为之,而寒于水。”“积土成山,风雨兴焉;积水成渊,蛟龙生焉;积善成德,而神明自得,圣心备焉。”“不积跬步,无以至千里;不积小流,无以成江海。”“锲而舍之,朽木不折;锲而不舍,金石可镂。”《韩非子》文风峻峭,观点鲜明,说理透彻。他的《五蠹》等篇是先秦时代说理文完全成熟的标志性篇章。《韩非子》像《孟子》《庄子》一样善于运用譬喻和寓言故事说理。秦朝实行文化专制,几乎没有文学作品问世。鲁迅《汉文学史纲要》说:“秦之文章,李斯一人而已。”李斯有价值的文章是《谏逐客书》。两汉时代说理散文发达,代表作家有陆贾、贾谊、晁错、刘安、桓宽、刘向、刘歆、桓谭、王充、王符、仲长统等。贾谊的政论文最为突出。《过秦论》上、中、下三篇是贾谊政论文的代表作,总结了秦王朝二世而亡的历史教训,具有战国纵横家的风格。文章结构精妙缜密,先扬后抑,从秦王朝的兴盛写起,援用史实,逐层推进,前后关合照应,到篇末才“画龙点睛”,说出结论:“仁义不施而攻守之势异也。”文章成功运用铺陈、排比、衬托、渲染、夸张的手法,波澜起伏,气势磅礴。这篇文章对汉朝乃至整个封建时代的政治决策有巨大影响。

抒情散文的发展成熟离不开书信。先秦书信，大多数是陈述政治见解，抒情成分少。只有《战国策》中记载的《乐毅报燕惠王书》抒情成分比较多。两汉的书信抒情成分增强。著名的有邹阳《狱中上梁王书》，司马迁《报任安书》，杨恽《报孙会宗书》，枚乘《上书谏吴王》，朱浮《为幽州牧与彭宠书》，李固《遗黄琼书》等。它们开了后世抒情散文的先河。

先秦两汉没有独立成篇的写景散文。写景散文的成熟，得益于魏晋南北朝的骈文。

第五九讲　骈文

骈文是通篇以对偶句为主的文章。因为两匹马并排驾车叫“骈”，所以称这种文章为“骈文”，也可以称“骈俪文”或“骈偶文”。又因为文中对偶句经常是四字句、六字句，故也称“四六文”。

骈文起源于汉魏，盛行于南北朝。先秦时代的诗歌、散文中已经出现许多对偶句，古老的《尚书》《诗经》中也有。到了汉魏时代，人们写文章已经开始讲究对偶，如曹丕的《与吴质书》等。西晋时代，骈文已经成熟，如李密《陈情表》、陆机《吊魏武帝文》《豪士赋序》等。南北朝时骈文盛行，著名作品如颜延之《陶征士诔》、鲍照《登大雷岸与妹书》、丘迟《与陈伯之书》、孔稚珪《北山移文》、陶弘景《答谢中书书》、吴均《与朱元思书》、徐陵《玉台新咏序》、庾信《哀江南赋序》等。刘勰的文学理论巨著《文心雕龙》也是用骈文写的。

唐朝前期仍然盛行骈文。唐朝公文一般用骈文书写，如魏徵《谏太宗十思疏》、陆贽《陆宣公奏议》。唐朝著名骈文有王勃《滕王阁序》、骆宾王《为徐敬业讨武曌檄》、李华《吊古战场文》等。《吊古战场

滕王阁

文》押韵，吸收了赋的特点。

骈文的特点，一是通篇以对偶句为主，二是讲究辞藻华丽，三是喜欢暗中引用典故。且看《滕王阁序》：

豫章故郡，洪都新府。星分翼轸，地接衡庐。襟三江而带五湖，控蛮荆而引瓯越。物华天宝，龙光射牛斗之墟；人杰地灵，徐孺下陈蕃之榻。雄州雾列，俊彩星驰。台隍枕夷夏之交，宾主尽东南之美。都督阎公之雅望，棨戟遥临；宇文新州之懿范，襜帷暂驻。十旬休假，胜友如云；千里逢迎，高朋满座。腾蛟起凤，孟学士之词宗；紫电清霜，王将军之武库。家君作宰，路出名区；童子何知，躬逢胜饯。

时维九月，序属三秋。潦水尽而寒潭清，烟光凝而暮山紫。俨骖騑于上路，访风景于崇阿。临帝子之长洲，得天人之旧馆。层峦耸翠，上出重霄；飞阁流丹，下临无地。鹤汀凫渚，穷岛屿之萦回；桂殿兰宫，即冈峦之体势。

披绣闼，俯雕甍，山原旷其盈视，川泽纡其骇瞩。闾阎扑地，钟鸣鼎食之家；舸舰弥津，青雀黄龙之舳。云销雨霁，彩彻区明。落霞与孤鹜齐飞，秋水共长天一色。渔舟唱晚，响穷彭蠡之滨；雁阵惊寒，声断衡阳之浦。

遥襟甫畅，逸兴遄飞。爽籁发而清风生，纤歌凝而白云遏。睢园绿竹，气凌彭泽之樽；邺水朱华，光照临川之笔。四美具，二难并。穷睇眄于中天，极娱游于暇日。天高地迥，觉宇宙之无穷；兴尽悲来，识盈虚之有数。望长安于日下，目吴会于云间。地势极而南溟深，天柱高而北辰远。关山难越，谁悲失路之人？萍水相逢，尽是他乡之客。怀帝阍而不见，奉宣室以何年？

嗟呼！时运不齐，命途多舛。冯唐易老，李广难封。屈贾谊于长沙，非无圣主；窜梁鸿于海曲，岂乏明时？所赖君子见机，达人知命。老当益壮，宁移白首之心？穷且益坚，不坠青云之志。酌贪泉而觉爽，处涸辙以犹欢。北海虽赊，扶摇可接；东隅已逝，桑榆非晚。孟尝高洁，空余报国之情；阮籍猖狂，岂效穷途之哭！（下略）

这篇序文是千古传诵的骈文名篇。它格律严格，句式以四六句为主而又参差变化。它大量用典，或正或反，或明或暗，一气贯注。它风格华丽，以瑰丽多彩的文笔，把秋日的美景表现得出神入化，充满了诗情画意。然后借景抒情，感怀时事，慨叹身世，抒发了渴望积极入世的抱负和怀才不遇的磊落不平之气，表达了虽身处逆境却不甘沉沦、自勉自励的强烈情怀。文章结构缜密，围绕中心事件展开，首尾以叙事之笔起结，中间以写景、抒情为全文的重点，每个部分相互照应，脉络贯通。

魏晋南北朝骈文盛行，但是仍然有许多优秀散文作品。单篇文章如诸葛亮《出师表》、嵇康《与山巨源绝交书》、王羲之《兰亭集序》、陶渊明《桃花源记》《五柳先生传》。专门著作如陈寿《三国志》、范晔《后汉书》、郦道元《水经注》、杨衒之《洛阳伽蓝记》、颜之推《颜氏家训》。这些作品语言明快,不刻意讲究骈偶而略带骈偶。

中唐古文运动兴起,骈文稍受挫折,但仍然有地位。如李商隐、温庭筠、段成式都是骈文能手,因为他们三人的排行都是第十六,故世称"三十六体"。北宋古文运动以后,骈文才基本衰落。但是,后代仍然有不少写骈文的高手,如清朝的汪中。

骈文是植根于汉语和汉字特点的一种特殊文体,汉语音节整齐而讲究对偶,汉字一字一音而形体方正,是大量形成对偶句的基本条件。骈文极力发掘汉语的特点,讲究音乐美、色彩美,提高了文章的艺术水平。但是,由于过分追求对偶和华丽,所以往往妨碍表达广阔的内容和复杂的思想情感。

[附录]

对　联

对联,是独立出现的对仗(对偶)句,由两个对仗的句子或两组对仗的句群组成,前面的叫作上联,后面的叫作下联。对联张贴在大堂两旁的楹柱上,故又称"楹联"。对联大约起源于唐末、五代之际,是受骈文与律诗的对仗句的影响而形成的。相传我国最早的对联是五代后蜀主孟昶写的春联:"新年纳余庆,佳节号长春。"

对联一般比骈文短,上联和下联之间对偶的要求比骈文更严:1. 字数相等;2. 句式相似,节奏(停顿)一致;3. 相应位置的词,要求词性相同,要求平仄相反;4. 内容统一,相辅相成。且看举世闻名的长联昆明大观楼对联(孙髯翁作):

昆明大观楼对联

五百里滇池，奔来眼底。披襟岸帻，喜茫茫空阔无边。看东骧神骏，西翥灵仪，北走蜿蜒，南翔缟素。高人韵士，何妨选胜登临。趁蟹屿螺洲，梳裹就风鬟雾鬓；更苹天苇地，点缀些翠羽丹霞。莫孤负四围香稻，万顷晴沙，九夏芙蓉，三春杨柳。（上联）

数千年往事，注到心头。把酒凌虚，叹滚滚英雄谁在？想汉习楼船，唐标铁柱，宋挥玉斧，元跨革囊。伟烈丰功，费尽移山心力。尽珠帘画栋，卷不及暮雨朝云；便断碣残碑，都付与苍烟落照。只赢得几杵疏钟，半江渔火，两行秋雁，一枕清霜。（下联）

对联具有应用性，主要用于庆祝。从内容分类，迎春的叫春联，庆祝新婚、寿辰、房屋落成、事业开张的叫喜联，哀悼死者的叫挽联，吟咏名胜古迹的叫名胜联，还有赠人联、自题联、格言联，等等。对联又具有装饰性。它可以出现在园林、名胜、庙观、桥梁、住宅、铺面等各类建筑物上;住宅对联,可贴在门前,可贴在大堂,也可贴在卧房、书房、厨房等处。因此,有园林联、名胜联、庙观联、桥梁联、铺面联、大堂联、书房联等。

对联实际上是一种特殊的诗歌体裁。它可以写景,可以叙事,可以抒情,可以说理。写对联成功的关键是贴切,贴其景、贴其事、贴其人。如昆明大观楼对联,可谓情景交融,超迈古今。又如题杭州岳坟前铁槛联:“青山有幸埋忠骨,白铁无辜铸佞臣。”即物评理,令人叫绝。陶澍做官后写的自题座右铭:“要半文不值半文,莫道人无知者;办一事须了一事,如此心乃安然。”自警诫人,掷地有声。

对联的内容,倾向于歌颂,但也可以讽刺;对联的风格,倾向于庄重,但不排斥诙谐。对联还讲究某些特殊的修辞技巧。如:“此木为柴山山出,因火成烟夕夕多。”这副对联运用“析字格”,巧妙地把“柴”拆成“此木”,把“出”拆成“山山”,把“烟”拆成“因火”,把“多”拆成“夕夕”,又自然地描绘了山村傍晚的景色。

对联往往配上“横幅”,或称“横批”,一般是四个字,具有点题的作用。此外,古代盛行“对对子”。出上联,叫别人对下联,叫作“对对子”。许多历史名人都有善于“对对子”的故事。

第六〇讲　唐宋古文

骈文过分追求对偶和华丽,往往妨碍表达广阔的内容和复杂的思想情感。所以,唐宋古文运动应运而生。这个运动分两大阶段:第一阶段是唐朝古文运动。陈子昂、萧颖士、李华、元结、独孤及、柳冕等人,先后提出文章要宗经明道,使用散体。中唐时代,以韩愈为首正式掀起了唐朝古文运动。他提出"文以明道",提倡恢复先秦散文关注现实的优秀传统,反对片面追求形式的骈文。他把先秦散文叫作"古文"。韩愈的战友是柳宗元,他们的追随者有李翱、皇甫湜、孙樵、樊宗师等。韩愈去世后,骈文再度兴盛。虽然,晚唐时代皮日休、陆龟蒙、罗隐等人的小品文内容充实而笔锋犀利,被鲁迅誉为"一塌糊涂的泥塘里的光彩和锋芒"(《小品文的危机》),但是,古文又被骈文战胜了。第二阶段是宋朝古文运动。北宋初年,出现了以杨亿、刘筠为代表的"西昆体",追求声律骈丽,文风浮靡。王禹偁、穆修、孙复、柳开、石介等又开始提倡古文。接着,范仲淹、李觏、尹洙、石延年、苏舜钦、梅尧臣、宋祁、欧阳修等再次掀起新的古文运动,并取得完全胜利。欧阳修是运动的领袖,他培养了曾巩、王安石、苏洵、苏轼、苏辙等著名人才。

唐宋古文运动中最优秀的作家是韩愈、柳宗元、欧阳修、曾巩、王安石、苏洵、苏轼、苏辙,号称"唐宋八大家"。明人茅坤编选了《唐宋八大家文钞》。其中,韩愈、柳宗元、欧阳修、苏轼四家尤其突出,风格各异。韩文如澎湃的江潮,柳文如活泼的清泉,欧文波澜不惊,苏文汪洋恣肆。

韩　愈

韩愈(768—824),字退之。因为韩姓郡望是"昌黎",故世人称韩愈为"韩昌黎"。作品编为《韩昌黎集》。韩愈恢复先秦古文的务实传统,拓展了古文的应用领域。韩文构思巧妙,感情充沛,又善于运用对照、排比、比喻,气势磅礴。他的论说、杂感、记传、行状、碑志、哀祭、书启、赠序都写得非常出色,成为后代典范。如《原道》《原毁》《师说》《杂说》《答李翊书》《张中丞传后叙》《柳子厚墓志铭》《祭十二郎文》《送孟东野序》《送李愿归盘谷序》《送董邵南序》

等。韩愈主张“惟陈言之务去”“词必己出”,精心锤炼语句。例如《进学解》一篇之中,就创造了“业精于勤”“刮垢磨光”“含英咀华”“闳中肆外”“提要钩玄”“异曲同工”“俱收并蓄”“贪多务得”“佶屈聱牙”“焚膏继晷”“动辄得咎”“啼饥号寒”“投闲置散”等流于后世的成语。

柳宗元

柳宗元(773—819),字子厚,河东解(今山西运城西南)人,故世称“柳河东”。后因官至柳州刺史,故又称“柳柳州”。其作品编为《柳河东集》。柳宗元散文风格清峻,大致可分为四类。(一)论说类:思想深刻,见解新颖,论证精确。如《天说》《封建论》《桐叶封弟辨》《送薛存义之任序》《贺进士王参元失火书》等。(二)寓言类:善于讽刺、抨击当时社会的丑恶现象。如《三戒》《罴说》等。(三)传记类:有的以真人真事为基础,如《箕子碑》《段太尉逸事状》《捕蛇者说》《童区寄传》等;有的可能具有虚构成分,如《梓人传》《种树郭橐驼传》。(四)山水游记:最脍炙人口的是“永州八记”(《始得西山宴游记》《钴鉧潭记》《钴鉧潭西小丘记》《小石潭记》等),作品借美好景物寄寓自己的遭遇和怨愤,风格或峭拔峻洁,或清邃奇丽。

欧阳修(1007—1072),字永叔,自号醉翁、六一居士,谥号文忠,世称“欧阳文忠公”。著述繁富,散文和诗词编为《欧阳文忠公集》,还有合修的《新唐书》、独撰的《新五代史》,以及《集古录》等。欧阳修具有疑古精神,在哲学方面是“宋学”的先行者。欧阳修主张“文道并重”“文从字顺”,又努力提举后进,在散文方面是北宋文坛的领袖。他的议论文,或直接参与政治斗争,旗帜鲜明,如《与高司谏书》《朋党论》,或表达对历史、人生的深刻思考,如《纵囚论》《五代史·伶官传序》《五代史·宦者传论》。他的记叙文、写景文、哀祭、碑志等都言之有物，语言简洁流畅，文气纡徐委婉，创造了一种平易自然的新风格。例如《醉翁亭记》《相州昼锦堂记》《丰乐亭记》《释秘演诗集序》《梅圣俞诗集序》《祭石曼卿文》《泷冈阡表》等。

欧阳修

苏轼（1037—1101），字子瞻，自号东坡居士，作品编为《东坡七集》（扩充为《东坡全集》）。苏轼擅长写史论，往往自出机杼，翻空出奇，作惊人之论，有纵横家习气。如《刑赏忠厚之至论》《范增论》《留侯论》《贾谊论》《晁错论》《平王论》等。这些文章流传极广，成为当时士子参加科场考试的范文。苏轼的记游、杂说、书札等形式活泼，当行即行，当止就止，夹叙夹议，叙事、抒情、议论三者水乳交融。如《喜雨亭记》《凌虚台记》《超然台记》《放鹤亭记》《石钟山记》《记承天寺夜游》《潮州韩文公庙碑》《上梅直讲书》《方山子传》等。

唐宋古文运动的功劳是扭转了长期统治文坛的形式主义潮流，使文学语言获得一次解放。而且，运动的领导者虽然反对骈文的浮艳，但是并没有抛弃骈文锤炼语言文字的技巧。如范仲淹《岳阳楼记》，就具有散文、骈文、赋三者结合的特点。韩愈、柳宗元、欧阳修、苏轼等的文章也往往吸收骈文的句法，而且欧阳修、苏轼还写作骈文。

唐宋古文既能继承和发扬先秦两汉文章内容充实、见解深刻的传统，又能批判吸收骈文锤炼语言文字的技巧，从而把我国古代散文推向了高峰。元明清散文家大多数奉唐宋古文为正宗，各自有所成就。如明朝的“唐宋派”“公安派”“竟陵派”，清朝的“桐城派”。

总结前面三讲，我们可以勾画出中国传统散文的发展轨迹：先秦两汉散文→骈文→唐宋古文。初学者阅读传统散文，《古文观止》可以作为第一级阶梯。

第六一讲　文言小说

中国文言小说的源头，可以追溯到古代的神话、传说、寓言和历史故事。“小说”一词最早见于《庄子·外物》。《汉书·艺文志》著录先秦西汉15名小说家的1 380篇作品都已经亡佚，它给小说定义说：“小说家者流，盖出于稗官。街谈巷语，道听涂说者之所造也。”《庄子·外物》和《汉书·艺文志》所说的“小说”是指缺乏系统精深主张的言论，其中包括传说故事。小说在汉朝仍然处于酝酿阶段。今天所见到的所谓“汉人小说”，如《燕丹子》《神异经》《海内十洲记》《汉武故事》等，基本上是魏晋时期及更后时期的托名之作。

魏晋南北朝是我国小说的萌芽时期。这个时期产生的小说，据《古小说简目》统计，达到80种，今存30多种。魏晋南北朝小说可以分为志怪小说、轶事小说两类。志怪小说主要内容是谈鬼神怪异，这跟社会频繁变乱和佛教、道教盛行有密切关系。如《列异传》《幽明录》《博物志》《齐谐记》《续齐谐记》《搜神记》《搜神后记》《异苑》《拾遗记》《述异记》《还冤志》《宣验记》《冥祥记》《神异记》《神仙传》等。干宝的《搜神记》是最有代表性的志怪小说。干宝（？—336），著名史学家，著作丰富，其《晋纪》20卷被称为“良史”。干宝的《搜神记》保存了许多古代民间的传说，如“干将莫邪”“李寄斩蛇”“紫玉韩重”“韩凭妻”“董永”等已经初步具备了小说的规模，对后世小说有深远影响。所以，有人称《搜神记》为“后世小说之祖”。轶事小说主要是记录人物的轶闻琐事，其代表作品是刘义庆（403—444）的《世说新语》。《世说新语》分为“德行”“言语”“政事”“文学”等门类，它选材精彩，语言简练，往往寥寥几笔就勾画出一个人物的精神风貌。魏晋南北朝以志怪为主的小说,一般只有情节梗概,缺少细节描写和人物形象刻画,所以只能说是小说的萌芽。但是,它孕育了后代的小说。

《搜神记》

唐朝文言文小说叫作"传奇"。唐传奇进入小说创作的自觉阶段,内容广阔,生活气息浓厚,艺术成熟,塑造了一批鲜明的人物形象。宋朝洪迈说:"唐人小说,不可不熟。小小情事,凄婉欲绝,洵有神遇而不自知者。与诗律可称一代之奇。"鲁迅《中国小说史略》说:"叙述宛转,文辞华艳,与六朝之粗陈梗概者较,演进之迹甚明,而尤显者乃在是时则始有意为小说。"唐传奇创作丰富,有一大批优秀作家作品。作家们还编撰了多部传奇专集,如牛肃《纪闻》、牛僧孺《玄怪录》、李复言《续玄怪录》、袁郊《甘泽谣》、裴铏《传奇》等。"传奇"之名就取自裴铏编的《传奇》。

唐传奇描写最多的内容是神怪、侠义、爱情婚姻、社会问题四类。(一)神怪类传奇。唐前期传奇《古镜记》《补江总白猿传》等继承了南北朝志怪小说传统,但是篇幅加长,情节曲折、描绘生动,大大超越了志怪小说。神怪类传奇最优秀的作品是李朝威的《柳毅传》。它写书生柳毅传书搭救洞庭龙女的故事。描写细致,文辞瑰丽,而且人物形象鲜明,龙女之美丽多情,柳毅之侠义诚信,洞庭君之宽厚大度,钱塘君之轰烈磊落,皆跃然纸上。情节丰富,想象奇特,"雨工"化为群羊,揭水进入龙宫,赤龙身长千尺,都表现出优美的想象力。今洞庭湖君山有"柳毅井",更是故事深入民心的一个证据。此类传奇还有沈既济《任氏传》、李公佐《无支祁》、陈玄祐《离魂记》、许尧佐《柳氏传》、沈亚之《湘中怨解》，以及《玄怪录》中的《齐推女》《郭元振》，《续玄怪录》中的《定婚店》《杜子春》，《传奇》中的《裴航》《孙恪》，段成式《酉阳杂俎》中的《长须国》《叶限》，等等。（二）侠义类传奇。此类传奇宣传侠义精神，以情节曲折奇妙取胜。最脍炙人口的作品是杜光庭的《虬髯客传》，还有《甘泽谣》中的《红线》，《传奇》中的《聂隐娘》《昆仑奴》等等。（三）爱情婚姻类传奇。最优秀的作品有白行简的《李娃传》、蒋防的《霍小玉传》、元稹的《莺莺传》等。《李娃传》描写郑生和李娃的恋爱故事，情节曲折，波澜起伏，文笔细腻生动，塑造出性格鲜明的人物形象，表现了门阀制度与爱情的冲突。（四）社会问题类传奇。此类传奇最优秀的作品是李公佐的《南柯太守传》。它是一篇有名的梦幻故事，通过梦境讽刺了人们所孜孜追求的荣华富贵的虚幻。它利用蚂蚁群居、有王、有分工的特性展开想象，又是一篇成功的动物世界幻想故事。小说文笔工丽生动，充满人生爱恋之情与离别之感。跟《南柯太守传》齐名的作品是沈既济的《枕中记》，它通过梦境着重反映宦海风涛，文笔简隽。此外，陈鸿的《长恨歌传》和《东城老父传》揭露招致“安史之乱”的祸根是唐玄宗后期的朝政腐败，李公佐的《谢小娥传》歌颂小娥为父报仇，《纪闻》中的《吴保安》歌颂吴保安的弃家救友和郭仲翔的负骨报恩，它们都反映了不同的社会问题。

传奇成为唐朝以后文言小说的楷模。宋朝李昉等编撰的 500 卷《太平广记》是我国第一部文言小说总集，唐传奇大部分作品靠它保存下来。宋朝刘斧的《青琐高议》和洪迈的《夷坚志》都是大型故事书，其中颇有优秀传奇作品。宋朝传奇比较好的作品还有《绿珠传》《杨太真外传》《梅妃传》《李师师外传》等。明朝著名文言小说有蔡羽的《辽阳海神传》，瞿佑的小说集《剪灯新话》。李祯的《剪灯余话》、邵景瞻《觅灯因话》都是追随《剪灯新话》的。明朝还有汇刻文言小说的风气，如冯梦龙汇刻的《情史》，共汇集 870 多篇文言小说。

《聊斋志异》

蒲松龄

清朝蒲松龄(1640—1715)的《聊斋志异》是我国文言小说的高峰。蒲松龄著作丰富,《聊斋志异》是其倾注毕生精力的作品。《聊斋志异》共有故事近500篇,以幻想情节反映广阔的社会生活。蒲松龄把“志怪”和“传奇”熔为一炉,想象丰富,情节曲折,描写细腻传神,往往把人带入一个能够消除社会不平、人间灾祸以及生离死别的美妙境界。《聊斋志异》大多数是对民间鬼狐花妖故事的精心的艺术加工,故又被称为《鬼狐传》。作家塑造艺术形象的特点是把故事主人公的自然特性和社会性有机结合,写得狐有狐形、鬼有鬼态、物有物性。全书著名篇章有《崂山道士》《画皮》《婴宁》《阿宝》《连城》《翩翩》《罗刹海市》《促织》《小谢》《席方平》《胭脂》《阿纤》《瑞云》《葛巾》《黄英》《晚霞》《红玉》等。清朝著名文言小说故事集还有张潮《虞初新志》、袁枚《新齐谐》、纪晓岚《阅微草堂笔记》、沈起凤《谐铎》、长白浩歌子《萤窗异草》、宣鼎《夜雨秋灯录》等。

第六二讲　说唱文学

说唱文学也叫讲唱文学,叙事多用散文,赞叹多用韵文。说唱文学的主要特点是既说又唱,其次是内容世俗化、语言口语化(使用白话)。汉族传统文学中缺乏典型的长篇叙事诗,但是,说唱文学非常发达。

唐朝佛教盛行,城市经济繁荣,我国最早的说唱文学变文应运而生。和尚们演唱佛经故事招徕听众时,借鉴和发扬印度佛经故事有说有唱的特点而首先创造了变文。如《目连救母变文》《降魔变文》等。因为它既有说,跟韵文不同;又有唱,跟散文不同,所以叫作变文。后来,民间艺人用变文演唱世俗故事,如《王昭君变文》《伍子胥变文》《孟姜女变文》《董永变文》《张义潮变文》等。变文是我国说唱文学之祖,而且推动了我国白话小说、戏曲文学的产生、发展和成熟,以说为主叙述故事就成了小说,分角色而以唱为主就成了戏曲。

宋、金时期,说唱艺术日益繁盛。最流行的形式是诸宫调,还有鼓子词。诸宫调演唱长篇故事,唱词采用多种宫调的乐曲,说白跟唱词配合。今存者有《西厢记诸宫调》《刘知远诸宫调》《天宝遗事诸宫调》。其中唯一保存完整的作品是《西厢记诸宫调》,又称《董西厢》。作者董解元,大概生活于金章宗时期。《董西厢》故事取自唐朝元稹的《莺莺传》,但是对原作的故事情节、主题、人物性格等都做了大幅度的改变,成功塑造了张生、莺莺、红娘、法聪、老夫人等人物形象,表现了爱情和礼教的冲突,语言风格质朴。无论哪个方面,《董西厢》都是王实甫的《西厢记》的先驱。当然,诸宫调是叙述体,跟代言体的戏剧还有本质差别。鼓子词是连用一个词牌歌吟事物,如宋朝欧阳修的《渔家傲·十二月鼓子词》。

《董西厢》

明清时期的说唱艺术体裁丰富多彩。先是元朝和明朝产生了词话,如《大唐秦王词话》。词话发展出鼓词、弹词两个系统,大多数演唱长篇故事。

鼓词主要流行于北方,唱词多用十字句,伴奏以鼓板击节为主。历史故事是鼓词的主要内容,如《三国志》《水浒传》《杨家将》《大明兴隆传》等。个别作品不演唱故事而是评议历史,最著名的作品是贾凫西的《木皮散人鼓词》。

弹词主要流行于南方,唱词多用七字句,伴奏以琵琶为主。弹词有使用普通话的“国音弹词”和使用方言的“土音弹词”。“国音弹词”最成功的作品是《天雨花》《再生缘》《榴花梦》,它们的作者都是才女。《天雨花》是陶贞怀作,写明朝末年左维明、左仪贞父女反对阉党并壮烈殉国的故事。《再生缘》是陈端生作,写才女孟丽君争取婚姻自主和考状元、掌兵权、任宰相的故事,表达了妇女要求解放的强烈愿望。

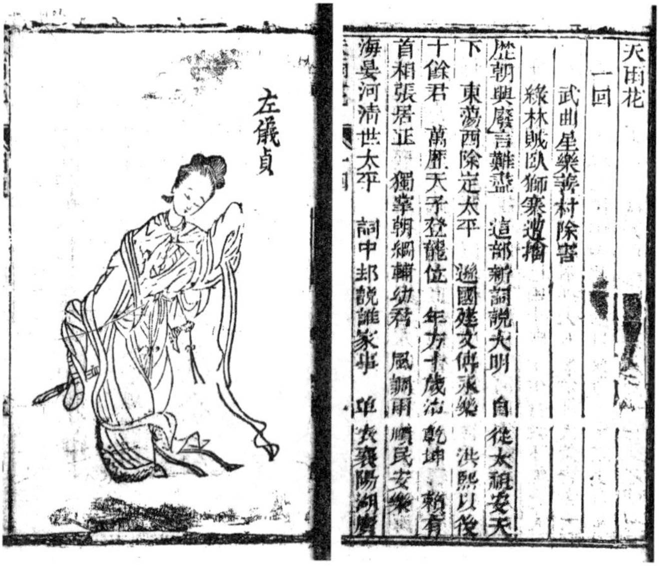

《天雨花》

《榴花梦》是李桂玉作,假托唐朝桓、罗、梅、桂四个家族的坎坷遭遇影射清朝的现实,塑造了巾帼英雄桂桓魁。它长达720回,约483万字。“土音弹词”中,以“吴音弹词”最有影响,著名作品有《三笑姻缘》、《珍珠塔》、《义妖传》(即《白蛇传》)等。弹词还吸收戏曲形式,在说唱者叙述体中夹杂了“生白”“生唱”“旦白”“旦唱”之类的人物代言体。

明清说唱文学,除了鼓词、弹词,还有宝卷、子弟书等。宝卷作者大都是出家的僧尼,主要内容是佛经故事,也有其他神道故事和民间故事。满族八旗子弟创作的说唱文学是子弟书。子弟书体裁跟鼓词接近,用八角鼓击节伴奏,取材范围广泛,有的出于《红楼梦》《三国演义》《聊斋志异》《金瓶梅》等著名小说,多选取原书中富于戏剧性冲突的一段小故事进行加工渲染。传世作品很多,傅惜华编《子弟书总目》共录公私所藏的“子弟书”达446种,共1 000多部。子弟书著名作家有罗松窗、韩小窗,罗氏代表作有《红拂私奔》《杜丽娘寻梦》《百花亭》《庄氏降香》等,韩氏代表作有《露珠缘》《黛玉悲秋》《长坂坡》《下河南》等,他们取得了相当高的艺术成就。

蒙古族的好来宝也是一种说唱艺术。它有固定的曲调和唱词。一般是两人拉琴对唱或一人自问自答。说唱演员不但能拉会唱,而且有触景生情的灵感,有随编随唱的本领,具有民族和地方特色。

藏族18世纪出现的长篇小说,大多数是说唱文学体裁。如才仁旺阶的《勋努达美》,罗卓甲措的《郑宛达瓦》。19世纪的寓言小说有《猴鸟故事》等。它们都受印度佛经影响,散文和偈颂相间,叫作"伯玛体"。

侗族的说唱文学叫"君",大约在元明之际受汉族说唱文学影响而产生。流传作品有反映青年男女恋爱的《采桑之歌》,反映婚姻习俗的传说《美道之歌》等。

壮族有末伦(巫调)等各种各样的说唱文学。末伦的曲目,往往借用汉族故事,如《二度梅》《昭君和番》《杨家将》《山伯英台》等。

我国近现代流行的评话、大鼓、道情、琴书、快板、三棒鼓、渔鼓等也在清朝粗具规模。

第六三讲　话本和拟话本

变文在宋元时代发展为小说和戏曲。小说以说为主,戏曲以唱为主。小说又叫"说话"。由于城市经济繁荣和说话的职业化,产生了说话的家数,共分四家:小说、说经、讲史、合声(生)。小说家,讲述烟粉(爱情婚姻)、公案、灵怪故事。代表作品有《快嘴李翠莲记》《闹樊楼多情周胜仙》《碾玉观音》《错斩崔宁》《宋四公大闹禁魂张》《西湖三塔记》等。说经家,演说佛经故事,如《大唐三藏取经诗话》。讲史家,讲演历代兴废争战的故事,如《武王伐纣平话》《三国志平话》《宣和遗事》等。合声演出者“指物题咏,应命辄成”,可能近似现代的相声。

说话的文本,后世统称为话本。话本一般有四个部分:题目、入话(又叫头回)、正话、结尾。题目即话本名称,多根据人物或主要情节而命题,如《快嘴李翠莲记》《错斩崔宁》。入话往往以一首或若干首诗词起兴,或者以相关的小故事起兴。正话是话本的主体故事。结尾多以一首诗总结故事主题。如《错斩崔宁》的结尾:“有诗为证:善恶无分总丧躯,只因戏语酿殃危。劝君出话须诚信,口舌从来是祸基。”宋元话本采用口语(白话)讲述故事,主人公中小市民占有相当比例,这就在主题和语言等方面打破了文言文小说的格局,开了白话小说的先河。

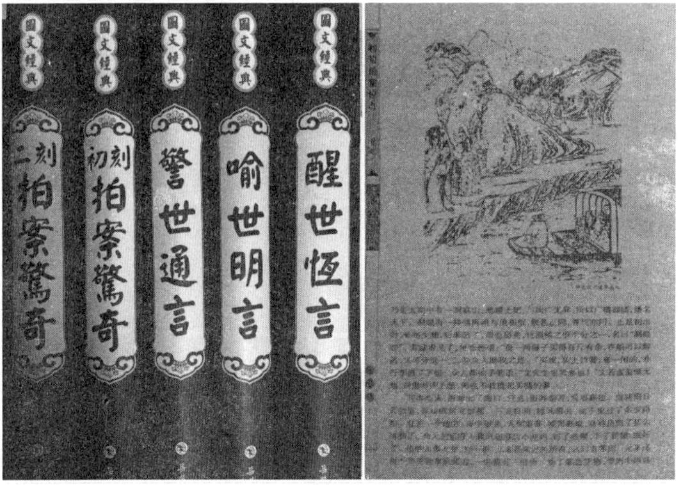

“三言”“二拍”

模拟宋元小说家话本而新创作的短篇小说叫作拟话本。明朝中叶以后,一方面搜集整理宋元话本,一方面模拟宋元话本进行创作。洪楩编印的《清平山堂话本》(原名《六十家小说》),分 6 集,每集 10 篇,共整理保存宋元话本 60 篇;今存《雨窗集》《欹枕集》等 29 篇作品。又有《京本通俗小说》,整理保存宋元话本 9 种。“三言”和“二拍”是拟话本代表作品。拟话本跟宋元话本相比,减少了唱的成分,集中叙

冯梦龙

述故事,重视细节描写和人物性格刻画,标志着传统白话短篇小说的成熟。笑花主人《今古奇观序》赞扬拟话本说:“极摹人情世态之歧,备写悲欢离合之致。”

“三言”是拟话本小说集《喻世明言》《警世通言》《醒世恒言》的合称。作者为明代冯梦龙。冯梦龙(1574—1646),杰出的通俗文学作家。他一生勤于创作,作品总数超过50种,在小说、戏曲、民歌的整理和创作方面都有突出贡献。“三言”每集40篇,共120篇,每篇标题用七字句或八字句。其中有的是宋元话本的加工润色,有的是冯梦龙自己的拟作或明朝其他人的拟作。“三言”中描写爱情和婚姻的作品数量最多、成就最高。如《杜十娘怒沉百宝箱》《卖油郎独占花魁》《蒋兴哥重会珍珠衫》等优秀篇章,表现了新兴的爱情和婚姻观念。《王娇鸾百年长恨》《金玉奴棒打薄情郎》《乔太守乱点鸳鸯谱》等则反映了不正常的婚姻状况,谴责了负心弃义的行为。“三言”题材广泛。有的作品反映社会政治问题,谴责邪恶势力,歌颂正直人士,表现群众的美好愿望。如《隋炀帝逸游召谴》《卢太学诗酒傲公侯》《沈小霞相会出师表》《灌园叟晚逢仙女》等。有的作品歌颂了坚贞的友谊,如《俞伯牙摔琴谢知音》描写高山流水,知音可贵,《施润泽滩阙遇友》《杨思温燕山逢故人》《吕大郎还金完骨肉》歌颂了患难相助、拾金不昧的优秀品质。也有描叙名人逸事的作品,如《李谪仙醉草吓蛮书》《众名姬春风吊柳七》《苏小妹三难新郎》《唐解元一笑姻缘》等。

“二拍”是拟话本小说集《初刻拍案惊奇》《二刻拍案惊奇》的合称。作者凌濛初(1580—1644),他在“三言”的影响下编著了“二拍”,各40篇,共80篇,每篇标题用对偶句,基本上都是个人创作。“二拍”最有特色的篇目是反映小市民生活和意识的作品。如《初刻拍案惊

凌濛初

奇》中的《转运汉遇巧洞庭红，波斯胡指破鼍龙壳》，《二刻拍案惊奇》中的《叠居奇程客得助，三救厄海神显灵》，都描写了商人远途经商（甚至泛海经商）、追求财富的强烈愿望。《青楼市探人踪，红花场假鬼闹》《乌将军一饭必酬，陈大郎三人重会》《李将军错认舅，刘氏女诡从夫》等也是颇有特色的作品。

“三言”“二拍”问世不久，便有署名“姑苏抱瓮老人”的《今古奇观》问世，它是“三言”“二拍”的选编本，共选40篇，都是拟话本的精华，流行极广，影响极大。模仿“三言”“二拍”的拟话本小说有《型世言》，以及《醉醒石》《石点头》《欢喜冤家》《鼓掌绝尘》《西湖二集》等。拟话本除了模拟宋元话本，也接受了文言小说的影响，甚至直接取材于文言小说。如《叠居奇程客得助，三救厄海神显灵》就直接取材于蔡羽的文言小说《辽阳海神传》。

清朝拟话本小说集保存至今的有30多种，代表作是李渔的两部小说集：《无声戏》（别本叫《连城璧》）和《十二楼》。李渔是戏曲作家和戏曲理论家，有意吸收戏曲艺术创作小说，以情节曲折、冲突集中、结构单纯取胜。清朝拟话本小说还有《豆棚闲话》《西湖佳话》等。

第六四讲　章回小说

明清时代白话小说兴盛，除了短篇拟话本小说，还产生了大批长篇章回小说。章回小说是我国古典长篇小说的主要形式，其特点是分章回叙事，每一回的标题大都是对仗工整而概括基本情节的对偶句。

如《三国演义》毛宗岗本分 120 回,第一回的标题是:“宴桃园豪杰三结义,斩黄巾英雄首立功。”

章回小说的代表作

明清章回小说的杰出代表是六大奇书:《三国演义》《水浒传》《西游记》《金瓶梅》《儒林外史》《红楼梦》。其中,《三国演义》《水浒传》《西游记》由宋元讲史话本及说经话本发展而成,分别继承了《三国志平话》《宣和遗事》《大唐三藏取经诗话》的传统,而且吸收了《三国志》、《大唐西域记》、民间传说和元朝有关戏曲的营养,可以说是集体智慧的结晶;《儒林外史》《红楼梦》是作家个人的创作;《金瓶梅》则是两者间的过渡形态。

历史演义题材在章回小说中占巨大比例。最杰出的历史演义小说是明朝初年罗贯中(约 1330—约 1400)的《三国演义》。《三国演义》全名《三国志通俗演义》,是中国第一部长篇章回体小说。它描写了从东汉末年到西晋初年 100 多年的历史风云,主要描写魏、蜀、吴三国之间的军事斗争,书中出场人物有1 100多人。全书的人物、地名以及主要事件,都跟史书《三国志》及裴松之注基本相同。《三国演义》善于剪裁,善于处理历史真实和艺术典型的关系,把如此漫长复杂的历史写得井井有条,把主要人物刘备、曹操、孙权、诸葛亮、关羽、张飞、赵云、马谡、周瑜、黄盖、袁绍、吕布、刘表等刻画得栩栩如生。《三国演

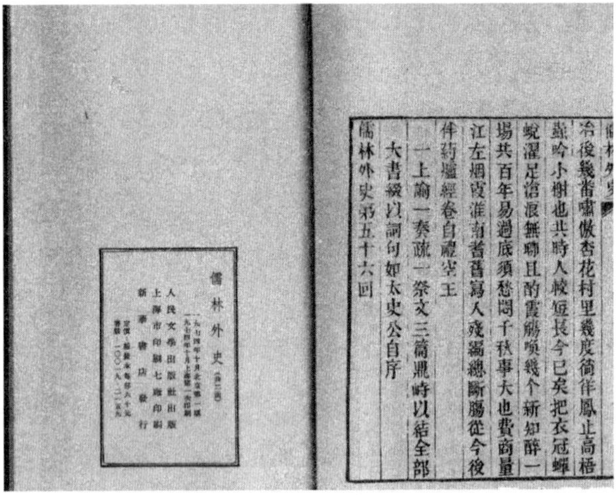

《儒林外史》

义》的情节“七分史实，三分虚构”，描写人物既尊重历史又注意艺术典型化，这就为历史演义小说提供了范本。明朝著名历史演义小说还有《新列国志》《开辟演义》《西汉通俗演义》《隋史遗文》《皇明英烈传》《隋唐演义》等，其中冯梦龙的《新列国志》、褚人获的《隋唐演义》成就最高。

英雄传奇题材的数量仅次于历史演义题材，它塑造具有传奇色彩的英雄形象，虽然有一定的历史或传说作为依据，但主要内容是虚构的。代表作品是明朝初年施耐庵的《水浒传》。《水浒传》最完整的版本有 120 回，描写北宋末年以宋江为首的 108 名好汉被逼上水泊梁山聚义，以及接受招安后征辽、征方腊等的故事，成功塑造了宋江、吴用、鲁智深、林冲、杨志、武松、李逵等典型的英雄形象，表现了“官逼民反”“乱自上作”的深刻社会主题，也反映了农民起义的局限和悲剧。明朝末年，金圣叹砍掉招安后的情节，仅保留前 70 回，并进行润色，加了评点，成为最流行的版本。明清著名的英雄传奇小说还有《杨家将传》《杨家府演义》《禅真逸史》《水浒后传》《说岳全传》等。

神魔小说的代表作品是明朝后期吴承恩（约 1500—约 1582）的

吴承恩

《西游记》。《西游记》共100回。前7回描写孙悟空的出生和成长经历,主要写他大闹天宫。后93回讲述唐僧取经故事,写孙悟空保护唐僧去西天取经,战胜各种妖魔,经历八十一难,终成正果。全书充满奇思异想,呈现出一个个色彩瑰丽、妙趣横生、引人入胜的奇幻世界,表达出追求理想、精进不屈的精神境界。描写人物时能够把人性、神性、物性三者有机结合,塑造了孙悟空、猪八戒、沙僧和许多神仙、妖魔的形象。风格幽默,时有戏谑妙语对社会弊病、人情世态进行嘲讽。《西游记》后产生的神魔小说有《封神演义》《平妖传》《三宝太监西洋记》《四游记》《后西游记》《西游补》《钟馗斩鬼传》等。其中,许仲琳的《封神演义》场面宏大,情节神奇,塑造了不少鲜明的人物形象。梅子和的《后西游记》、董说的《西游补》具有象征性和哲理。

《金瓶梅》与《三国演义》《水浒传》《西游记》合称明朝“四大奇书”。《金瓶梅》最早的刻本是明万历年间的《金瓶梅词话》100回本,有大量唱词,序言说是“兰陵笑笑生”作。兰陵在山东省,“笑笑生”是谁,有各种推测。删除了词话本中大量唱词的版本叫散本,最著名的是清康熙年间刻印的张竹坡评点本《金瓶梅》。《金瓶梅》的主角西门庆是勾结官府的富商和恶霸,主要内容是描写西门庆及其妻妾潘金莲(原武大郎妻)等的腐朽享乐的生活,书名就是取西门庆小妾潘金莲、李瓶儿、庞春梅(潘金莲的丫鬟)三人的名字组合而成。《金瓶梅》在中国小说史上的意义是:它是世情小说的开篇之作,小说主人公由超人的英雄而转变为普通的市井人物,小说情节由追求曲折离奇而转变为细腻地描写日常生活,手法由传奇转变为写实,标志着古典小说迈向近代写实小说。后来的《红楼梦》就继承并升华了《金瓶梅》的传统。《金瓶梅》还影响了《玉娇李》《平山冷燕》《好逑传》《醒世姻缘传》《林兰香》等一批言情和婚姻小说。《金瓶梅》的恶劣影响是催生了《肉蒲团》《灯草和尚》《媚娘艳史》等一大批色情小说。

清朝初年吴敬梓(1701—1754)的《儒林外史》是中国古代讽刺小说的高峰。全书56回,主要以写实手法描绘各类读书人对于科举、礼教的不同态度,深刻批判和嘲讽了八股取士的弊端、礼教的虚伪面,批判了功名富贵对人性的腐蚀。作者希望恢复原始儒学重视“文行忠信”的传统,希望人性复归。书中各个人物的故事相对独立,如“王冕学画”“范进中举”“严监生、严贡生”的故事。全书靠人物的交替和衔接而构成一个艺术整体。作者善于使用白描手法,语言含蓄,往往寥寥几句就能勾画出人物的声态形神。鲁迅《中国小说史略》评价其讽刺艺术成就说:“迨吴敬梓《儒林外史》出,乃秉持公心,指擿时弊,机锋所向,尤在士林。其文又戚而能谐,婉而多讽。于是说部中乃始有足称讽刺之书。”亨利·韦尔斯《中国文学与外国文学之比较研究》说:“它可与意大利薄伽丘、西班牙塞万提斯、法国巴尔扎克或英国狄更斯等人的作品相抗衡。”

曹雪芹(约1715—约1763)的《红楼梦》,又名《石头记》《金玉缘》,有脂砚斋本(80回)和程伟元本(120回)两种版本系统。后40回的续补者一般认为是高鹗。小说以贾、史、王、薛四大家族的兴衰为背景,以贾宝玉、林黛玉、薛宝钗之间爱情婚姻纠葛为主线,描写了众多女性(如十二钗)的悲剧、家族的悲剧、人生的悲剧,揭示出社会末世的危机,也表现了人格独立和个性自由的追求。《红楼梦》反映现实的广度、深度、真实度,情节的生动性、丰富性,人物形象的典型性、概括力,结构的浑然一体,语言的炉火纯青,都达到了中国古典世情小说的巅峰,也是中国整个古典小说的巅峰。故鲁迅说:“自有《红楼梦》出来以后,传统的思想和写法都打破了。”

明清时期著名的小说还有李海观的《歧路灯》,李汝珍的《镜花缘》,跟《水浒传》唱反调的《荡寇志》(俞万春),跟《红楼梦》唱反调的《儿女英雄传》(文康)。还有《龙图公案》《海刚峰公案》《绿牡丹》《三侠五义》《彭公案》《施公案》等侠义公案小说,《品花宝鉴》《花月痕》《青楼梦》《海上花列传》等狭邪小说。

晚清时代,在历史风云的感召和西方小说艺术的影响下,出现了大批新小说。新小说的杰出代表是四大谴责小说:李伯元(1867—1906)的《官场现形记》,吴沃尧(1866—1910)的《二十年目睹之怪现状》,刘鹗(1857—1909)的《老残游记》,曾朴(1872—1935)的《孽海花》。

第六五讲　杂剧和南戏

戏曲是综合了文学、表演、美术、音乐等多种艺术因素的综合艺术。中国传统戏曲的综合性更加突出,"唱""做""念""打"相结合,具有话剧、歌剧、舞剧、武术等的因素。中国传统戏曲的形成经历了漫长的历史时期。它的源头可以追溯到原始的歌舞和巫术表演;先秦时代的俳优、汉朝的百戏、唐朝的参军戏等,表演者往往化装为滑稽诙谐人物,他们是戏曲角色的先驱;说唱文学,特别是说唱文学中的"诸宫调",有人物和故事情节,有说有唱有伴奏,而且有人物代言体的萌芽,它直接促成了宋元时代杂剧和南戏的产生。

杂剧的雏形是南宋杂剧和金院本,《武林旧事》《辍耕录》记载了几百个剧目,但是剧本都不存在了。杂剧到元朝才真正成熟并兴盛。元杂剧的特点是:(一)代言体成熟,有角色分工。角色分"旦"(女主角)、"末"(男主角)、"净"(刚强狞恶人物)、"杂"(其他人物)四类,后来出现"丑"角。只有"旦"或"末"才有唱词,"旦"主唱的剧本叫作

“旦本”,“末”主唱的剧本叫作“末本”。(二)剧本的结构是四折加一楔子。一折基本上是一场戏,戏剧高潮大多数在第三折。楔子大多数放在开头,作用是交代人物、提示情节。剧情太长,则可以写成几本,每本都是四折。如《西厢记》分五本,共二十折。(三)剧本的组成包括曲(唱词)、白(说话)、科(动作提示),而以曲词为主要内容。每折戏的曲词都是一个套数,都是一韵到底,为了跟散曲套数相区别,可称为“剧套”。

关汉卿

元杂剧的剧目,明朝朱权《太和正音谱》收录北曲曲牌335支。明朝臧懋循所编选的《元曲选》,收录杂剧100种,是元杂剧的精华。元杂剧最有影响的作家是关汉卿、王实甫、马致远、白朴,他们代表了元朝不同流派杂剧创作的成就。

关汉卿,号已斋叟。著杂剧60多种,今存10多种。公案剧《窦娥冤》《蝴蝶梦》等抨击了社会的黑暗、吏治的腐败,表达了善良百姓的愿望,风格深沉。喜剧《救风尘》《望江亭》《调风月》歌颂了下层妇女的反抗精神和智慧,风格活泼。历史剧《单刀会》、爱情剧《拜月亭》等,也非常出色。

王实甫,著有杂剧14种,今存《西厢记》《丽春堂》《破窑记》等3种。《西厢记》描写书生张生和崔相国之女崔莺莺的爱情历经坎坷,在婢女红娘的帮助下,终于冲破世俗礼教的束缚而完美结合,表达了“愿普天下有情的都成了眷属”的美好愿望。无论人物形象的塑造还是戏剧冲突的安排,都独具匠心。曲词也很优美,善于描摹景物以衬托出人物的内心世界。如《长亭送别》一折的[正宫·端正好]:“碧云天,黄花地,西风紧,北雁南飞。晓来谁染霜林醉?总是离人泪。”

马致远(约1251—1321以后),号东篱,著有杂剧15种,今存7

种,有4种是神仙道化剧。历史剧《破幽梦孤雁汉宫秋》,描写昭君和番的故事,是他最著名的作品。

白朴(1226—1306以后),字仁甫,著杂剧16种,今存《唐明皇秋夜梧桐雨》《董秀英花月东墙记》《裴少俊墙头马上》3部全本。《唐明皇秋夜梧桐雨》写安禄山之乱和马嵬坡事变,着重写唐明皇对杨贵妃的思念。王国维《人间词话》说:"白仁甫《秋夜梧桐雨》剧,沉雄悲壮,为元曲冠冕。"《裴少俊墙头马上》是有名的爱情剧,跟关汉卿《拜月亭》、王实甫《西厢记》、郑光祖《倩女离魂》,合称"元朝四大爱情剧"。

元杂剧名作还有纪君祥的历史剧《赵氏孤儿》、康进之的水浒剧《李逵负荆》、无名氏的公案剧《陈州粜米》、尚仲贤的神话爱情剧《柳毅传书》、李好古的神话爱情剧《张生煮海》、杨显之的《潇湘夜雨》等。《赵氏孤儿》是我国最早传入欧洲的戏剧,18世纪被法国思想家伏尔泰改编为歌剧《中国孤儿》,被意大利作家梅塔斯塔齐奥改编为《中国英雄》,被德国文豪歌德改编为《埃尔佩诺》。

徐　渭

明朝杂剧仍然繁荣,据《明代杂剧全目》统计,有剧目500多种,今存剧本180多种。最突出的作家是徐渭(1521—1593),字文长,号青藤道士。他的杂剧《狂鼓史》《玉禅师》《雌木兰》《女状元》,合称《四声猿》。《狂鼓史》借祢衡骂曹操批判明朝当权者迫害忠良、祸国殃民,尖锐讽刺人情世态,气势磅礴,充满夹带狂傲的反抗精神。《雌木兰》《女状元》都是写女扮男装建功立业的故事,为女子扬眉吐气。他的《南词叙录》是第一部关于南戏的理论专著,其中的"本色说",就是主张戏剧语言应当符合人物的身份,影响很大。明朝著名杂剧还有署名"虎林冲和居士"(或说即徐渭)的《歌代啸》,康海的《中山狼》,王九思的《中山狼院本》,徐复祚的

《一文钱》,王衡的《郁轮袍》《真傀儡》,等等。

南戏在北宋末年首先产生于浙江温州一带,南宋灭亡后衰败。早期剧本今仅存《张协状元》《小孙屠》等 5 种。元朝末年,南戏复兴,产生了《荆钗记》《白兔记》《拜月亭》《杀狗记》等四大南戏和《琵琶记》。《琵琶记》分 42 出,描写蔡伯喈与赵五娘悲欢离合的故事。它是南戏真正成熟的标志,青木正儿《中国近世戏曲史》尊称它是“南戏中兴之祖”。作者高明(约 1301—约 1370),字则诚。作者善于用对比的手法表现戏剧冲突,渲染悲剧气氛。戏剧语言也很成功,王世贞《艺苑卮言》说:“则诚所以冠绝诸剧者,不唯其琢句之工,使事之美而已。其体贴人情,委曲必尽;描写物态,仿佛如生;问答之际,了不见扭造。所以佳耳。”

南戏跟杂剧相比,其优点是:1. 结构自由。南戏分出,出可多可少可长可短。2. 唱法自由。杂剧只能一人主唱,南戏各类登场人物都可以唱,而且有独唱、对唱、接唱、合唱。南戏角色分为七大类:生(男主角)、旦(女主角)、贴(次要女主角)、末(男配角)、净(花脸)、外(老年男子)、丑(滑稽人物或刻薄人物)。后来的明清传奇是对南戏的继承与发展。

第六六讲　明清传奇和“花部”

传奇的含义是传播奇特的故事。小说和戏剧喜欢采用奇特的题材。所以,人们把唐宋的文言小说叫作传奇,也有人把诸宫调、杂剧、南戏都叫作传奇。到了明朝,传奇就成了继承南戏特色的长篇戏曲的专称,不再包括诸宫调、杂剧。

传奇因为来自民间,所以有不同的声腔。主要声腔有:流传于江西、湖广、福建的“弋阳腔”，流传于浙江北部和江苏南部的“余姚腔”，流传于浙江南部的“海盐腔”，流传于苏州、昆山的“昆山腔”。明朝嘉靖年间，音乐家魏良辅对“昆山腔”加工提高，形成婉转动听的“昆曲”，压倒了“余姚腔”和“海盐腔”，也压倒了杂剧，成为明清两朝的剧坛霸主；老“弋阳腔”也退出城市剧场，在农村流行。

明朝初年传奇没有优秀作品，丘濬的《五伦全备记》当时颇有名，但完全是道德说教。明朝中期产生了三大传奇：李开先的《宝剑记》写林冲被逼上梁山的故事；梁辰鱼的《浣纱记》写吴越争霸和西施、范蠡的故事；无名氏（或说王世贞）的《鸣凤记》描写明朝宰相严嵩父子专权误国、迫害忠良的故事，是一部以当代现实生活为题材的作品。明朝后期是传奇鼎盛时期，产生了以汤显祖为首的“临川派”和以沈璟为首的“吴江派”。沈璟（1553—1610），江苏吴江人，有《属玉堂传奇》17种，今存7种，代表作为描写武松故事的《义侠记》。沈璟精通音律，还整理了《南九宫十三调曲谱》。不属于“临川派”和“吴江派”的著名传奇作家作品有高濂的《玉簪记》、周朝俊的《红梅记》、孙钟龄的《东郭记》等。

汤显祖（1550—1616），江西临川人，明朝最杰出的戏曲家。他著有传奇5种：《紫箫记》《紫钗记》《牡丹亭》《南柯记》《邯郸记》。《紫箫记》是早期作品，《紫钗记》《牡丹亭》《南柯记》《邯郸记》合称为“临川四梦”。《牡丹亭》是汤显祖最杰出的作品。剧本描写了少女杜丽娘在梦中跟年轻书生柳梦梅相爱，醒后寻梦不得，抑郁为情而死；三年后，柳梦梅前来，她又为情复活，跟柳梦梅成婚。《牡丹亭》的基本主题是“情”和“理”的冲

汤显祖

突，即爱情和礼教的冲突。剧本歌颂杜丽娘以生命冲破礼教束缚，反映了个性解放的要求。作者在《牡丹亭题词》中说："情不知所起，一往而深。生者可以死，死可以生。生而不可与死，死而不可复生者，皆非情之至也……嗟夫！人世之事，非人世所可尽。自非通人，恒以理相格耳。第云理之所必无，安知情之所必有邪？"《牡丹亭》的艺术特色是通过梦境描写真情，揭示人物的内心世界，体现了浪漫主义文学的特征。曲词非常优美，如《惊梦》一出中的《皂罗袍》："原来姹紫嫣红开遍，似这般都付与断井颓垣。良辰美景奈何天，赏心乐事谁家院！……朝飞暮卷，云霞翠轩；雨丝风片，烟波画船——锦屏人忒看的这韶光贱！"

清朝重要的传奇作家是李玉、李渔、洪昇、孔尚任。李玉（约1602—约1676），明末清初人，他创作传奇40余种，今存16种，代表作品是《清忠谱》《千钟禄》（《千忠戮》）和"一人永占"（《一捧雪》《人兽关》《永团圆》《占花魁》）。《清忠谱》描写明末东林党和苏州市民反抗魏忠贤"阉党"的斗争，《千钟禄》描写明朝永乐帝篡夺建文帝皇位、屠杀大臣的残暴行为，都具有强烈的现实意义。李渔（1611—1680），号笠翁。他创作传奇数十种，著名的是《笠翁十种曲》。十种曲即十部传奇，都是爱情婚姻类的浪漫喜剧，情节曲折，语言浅近诙谐。李渔的突出贡献是戏曲理论。洪昇（1645—1704），创作戏曲40多部，仅存杂剧《四婵娟》和传奇《长生殿》。《长生殿》精心剪裁历史素材，把李隆基和杨玉环的爱情悲剧放在广阔的社会、政治背景中进行描叙，结构宏伟，曲词优美，充满深沉的历史沧桑之感，把历史剧的创作提高到了一个新的水平。所以，当时人们把洪昇与孔尚任并称为"南洪北孔"，把《长生殿》与《桃花扇》称为"传奇双璧"。

孔尚任的《桃花扇》是明清传奇的巅峰作品，也是中国古典戏曲的巅峰。孔尚任（1648—1718），孔子64代孙。他集中10余年的精力完成了传奇《桃花扇》。《桃花扇》的突出特点是："借离合之情，写兴亡

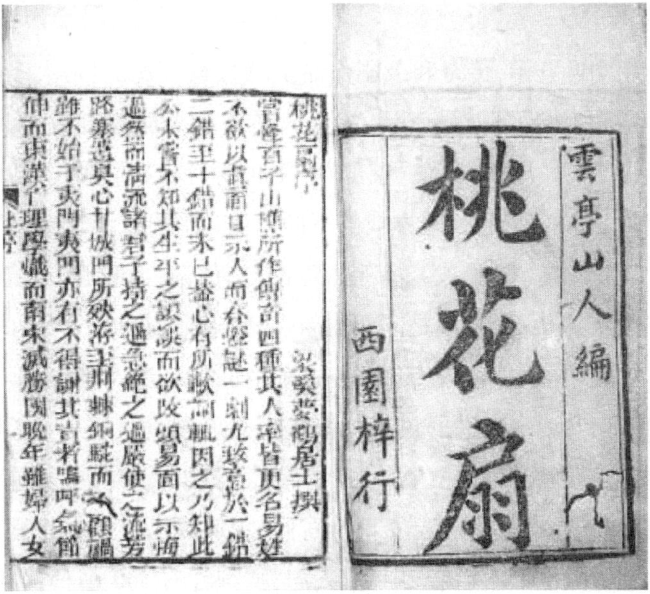

《桃花扇》

之感。”剧本 40 出，分上下两部，两部各自加上序幕和尾声，共 44 出。以侯方域和秦淮名妓李香君的悲欢离合为主线，突出主人公跟魏忠贤余党阮大铖的斗争，广泛描写南明弘光小朝廷的重大政治事件和军事事件，总结了南明朝廷灭亡的历史教训。剧本中的人物，如侯方域、李香君、阮大铖、杨龙友、柳敬亭、史可法、左良玉等都是真实的历史人物，剧中所写的事件也大都有史料可查证。作者出色地处理了历史真实和艺术加工的关系。全剧结构严谨，针线细密；情节曲折，不落俗套；唱词充满浓郁情感，跟宾白配合得体。如下部尾声《余韵》，写剧中人苏昆生已成樵夫，柳敬亭已成渔翁，他们共话兴亡，饮酒唱曲。其中《哀江南》曲云：“山松野草带花挑，猛抬头秣陵重到。残军留废垒，瘦马卧空壕；村郭萧条，城对着夕阳道。野火频烧，护墓长楸多半焦。山羊群跑，守陵阿监几时逃。鸽翎蝠粪满堂抛，枯枝败叶当阶罩；谁祭扫，牧儿打碎龙碑帽……你记得跨青溪半里桥，旧红板没一条。秋水长天人过少，冷清清的落照，剩一树柳弯腰。”真是余音袅绕，反映出时代沧桑。

清朝中叶开始，传奇和杂剧作品虽然数量可观，但是大多数脱离社会现实和舞台实际，缺乏活力，因此传奇和杂剧都衰败了。于是，“花部”兴起。“花部”是跟“雅部”相对的称呼。“雅部”指昆曲；“花部”又称“乱弹”，指各地地方戏的不同声腔，如秦腔、弋阳腔、罗罗腔、梆子腔、弦索腔（柳子戏）、京腔、高腔、二黄调、西皮调、花鼓调等。“花部”虽然剧本粗糙，但是刚健清新、语言通俗，获得了广大的受众。乾隆五十五年（1790）“花部”之一的徽剧三庆班进入北京，不久四喜班、和春班、春台班也进了北京。道光初，楚剧（汉剧）进京。徽剧的主要声腔二黄调和楚剧的主要声腔西皮调相互结合，又吸收其他戏曲的艺术成分，于是在北京形成了新的剧种“皮黄戏”，也就是京剧。全国各地的地方戏也如雨后春笋一样兴起，据统计有 300 多种，影响比较大的如豫剧、越剧、黄梅戏、评剧、粤剧、淮剧、秦腔、川剧、滇剧、赣剧、湘剧、晋剧、蒲剧、婺剧、沪剧、吕剧等，还有各种花鼓戏、秧歌剧。京剧和地方戏剧目丰富，仅京剧就有1 300多个剧目。

清朝末年，有志之士提倡戏剧改良。戏剧改良最有成效的人物是汪笑侬，他创作和改编了 30 多个富有时代精神的京剧剧本。光绪年间，李叔同、欧阳予倩等成立“春柳社”，引进了西方的“话剧”，当时称为“新剧”或“文明戏”。

第六七讲　少数民族戏剧

我国少数民族具有多姿多彩的戏剧品种。

藏戏历史悠久，源远流长。藏戏叫“阿吉拉姆”，意思是“仙女阿姐”。演员叫作“拉姆娃”。据传，藏戏最早是由一位名叫唐东杰布的

唐东杰布

噶举派僧侣组织演出的。唐东杰布为了解除人畜涉水过河的困难和危险,立意在大河上架设桥梁。为了募集建设桥梁的资金,他邀请了百纳家中的七个姐妹到各地演出节目,两人扮演猎人,两人扮演王子,两人扮演仙女,一人击钹伴奏。所以,唐东杰布被尊奉为藏戏的祖师。据有人考证,藏戏起源于8世纪的宗教跳神仪式。14世纪,唐东杰布在跳神表演中融入佛经中的神话故事以及民间故事,形成藏戏。17世纪,五世达赖阿旺罗桑嘉措(1617—1682)把藏戏从宗教仪式中分离出来,成立了职业性的剧团。藏戏歌舞结合,唱腔高亢雄浑,每句唱腔都有人帮腔唱和。藏戏种类繁多,往往使用面具,不同颜色的面具象征人物的不同身份或性格。藏戏经常演出的剧目有《文成公主》《朗萨雯波》《诺桑王子》《智美更登》《苏吉尼玛》《卓娃桑姆》《白玛文巴》《顿月顿珠》,它们号称“八大藏戏”。《文成公主》表演松赞干布迎娶唐朝文成公主以及迎娶尼泊尔赤尊公主的故事,是歌颂民族团结的历史剧。《朗萨雯波》表演平民女子朗萨雯波的故事,她被扎钦巴老爷抢婚为儿媳,因为反抗而被虐打惨死,复活后出家为尼,领悟了人生真谛。其他六个剧本都是取材于佛教传说。如《诺桑王子》就是根据佛经故事进行了改编。剧本描写诺桑王子和仙女益超玛之间的爱情。诺桑王子出征,益超玛遭受到五百后妃的虐待迫害,被逼飞回天国。王子回来后踏遍千山万水,终于寻找到益超玛;益超玛也不顾父王阻拦,返回人间。

维吾尔族戏剧也历史悠久。1959年在哈密托米尔提古代遗址中出土了由梵文译过来的27幕戏剧剧本《弥勒会见记》,它大概是8世纪的译本。这就展示了维吾尔族在8世纪已经有戏剧演出。还有隋

《弥勒会见记》

唐时期风行长安的胡戏，也是维吾尔族的歌舞或戏剧演出。11 世纪哈吉甫的著名长诗《福乐智慧》，由人物对话组成，因此有的学者认为它是“富于哲理的诗歌戏剧形式”。到了 19 世纪中叶，维吾尔族长诗《艾里甫与赛乃姆》也改写成适合舞台演出的悲剧。

壮戏是在壮族巫师祭祀娱神的歌舞和说唱技艺的基础上发展而成的。过去，壮族自称“布托”，意即“土著”（本地人），故壮戏又称“昌托”（土戏）。壮戏有不同的剧种，据说传统剧目有1 000多个，保存完整的剧本约有 400 本。流行剧目的内容可分两类：一类是演唱本民族故事的剧目，如《卜牙》《文龙与肖尼》《百鸟衣》等。《卜牙》的意思是“老夫妻”，写男青年和女青年在一个善良、热心的老婆婆的帮助下结为夫妻，他们同甘共苦、平等和睦。一类是受到汉族民间艺术和戏曲的影响而产生的剧目，如《张四姐下凡》《杨家将》《梁山伯与祝英台》等。《张四姐下凡》写玉帝的女儿张四姐下凡，跟樵夫文汇结为夫妻，恶霸被他们打败，藩王的军队被他们打败，玉帝最后拆散了他们的婚姻。

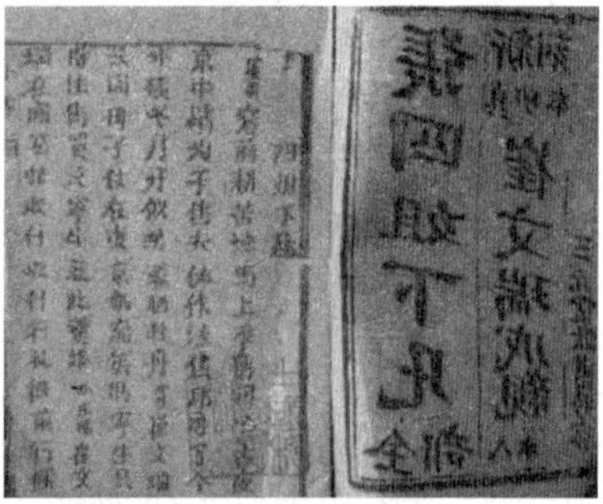

《张四姐下凡》

侗族戏由傩戏(巫师祭祀鬼神叫“傩”)演变产生,又名“咚咚推”,因为演出是在“咚咚”鼓声和“推”的小锣声中进行的而得名。演员戴着面具,循着锣鼓点,踩着三角形跳舞。剧目有反映本民族生活的《跳土地》《癞子偷牛》《老汉推车》《珠郎娘美》等,也有《关公捉貂蝉》《古城会》等以关公为主角的三国戏。

云南是少数民族最多的省份,也是少数民族剧种最多的省份,至少有 18 个戏剧品种。如傣剧、傣族章哈剧、云南壮剧、白剧、彝剧、佤族清戏、苗剧、哈尼剧、彝族俐侎剧、撒尼剧等。其中,白剧、傣剧最发达。据白族老艺人回忆,白剧于清乾隆年间兴起,能数出的剧目达 300 个,如光绪年间盛行的《望夫云》《阿盖公主》。傣剧发源于傣族歌舞和佛经讲唱,又吸收了滇剧、皮影戏的艺术营养。著名剧目有根据民间长诗改编的《娥并与桑洛》等。

第六八讲　传统文学理论

我国古典文学理论源远流长,受儒家影响最大。《尚书·尧典》就提出:“诗言志。”孔子特别重视《诗》的社会作用和教化功能,他说:“《诗》,可以兴,可以观,可以群,可以怨。迩之事父,远之事君。多识于鸟兽草木之名。”“思无邪。”孔门传人的《诗·大序》是研究《诗》的第一篇著作,它论述了诗歌起源、诗歌和时代关系等问题:“诗者,志之所之也。在心为志,发言为诗,情动于中而行于言。言之不足,故嗟叹之;嗟叹之不足,故咏歌之;咏歌之不足,不知手之舞之足之蹈之也。情发于声,声成文谓之音。治世之音安以乐,其政和;乱世之音怨以怒,其政乖;亡国之音哀以思,其民困。故正得失,动天地,感鬼神,莫近于诗。”后来的文学理论著作大部分受儒家影响,其次是受道家影响。

我国文学理论的论述主要分散于史书、书信、序跋、笔记等各类著作中。如司马迁《史记·屈原贾生列传》说："国风好色而不淫,《小雅》怨诽而不乱,若《离骚》者,可谓兼之矣。"总结了儒家"温柔敦厚"的风格论。司马迁《报任安书》提出了"圣贤发愤"的著作理论。白居易《新乐府序》《与元九书》提出了诗歌关注国计民生的主张。韩愈《送孟东野序》、欧阳修《梅圣俞诗集序》等,表现了诗文革新运动的见解。

我国独立系统的文学理论著作出现在魏晋南北朝,代表作品是曹丕《典论》中的《论文》,陆机的《文赋》,钟嵘的《诗品》,挚虞的《文章流别论》,刘勰的《文心雕龙》。刘勰(约465—约532),字彦和。《文心雕龙》是"体大思精"的巨著,全书50篇。上卷25篇,首先标举以儒家思想为主导,然后论述各类诗文体裁的特点和发展概况。下卷25篇讨论了文学创作和文学批评的许多重要问题,如文学跟生活、时代的关系,文学内容和形式的关系,主观情感和客观景物的关系,继承和革新的关系,以及诗文的想象、风骨、结构、剪裁、修辞、声律,等等。

刘 勰

我国古典文学理论中,诗歌理论最为发达,其次是散文,但戏曲和小说理论发展比较迟。从《诗·大序》到南朝钟嵘的《诗品》、唐朝皎然的《诗式》、司空图的《二十四诗品》,都是诗歌理论名著。唐朝崇尚诗歌,还产生了两种新的评诗方式:一是以诗论诗,杜甫《戏为六绝句》首开风气,后代模仿者有金朝元好问等。二是产生了记录诗人逸事的著作,如孟棨的《本事诗》,被认为是"诗话"的先驱。到宋朝产生了正式命名为"诗话"的著作。第一本是欧阳修的《六一诗话》。后来的

“诗话”著作汗牛充栋，著名的如张戒《岁寒堂诗话》、严羽《沧浪诗活》、魏庆之《诗人玉屑》、王夫之《姜斋诗话》、叶燮《原诗》、王士禛《渔洋诗话》、袁枚《随园诗话》等。还有跟“诗话”相似的“词话”，如陈廷焯《白雨斋词话》、况周颐《蕙风词话》、王国维《人间词话》等。“诗话”的特点是记录诗人故实，并评论诗歌、诗人、诗派。朱光潜说：“诗话大半是偶感随笔，信手拈来，片言中肯，简练亲切，是其所长。”(《〈诗论〉抗战版序》)

散文理论的专著比诗歌少得多，而且往往兼论诗文。比较著名的有陈骙《文则》、王构《修辞鉴衡》、吴讷《文章辨体》、徐师曾《文体明辨》、王世贞《艺苑卮言》、刘大櫆《论文偶记》、刘熙载《艺概》等。《艺概》分《文概》《诗概》《赋概》《词曲概》《书概》《经义概》六类，编排有序，精炼扼要，多心得体会。

戏曲和小说产生比较迟，所以理论著作的产生也比较迟。中国戏曲研究院编的《中国古典戏曲论著集成》10 册，收录了历朝戏曲论著 48 种，包括探讨戏曲创作、评述或考证作家作品、专论戏曲音韵或宫调等的著作。其中，清代李渔《闲情偶寄》中的《词曲部》《演习部》《声容部》，对戏曲创作颇有独到的心得。古典小说理论主要是对小说的评点，其中，李贽、金圣叹、毛宗岗、张竹坡等贡献突出。晚清光绪二十八年(1902)，我国第一个小说专刊《新小说》创刊，梁启超在创刊号上发表了《论小说与群治之关系》，提出了“小说界革命”的理论。文章突破歧视小说的传统观念，宣称：“今日欲改良群治，必自小说界革命始；欲新民，必自新小说始。”肯定小说可以革新道德、宗教、政治、风俗、学术、人心、人格，具有启蒙作用。

我国古典文学理论有鲜明的民族特色，如重视审美体验和艺术鉴赏，而不重视逻辑推理和概括。我国古典文学理论有不同于西方的话语体系，如风雅、比兴、兴寄、风骨、意象、文气、神韵、情景交融、神形兼备、虚实相生等。这值得我们深入研究。

我国传统艺术理论，跟传统文学理论息息相通，也是国学的重要内容。庾肩吾的《书品》、孙过庭的《书谱》、张彦远的《法书要录》、米芾的《书史》等，是著名的书法理论著作；谢赫的《古画品录》、张彦远的《历代名画记》、荆浩的《笔法记》、郭熙及其子郭思合著的《林泉高致》、米芾的《画史》、董其昌的《画旨》等，是著名的绘画理论著作；荀子的《乐论》、《礼记》中的《乐记》、陈旸的《乐书》、朱载堉的《乐律全书》等，是著名的音乐理论著作。这些书中的艺术理论，跟文学理论有千丝万缕的联系。如《乐论》《乐记》等的音乐理论，跟《诗·大序》的诗歌理论一致；《笔法记》所论述的绘画"六要"（气、韵、思、景、笔、墨），跟文学理论的话语体系基本一致。还有某些著作，如刘熙载《艺概》、包世臣《艺舟双楫》等，综合谈文学、书法、绘画。古代文人往往既是诗文作家，也擅长书画音乐，如王维、苏轼、米芾、唐伯虎等。这可能是促成艺术理论和文学理论相通的社会基础之一。

传统科技

第六九讲　传统科技鸟瞰

中国传统科技成就辉煌，在欧洲文艺复兴以前长期处于世界领先水平。英国科学技术史专家李约瑟在《中国科学技术史》中说："在公元3世纪至13世纪之间，保持一个西方世界所望尘莫及的科学知识水平。"李约瑟的学生谭如波（罗伯特·坦普尔）在《中国：发明与发现的土地》中列举了中国100项发明，并且说："世界基本发明创造，半数以上源于中国。"

记载传统科技成就的古籍，据统计有15 000多种。可以分为两大类：第一类是专门性的科技典籍。其中又有两小类。第一小类是自觉的科技专著。如《黄帝内经》等医学典籍，《农政全书》等农学典籍，《算经十书》等数学典籍。第二小类是不自觉的。如道教著作《周易参同契》和《抱朴子》的《金丹》《黄白》篇，本来是讲追求长生或成仙的炼丹术，却不自觉地促进了化学的发展。而炼丹过程中如何控制爆炸反应则促成了火药的发明。

第二类是非专门性的科技典籍。其中又有两小类。第一小类是零星记叙。如历代史书、诸子著作或文人笔记中的分散记载。第二小类是记叙了大量科技发明，但不是科技专门著作，更不是某门科技的专著。其中最有价值的是沈括的《梦溪笔谈》。沈括（1031—1095），北宋时代卓越的学者和科学家。他晚年定居润州（今镇江）的梦溪园，完成了巨著《梦溪笔谈》30卷（包括《补笔谈》3卷和《续笔谈》1卷）。

沈 括

《梦溪笔谈》分17个门类，共609条，其中属于自然科学方面的条目约占36%，不仅记叙了指南针、印刷术，而且广泛探讨了众多科技领域，涉及天文、历法、气象、地质、地理、物理、化学、生物、农业、水利、建筑、医药等。因此，此书被誉为“中国科学史上的坐标”。

传统科技典籍中，非专门性的典籍占了绝大部分的比重。所以传统科技必须今人加以整理。现代已经有两部总结传统科技辉煌成就的巨著。

李约瑟《中国科学技术史》是第一部系统研究中国科学技术发展的巨著。这部巨著分7卷34册，全面介绍了中国的科学思想史，介绍了数学、天文学、地学、物理学、化学、生物学等各学科的成就。我国卢嘉锡主编的《中国科学技术史》已经于1992年启动，计划30卷。此书划分三大类：1. 通史类（5卷）：《通史卷》《科学思想史卷》《中外科学技术交流史卷》《人物卷》《科学技术教育、机构与管理卷》。2. 分科专史类（19卷）：《数学卷》《物理学卷》《化学卷》《天文学卷》《地学卷》《生物学卷》《农学卷》《医学卷》《水利卷》《机械卷》《建筑卷》《桥梁卷》《矿冶卷》《纺织卷》《陶瓷卷》《造纸与印刷卷》《交通卷》《军事技术卷》《度量衡卷》。3. 工具书类（6卷）：《科学技术史词典卷》、《科学技术史典籍概要卷》（一卷、二卷）、《科学技术史图录卷》、《科学技术年表卷》、《科学技术史论著索引卷》。

我们为中国传统科技的辉煌成就而自豪，但是，我们应该面对中国近代科技落后的事实，反思近代科技落后的原因。

近代科技落后的外因是社会体制。人们的职业兴趣，归根结底是由社会需要和社会政策所决定的。中国传统社会不利于科技深入发展的因素有以下三个方面。第一，小农宗法的社会结构。小农、小手工业的简单再生产,只重视目前实用的科技。所以,即使是重视科技的墨家也具有小生产者的狭隘功利观念。小农宗法制传统,对于技术秘密,或父子相传,或墨守师法,不愿外传他人,更不愿公开讨论,这就妨害了技术的进步。第二,君主集权的政治体制。这种政治体制具有专制性、寄生性、保守性。法家从维护君主专制出发,只提倡耕战,反对商业发展,把商人列入社会"蠹虫"。所以,从秦朝实施法家主张开始就形成了限制甚至仇视商业的传统政策,扼杀了商品竞争所必然要求的科技创新。封建主的寄生性,表现为追求享乐,而不关心科技的更新。封建主的保守性,突出表现为害怕文化交流,实行闭关自守的政策。正如亚当·斯密在《原富》中所说的:"中国历史和文明停滞了,原因是不重视海外贸易,闭关趋于自杀。"第三,科举制度的畸形发展。隋唐通过科举考试选拔人才,突破门阀制度,本来是一个重要进步。但是,科举把社会的精英阶层都引向"读书为了做官",特别是畸形发展成为用八股文取士,轻视科技创造。

造成近代科技落后的内因是传统科技思想本身的缺陷。第一,缺少深层次的理论思考和建树。如我国的天文观察,从《周易》开始算起也有三千多年的悠久历史,但是其成就止步于张衡的"浑天说";而欧洲,2 世纪托勒密提出了以地球为中心的九重天宇宙体系,17 世纪开普勒发现了行星运动的三大定律(轨道定律、面积定律和调和定律),牛顿进一步提出了"万有引力定律",20 世纪卢瑟福提出了近似太阳系行星的"原子太阳系模型"。我国传统科技思想之所以缺少深层次理论,是因为传统思维方式重视实践理性,过分被现实需要所束缚。第二,往往满足于玄想的模式。如满足于用阴阳五行解释自然现象,满足于具有伦理学色彩的有机自然观。我国传统科技思想之所以满足于玄想模式,是因为传统思维重视"直悟",不重视逻辑论证和实验。李约瑟在《中国科学技术史》第二卷《科学思想史》中,曾经对中国某些学者不能突破阴阳五行和具有伦理学色彩的自然观,提出忠告。

我国近代科技落后了,但是我们只要重视科学和民主,重视基础理论研究,重视培养创新人才,就可以重振我国科技的辉煌。我国近代科技落后了,但是我们不可妄自菲薄,也不可抛弃“直悟”和有机自然观中的合理内核。李约瑟《科学思想史》中还有一段话语:“中国的这种有机自然主义,最初以‘通体相关’的思维体系为基础,公元前3世纪已经由道家作了光辉论述,又在12世纪的理学家那里得以系统化。早期‘近代’自然科学根据一个机械的宇宙假设取得胜利是可能的——也许对他们还是不可缺少的;但是,知识的增长要求采纳一种其自然主义性质不亚于原子唯物论而却更有机的哲学的时代。这就是达尔文、弗雷泽、巴斯德、弗洛伊德、施佩曼、普朗克、爱因斯坦的时代。当它来到时,人们发现一长串的哲学思想家已经为它准备好了道路——从怀海特,上溯到恩格斯和黑格尔;又从黑格尔上溯到莱布尼兹。上溯到那时,灵感也许就完全不是欧洲的了。也许,最现代化的‘欧洲的’自然科学理论基础应该归功于庄周、周敦颐和朱熹等人的要比世人至今所认识到的更多。”

传统科技内容广泛,涉及许多高深的科技知识,而且,分散在不同的典籍中。所以,本书只能择要介绍几个方面。研究者应根据需要阅读科技史著作和专科著作。

第七〇讲　四大发明

中国对世界影响最大的传统科技是欧洲人称赞的“三大发明”:指南针、火药、印刷术。这三大发明促进欧洲走向近代社会,得到了全世界的极高评价。英国哲学家弗兰西斯·培根,在《新工具》中评价印刷术、火药、指南针说:“这三种发明已经在世界范围内把事物的全部面貌和情况都改变了:第一种是在学术方面,第二种是在战事方面,第三种是在航行方面。并由此又引发产生出难以数计的变化来。看来,没有任何一个帝国、任何一个教派、任何一个显赫人物,对于人类事业曾经施展过的威力和影响,能够跟这些机械的发现相比。"马克思在《机器:自然力和科学的应用》中说:"火药、指南针、印刷术——这是预告资产阶级社会到来的三大发明。火药把骑士阶层炸得粉碎,指南针打开了世界市场并建立了殖民地,而印刷术则变成了新教的工具,总的来说变成了科学复兴的手段,成了对精神发展创造必要前提的最强大的杠杆。"他们都没有提到造纸术,但是造纸术为印刷术的产生和推广提供了必要条件,所以我们应该加上"造纸术",成为"四大发明"。

指南针发明最早。神话传说,中国文明始祖黄帝跟蚩尤展开大战,蚩尤有兴云作雾的本领,黄帝的大臣风后于是造了指南车。撇开神话不说,先秦典籍《鬼谷子》《韩非子》《吕氏春秋》都提到了指南针,把它叫作"司南"。三国时代傅玄《马钧传》记载巧匠马钧复制指南车。北宋学者沈括《梦溪笔谈·杂志一》记叙了指南针的制作,并且发现了地磁偏角现象:"方家以磁石磨针锋,则能指南。然常微偏东,不全南也。"西方直到15世纪哥伦布航行美洲才发现地磁偏角现象。北宋朱彧《萍洲可谈》则明确记叙了当时用指南针(罗盘)导航的情况:"舟师认地理,夜则观星,昼则观日,阴晦观指南针。"

造纸术的发明者,根据《后汉书·蔡伦传》记载,是东汉和帝时代担任尚方令的宦官蔡伦,蔡伦在元兴元年(105)发明了"蔡侯纸"。但是,考古已经发现在西汉初年(前2世纪)问世的"灞桥纸",那么,蔡伦只是造纸术的改良者。然而,蔡伦功不可没。早期的纸实际上是来源于缫丝后留下的"丝绵片",或是沤麻后留下的"麻纤维片",产量少,质量不高。蔡伦改良制造技术,用废旧的破布、麻头、渔网、树皮制造出价廉物美的纸张。从此以后,纸张代替了笨重的甲骨、金石和昂贵的缣帛,是书写材料的巨大进步,推动了文化的普及。同时,有了纸

蔡　伦

张就出现了拓印，促进了印刷术的产生和进步。

印刷术有一个发展历程。最早是印章，纸张应用后出现拓印，到隋朝才出现了雕版印刷。但是，雕版印刷费时费料，难以改正错误，又不便存放，于是活字印刷术在北宋庆历年间（1041—1048）产生了。《梦溪笔谈·技艺》记载了我国印刷术的发展历程，陈述了毕昇发明的泥活字印刷术：

版印书籍，唐人尚未盛为之。自冯瀛王始印五经以后，典籍皆为版本。庆历中，有布衣毕昇，又为活版。其法：用胶

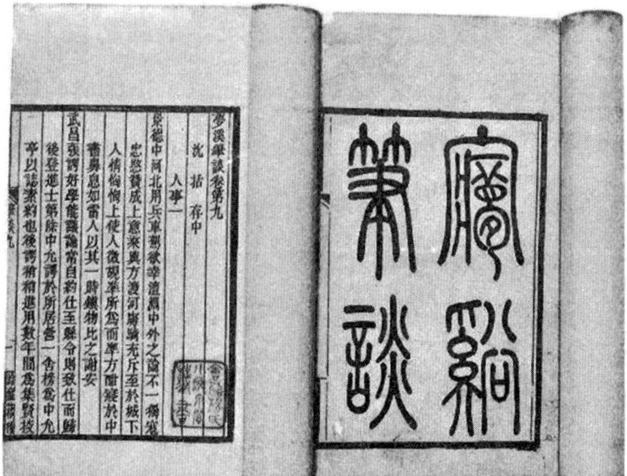

《梦溪笔谈》

泥刻字，薄如钱唇，每字为一印，火烧令坚。先设一铁板，其上以松脂、腊和纸灰之类冒之。欲印则以一铁范置铁板上，乃密布字印。满铁范为一板，持就火炀之，药稍熔，则以一平

板按其面，则字平如砥。若止印三二本，未为简易；若印数十百千本，而极为神速。常作二铁板，一板印刷，一板已自布字。此印者才毕，则第二板已具。更互用之，瞬息可就。每一字皆有数印，如之、也等字，每字有二十余印，以备一板内有重复者。不用则以纸贴之，每韵为一贴，木格贮之。有奇字素无备者，旋刻之，以草火烧，瞬息可成。不以木为之者，木理有疏密，沾水则高下不平，兼与药相粘，不可取。不若燔土，用讫，再火令药熔，以手拂之，其印自落，殊不沾污。昇死，其印为予群从所得，至今保藏。

火药起源于道教的炼丹术。《周易参同契》、葛洪《抱朴子》、孙思邈《丹经内伏硫黄法》等书记叙说炼丹者把硝石、硫黄、木炭等混合在一起炼丹，这就是火药的配方。炼丹者积累经验，逐步掌握了控制爆炸的技术，于是火药制品就出现了。据《事物纪原》说，三国时魏国巧匠马钧已经制造出爆仗；据《魏略》说，魏国曾经使用火器抵御诸葛亮的进攻；柳宗元的《罴说》说，猎人使用了猎枪；北宋曾公亮《武经总要》全面记叙了火炮等武器。

“四大发明”先传到阿拉伯，再由阿拉伯传往欧洲（所以，欧洲人曾经误以为这是阿拉伯的发明），促进欧洲走向近代社会。

第七一讲　器物制作和《考工记》

各种器物的制作是我国历代先民在日常生活中不断创造积累的成果。先秦史书《世本》的《作篇》记载了许多上古时代的制作传说。如黄帝作冕旒，胡曹作衣，鲧作城郭，巫彭作医，垂作耨，雍父作舂，伯益作井,咎繇作耒耜,少康作箕帚,亥作服牛,共鼓、货狄作舟,相土作乘马,奚仲作车,芒作网,杜康作酒,容成作历,大挠作甲子,巫咸作筮,仓颉作书(文字),史皇作图,隶首作数,等等,跟生活或生产有关;蚩尤作兵器,逢蒙作射,挥作弓,夷牟作矢,杼作甲,等等,跟战争或狩猎有关;倕作钟,无句作磬,女娲作笙簧,隋作笙,宓羲作瑟,神农作琴,随作竽,夷作鼓,夔作乐,等等,跟音乐有关。当然,这些记载大都是传说,制作者也只是群体的一个代表而已。

春秋战国时代文化繁荣,器物制作工艺日益纯熟,产生了公输般、墨翟等杰出制作人物。公输般是鲁国人,故称“鲁班”。他的发明创造很多,传说木匠的曲尺、墨斗、凿子、刨子、锯子等都是他发明的,所以被木工奉为祖师。在这样的时代背景下,总结制作工艺技术的专著《考工记》,也就应运而生了。

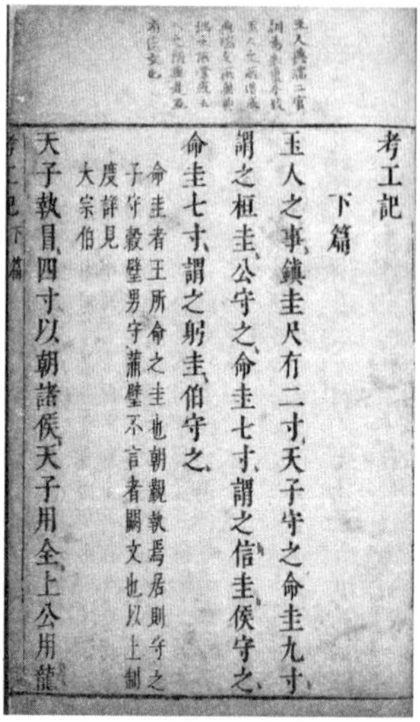

《考工记》

《考工记》被汉朝人收入《周礼》中,作为第六个部分“冬官考工记”。据考证,《考工记》本是春秋战国时代齐国的官修工艺技术书,整理者可能是齐国稷下学宫的学者。历代注释和研究《考工记》的著作很多,除了《周礼注疏》《周礼正义》以外,仅清代便有数十种,如戴震的《考工记图》、程瑶田的《考工创物小记》等。

《考工记》是我国工艺技术的开篇著作,也是全世界第一部关于手工业技术的专著。全书约7 000字,大致可以分成两部分。第一部分为总叙,强调“百工”在国家中的职责和重要地位,指出优质产品必须具备四个条件:天时、地气、材美、工巧。还罗列了木工、金工、皮革工、染色工、玉工、陶工等6个大类的30个工种的名称。第二部分为分叙,是全书的主体,分别记叙了各工种的职能和技术规范(其中有6种的记载已经失传)。《考工记》的技术内容包括了车辆、兵器、乐器、容器、玉器、皮革、练丝与染色、陶瓷、建筑和水利工程等。书中记录了生产技术的专门化分工。如车辆制造,有专门制造轮子的“轮人”,专门制造车厢的“舆人”,专门制造车辕的“辀人”。这样的精细分工可以提高工效,是手工业技术高度发达的标志。《考工记》严格规定产品的规格,又制定了相应的质量检验方法,可以说是世界上最早的一部质量管理、标准化管理的专著。

《考工记》所记录的工艺技术,有的处于世界领先水平。如“金有六齐”,记载了青铜器的六种合金比例、合金性能和依据烟火的颜色来判断冶炼的经验。又如丝织品加工方面,记载了用灰水脱胶、用日光脱胶漂白、反复浸染而获得不同的颜色。《考工记》所记录的工艺技术中,包含着丰富的力学、声学、建筑学知识。如造箭中指出箭羽是箭飞行的稳定装置,制车中提出滚动摩擦力和轮径大小的关系,造钟(乐器)中叙述了钟体和音响的关系,在建筑实践中使用了水平器、线坠等测量仪器,重视建筑的整体设计,等等。

《考工记》之后,历代工艺技术不断进步,产生了大批能工巧匠。如东汉初年,杜诗发明了“水排”,利用水力推动机械操作,比西方要早10个世纪。三国时期,巧匠马钧发明了翻车(龙骨水车)、水转百戏,复制了指南车,改进了制丝机、发石车。唐朝,陆龟蒙的《耒耜经》记载了制造犁、钱、镈、耰、耧、耙等水田耕作农具所取得的巨大进步。南宋末年,民间纺织家黄道婆改良了一整套棉花纺织加工的机具,包括擀棉去籽的搅车、弹松棉花的弹弓、纺棉花的纺车,以及“错纱配色、综线挈花”的织布技术。

第七二讲　五大农书(上)

中国古代以农立国,有数千年耕作经验。我国农书汗牛充栋,其中最有成就的是五大农书:《氾胜之书》《齐民要术》《农书》《王祯农书》《农政全书》。

《氾胜之书》是我国现存最早的一部农书。氾胜之(生卒年不详),西汉成帝时人,他曾为议郎,在关中平原地区督促民众种麦,获得丰收。《汉书·艺文志》著录《氾胜之书》18 篇,今佚。后人根据《齐民要术》等对《氾胜之书》的引用,辑出佚本《氾胜之书》。此书记载了黄河流域的农业生产技术,包括耕作的基本原则,播种日期的选择,种子的处理,黍、麦、稻、豆、麻、瓜、芋、桑等不同作物的栽培、收获、留种和贮藏技术、区种法等。区种法又称"区田法",其特点是深挖作区(音"欧"),或开沟点播,或坑穴点播,沟或坑就称为"区"。区种法适用于北方旱作地区,通过精耕细作,防旱保收,获得丰产。

《齐民要术》,贾思勰著。贾思勰在北魏末年担任过高阳郡太守,在东魏时代写成此书。"齐民"就是"平民",《齐民要术》的主旨是通过推广重要的生产技术使老百姓富裕起来。《齐民要术》是我国现存的第一部完整的综合性农书。全书 10 卷 92 篇,11 万字;书前还有自序、杂说。

《齐民要术》最关注北方农业生产的抗旱保墒的问题,除了继承《氾胜之书》的"区种法",还提出了深耕细作、打井浇灌、积雪、冬灌等办法。为了恢复并提高土壤的肥力,《齐民要术》提出了栽培豆类做绿肥和轮作套种的办法,这在世界上处于领先地位。

《齐民要术》重视选育良种。比如庄稼品种,它就列举了 80 多个品种的性能、产量、质量、选种、栽培等问题,指出种子的优劣对产量和质量都有举足轻重的作用。它还介绍了如何改变旧品种、培育新品种,揭示了作物和环境的相互关系。这已经涉及人工选择和人工杂交的育种理论。达尔文创立“进化论”时曾经说,他的人工选择思想是从“一部中国古代的百科全书”中受到启发的。学术界大多数人认为达尔文指的就是《齐民要术》。

《齐民要术》内容广泛,包括农作、园林、蚕桑、畜牧、兽医、酿造、储备等各个方面。如书中介绍了在果园中堆置乱草、生粪、熏烟等防霜的经验;介绍了种白杨树,可以增加收入;介绍了养牛、养马、养鸡、养鹅的经验,记载了涉及外科、内科、传染病、寄生虫病等的 48 个兽医处方;还阐述了酒、醋、酱、糖等的制作过程,挖地窖贮藏蔬菜的方法,等等。

《齐民要术》

《农书》是宋代陈旉所著,它是我国第一部反映南方农业生产技术特别是水稻栽培种植技术的农书。陈旉(1076—?),自号西山隐居全真子,平生喜读书,不求仕进,在真州(今江苏仪征)西山隐居务农,种药治圃,卒年不详。74 岁时写成《农书》。《农书》全书 3 卷 22 篇,1.2 万余字。上卷论述农田经营管理和水稻栽培,中卷叙述养牛和牛医,下卷叙述栽桑和养蚕。

上卷 14 篇,占了全书的三分之二,是全书重点。强调因地制宜,对高田、下田、坡地、葑田、湖田与早田、晚田等不同类型田地的整治都有具体的记载。书中说,高田的坡塘上可以种桑,塘里可以养鱼,水可以灌田,颇有现代生态农业的风采。《耕耨之宜篇》把水稻田分为早稻田、晚稻田、山区冷水田和平原稻田 4 种类型,分别阐述了整地和耕作的要领。《薅耘之宜篇》介绍了耘田和晒田的技术要求,强调水稻培育壮秧的重要性。

陈旉特别强调农业生产要遵循自然规律："法可以为常，而幸不可以为常。"如水稻育秧有适时、选田、施肥、管理四大要点。他提出著名的"地力常新壮"理论。前人说："田土种三五年，其力已乏。"陈旉说："若能时加新沃之土壤，以粪治之，则益精熟肥美，其力当常新壮矣。"书中对开辟肥源、合理施肥和注重追肥等措施，都有精辟见解。

第七三讲　五大农书(下)

《王祯农书》是元朝王祯所著。王祯(约1271—?)，字伯善，本是山东东平人，元成宗时曾任宣州旌德县(今安徽旌德县)尹、信州永丰县(今江西广丰区)尹。他在为官期间，生活俭朴，捐俸给地方上兴办学校、建桥修路、施舍医药；他规劝农民每年种桑树，指导农民种黍、麦、麻等作物，还画出钱、镈、耰、耧、耙等各种农具的图形让老百姓仿造使用。他还亲自参加劳动。最后，他总结前人著作的成果和自己积累的经验，于1313年编撰成《王祯农书》。全书37卷(今存36卷)，约13万字。书后附录了"法制长生屋"和"造活字印书法"。

《王祯农书》

《王祯农书》是我国第一部兼论北方农业技术和南方农业技术的专著。过去《氾胜之书》《齐民要术》《农桑辑要》等都只总结北方农业生产经验,陈旉《农书》只专论南方农业。《王祯农书》说:"自北至南,习俗不同,曰垦曰耕,作事亦异。"《王祯农书》明确划出广义农业的范围:包括粮食作物、蚕桑、畜牧、园林、渔业,而不包括酿造、制糖及农产品加工。

《王祯农书》分《农桑通诀》《百谷谱》和《农器图谱》三大部分。第一部分《农桑通诀》相当于农业总论,首先对农业的历史渊源做了概述;其次,《授时》《地利》两篇论述农业生产的根本关键是因时制宜、因地制宜,还绘制列举了各种作物种植和收获时间的《授时图》;然后,从《垦耕》到《收获》等 7 篇分别论述开垦、土壤、耕种、施肥、灌溉、田间管理和收获等农业操作的基本原则和措施。《授时图》是一张转盘图形,以北斗星为轴心,从内向外,分层列出天干、地支、四季、十二个月、二十四节气、七十二候,以及各物候期间应该进行的农事活动。第二部分《百谷谱》是栽培分论,介绍了 80 多种粮食作物和经济作物的起源、品种和栽培技术。第三部分《农器图谱》介绍了近 260 种农具、农业器械和生活用具,有插图 306 幅。不仅记载了当时通行的农具,还考订研究了已失传的古代农具并绘出了复原图。其中,他自己创制的《水轮三事》图最有特色,让水磨具备"磨面""砻稻""碾米"三种功能。

《农政全书》,徐光启著。徐光启(1562—1633),上海人,明末杰出科学家。徐光启中进士后从政,官至礼部尚书、内阁大学士。他虽政事繁忙,但一生最关注的是农业生产,花毕生精力写作《农政全书》,在书中自号"玄扈先生",以表明重农的志向。(按:预报农时季节的候鸟燕子叫作"玄鸟",上古管理农业生产的官称为"九扈"。)徐光启逝世后,《农政全书》由门人陈子龙等整理刻印。

《农政全书》共 60 卷 70 多万字,分为《农本》《农事》《田制》《水

徐光启

利》《农器》《树艺》《蚕桑》《蚕桑广类》《种植》《牧养》《制造》《荒政》等十二门。全书内容可概括为“农政措施”和“农业技术”两大部分。徐光启最关注的是水利、荒政等“农政措施”。《水利》门9卷,阐述水利是农业命脉,提出用水五法,全面论述如何利用泉水、河水、湖水、海水,如何凿井、挖塘、修水库。《荒政》门18卷,统计了历代水旱虫灾,综述了历代救灾措施及其利弊,最后附录了可资充饥的414种草木野菜,有的还注明亲自尝过。

徐光启并没有因为重视农政而忽视农业技术。他博采众家学说,全书征引的文献就有225种之多,又热心总结农民的生产经验,从而推动了生产技术的进步。如棉花从南亚传入我国,逐步取代了丝麻而成为最主要的衣料。南宋末年,民间纺织家黄道婆又创造了一整套棉花纺织加工的机具,更加提高了棉花的经济地位。徐光启全面研究了棉花品种、选种、播种、套种、施肥、摘心等栽培管理技术,并总结出通俗简明的十四字诀:“精拣核,早下种,深根短干,稀料肥壅。”

徐光启非常热衷于新作物的试验与推广,“每闻他方之产可以利济人者,往往欲得而艺之”。例如,他听到闽越一带有产量高的甘薯,便进行试种,随后写了《甘薯疏》,推广甘薯种植,用来备荒。为了推广新品种的种植,他批判了古代流行的“风土不宜”论。他指出,作物生长虽然要适应各地的气候土壤,但是不能机械看待,更不能作为拒绝引进新品种的借口。

徐光启还是我国介绍西方近代科学并主张中西文化结合的先驱。他跟耶稣会传教士利玛窦等人交往,学习西方科学,翻译了《几何原本》《泰西水法》等科学著作;又吸收西方的历算、测量技术,写了《测量异同》《勾股义》,主持了《崇祯历书》的编写工作。此外,他还亲自练兵,负责制造火器,并成功地击退了后金的进攻,著有军事著作。

[附录]

《茶经》及单项专著

《茶经》,陆羽作。陆羽(733—约804)字鸿渐,唐朝隐士。他深入盛产茶叶的各州调查,潜心钻研,花10多年精力写成世界第一部茶叶专著《茶经》。全书有十章:依次介绍了茶叶树的发源地、性状、种法,茶叶的性质、作用;制茶的工具;采茶和制茶的方法;烧茶的器具;煮茶的方法;饮茶的历史和方法;自神农氏至唐朝历代名人和著作对茶的论述及故事;唐朝的茶叶产地;品茶的环境和器皿;有关挂图。《茶经》问世后大大推动了唐以后茶叶的生产和茶文化的传播,《新唐书·隐逸传》说"天下益知饮茶矣"。当时的卖茶人甚至将陆羽塑成陶像置于灶上,奉为茶神。明朝陈鉴的《虎丘茶经注补》、清朝陆廷灿的《续茶经》,都是对《茶经》的继承和发展。在《茶经》影响下,逐步形成了中国独特的茶文化"茶道"。"茶道"分献茗、受茗、闻香、观色、尝味、反盏等六道程序,充满宁静致远的雅趣。

跟《茶经》相似的论述农副业单项生产的专著还很多。如《相牛经》(托名宁戚)、《相马经》(托名伯乐)、《相鹤经》(托名浮丘公)、《相贝经》(署名师旷)、《禽经》(署名师旷)、《促织经》(南宋贾似道)、《芋经》(明朝黄省曾)、《鱼经》(黄省曾)、《蚕经》(黄省曾)、《兽经》(黄省曾)、《鹳经》(明朝蒋德璟)、《鸽经》(明朝张万钟)、《菊谱》(宋朝刘蒙、明朝周履靖、清朝弘皎等皆有同名书)等。

第七四讲 《天工开物》及其他

《天工开物》，宋应星著。宋应星(1587—?)在崇祯年间担任江西分宜县教谕(县学的教官)时，致力钻研整理古代的各种生产技术，写成《天工开物》。于崇祯十年(1637)出版。“开物”是开发生产各种物质的意思，“天工”是形容生产技术的精纯。全书有上中下3册，分18卷。既有大量的确切说明和数据，又有120多幅描绘真切的插图。

宋应星邮票

《天工开物》的突出特点是囊括了古代农业和工业及其他行业所积累的生产技术，所以，它被誉为中国古代的“工艺百科全书”。且看18卷的内容：1.《乃粒》卷，介绍农作物生产技术；2.《乃服》卷，介绍纺织技术；3.《彰施》卷，介绍染色技术；4.《粹精》卷，介绍谷物加工技术；5.《作咸》卷，介绍制盐技术；6.《甘嗜》卷，介绍制糖技术；7.《陶埏(shān)》卷，介绍砖瓦、陶器、瓷器的制作技术；8.《冶铸》卷，介绍铸造技术；9.《舟车》卷，介绍车船制造和运输技术；10.《锤锻》卷，介绍金属锻造技术；11.《燔(fán)石》卷，介绍采煤开矿技术；12.《膏液》卷，介绍榨油技术；13.《杀青》卷，介绍造纸技术；14.《五金》卷，介绍各种金属的开采冶炼技术；15.《佳兵》卷，介绍武器制造技术；16.《丹青》卷，介绍墨和颜料制作技术；17.《曲蘖(niè)》卷，介绍酿酒技术；18.《珠玉》卷，介绍珠宝玉石的采集加工技术。各卷的先后顺序是按照“贵五谷而贱金玉”的原则安排的。

《天工开物》

《天工开物》的技术介绍，非常系统细致而有指导意义。如介绍农作物生产，就包括选育良种、精耕细作、灌溉施肥、改良土壤、防治病虫害等。介绍浸种育秧时说，秧苗生长30天就要拔起来分栽，否则就会减产；又说1亩秧苗可以供移栽25亩。对于排水不良、土温较低的“冷浆”田，介绍了用动物骨灰或用石灰蘸根。防病虫鼠害，介绍了可以用砒石(砒霜)拌种和蘸根。又如我国是世界上最早发现和使用煤的国家，汉朝已经用煤做冶铁燃料，但是挖煤容易发生毒气和塌井事故。《天工开物》系统记述了煤的采矿过程，并介绍可以用粗竹管把矿井中的毒瓦斯引出地面，可以设置“支板”(巷道支架)防止塌井事故。

《天工开物》记载了很多先进工艺。如我国钢铁冶炼技术，经过“块炼法”→“百炼法”→“炒钢法”，到南北朝梁代陶弘景提出用生铁和熟铁合炼的“灌钢法”，北齐的綦毋怀文把“灌钢法”发展成熟。綦毋怀文选用优质铁矿石冶炼出优质生铁，再趁热把液态生铁浇注在熟铁上，又用牲口的尿和油脂淬火，从而炼出了可以有不同含碳量的品质优异的钢。“灌钢法”大大超过了西方各国17世纪以前采取的熟铁低温炼钢的办法。《天工开物》详细介绍了到明朝已经发展得更加成熟的“灌钢法”。《天工开物》还介绍了生铁炼熟铁的连续作业方法，即趁热把生铁水倾倒进事先挖好的小方水塘内，加入泥粉，几个人同时用柳棍快速猛搅，让泥粉中含有的硅酸盐等快速跟生铁中的碳等成分发生氧化，使生铁变成熟铁。这种作业方法，省掉了再熔化过程，减少了时间，降低了成本，提高了生产效率。又如《天工开物》论述了金、银、铜、锡、铅、锌等有色金属的化学性能，总结了铜锌合金的提炼技术，在世界上处于领先地位。

《天工开物》不仅记录了技术实践，而且能够深入分析某些现象，达到一定的科学理论高度。如介绍有些水稻因为干旱缺水而变得具有抗旱性，通过人工选育，可以得到变异的旱稻种，即使在高山缺水的条件下也可种植。介绍用“黄雄”（黄茧蚕的雄蛾）和“白雌”（白茧蚕的雌蛾）杂交，可以得到下一代褐茧蚕。这些都是通过人工选择和人工变异而改良品种的技术，符合生物变异进化的原理。宋应星认识到了环境可以影响生物性状的变异，总结说：“土脉历时代而异，种性随水土而分。”又如分析用水银和硫黄烧炼朱砂的现象，用 16 两水银可炼得 17 两 5 钱朱砂。宋应星指出那多出的朱砂数量是“借硫质而生”，这就具有“质量守恒”思想的萌芽。

《天工开物》没有被收入《四库全书》，在国内长期湮没无闻，但是在国外影响很大。传到日本，被誉为反映“中国技术全貌的书”；1869 年被译成法文，书名《中华帝国古今工业》。直到 20 世纪 20 年代，丁文江等认为《天工开物》“要算国故中最值得赞许的一部科学典籍”，才从日本引回刊印。1952 年，北京图书馆从宁波李氏墨海楼捐献的藏书中又得到了《天工开物》的初刻本。

《天工开物》是总括古代农业、工业生产技术的综合性著作。古代还有大量只总结某一类产品的专项著作。如北宋朱肱的《北山酒经》是我国现存第一部酿酒工艺专著；南宋王灼的《糖霜谱》是制糖工艺专著。元朝薛景石的《梓人遗制》是木工技术专著，其中“织具”类讲述了“华机子”（提花机）、“立机子”（竖式织机）、“罗机子”（绫罗的专用织机)等,是介绍纺织机械的重要文献;陈椿的《熬波图》是海盐生产技术专著。明朝,著名漆工黄成编写的《髹饰录》是我国现存第一部漆工技术专著;《漕船志》《龙江船厂志》《南船记》记述了造船技术;《鲁班经》记载了建筑、家具、日用品、农具的制作;《火龙经》《神器谱》《西法神机》《火攻挈要》《新制奇器图说》等是火器专著。清朝,《自流井风物名实说》《四川盐法志》等总结了四川盐业生产技术和经营管理。特别值得提出的是:南宋蒋祈的《陶记》是记述景德镇陶瓷业的专文,也是世界上最早的瓷器专著;清朝的《南窑笔记》《陶说》《景德镇陶录》《陶冶图编次》等是总结陶瓷技术的专著。陶瓷是中国的特殊创造,故英文以"China"表示中国而以"china"表示瓷。此外,还有《艺经》《弹棋经》《敦煌棋经》《棋经十三篇》《棋谱》《丸经》《牌经》《笔经》《墨经》等文娱类杂著。

第七五讲　水利工程及专著

我国以农立国,兴修水利、防治水患是农业的命脉。远古时代"大禹治水"的历史传说,疏通九河、开辟九山、划分九州显示了我国先民的宏伟气魄。我国先民和水利专家们创造了许多举世闻名的水利工程,留下一批总结水利科学的专著。

水利工程的突出代表,有都江堰、灵渠、坎儿井、大运河等。李冰父子为了造福民众而修筑都江堰,利用热胀冷缩的原理劈开虎头岩而形成宽达20米、长达80米的"宝瓶口";又因势利导修"鱼嘴",筑"飞沙堰",使泯江水分流:"四六分水、二八分沙。"还把保护工程一劳永逸的方法总结为简单的六个字:"深掏滩,低作堰。"这都是非常了不起的创造。都江堰工程使成都平原成为"天府之国",而且延续两千多

李冰父子铜像

年，一直发挥作用，一直为民造福。灵渠利用拦河坝、船闸突破五岭的障碍，使湘江和岭南通航；新疆吐鲁番地区的坎儿井，把井、渠巧妙结合，引用高山雪水灌溉平原，都是非常了不起的。大运河贯通中国南北，是世界最长的人工运河。只可惜隋炀帝开凿的目的是为了满足一己的享乐，劳民伤财。皮日休《汴河怀古》诗说得好："尽道隋亡为此河，至今千里赖通波。若无水殿龙舟事，共禹论功不较多。"此外，战国时秦国的郑国渠，汉代的白渠、龙首渠，隋代的永济渠，宁夏地区的古灌渠等，都是古代著名的水利工程。

古代水利工程的重点是治理黄河。黄河是中华民族的母亲河，也是水患严重的河。黄河水泥沙多，逐年淤积，抬高河床，经常泛滥成灾，史书记载两千年中就缺口1 500多次，改道 26 次。所以，治理黄河是历代头等水利大事。最有名的治黄专家有战国时代的白圭、汉朝的王景、宋朝的沈立、元朝的贾鲁、明朝的潘季驯、清朝的陈潢。白圭是魏惠王的大臣，善于修筑堤坝，兴修水利；《汉书》还说他是商业贸易理论的鼻祖。王景奉汉明帝之命疏浚仪渠、汴渠和黄河堤防，功效卓著。沈立是《河防通议》的原作者，《河防通议》经过元朝赡思的补充整理，是我国现存的第一部河工技术规范的专著。全书分为河议、制度、料例、功程、输运、算法六门，分别记述了河道形势、河防水汛、泥沙土脉、河工结构、材料和计算方法以及施工、管理等方面的规章制度，总括了宋金元三代治理黄河工程的经验。贾鲁(1297—1353),元朝学者。公元1351年"黄河决溢,千里蒙害",百姓困苦。朝廷任命贾鲁为工部尚书、总治河防使。他精心设计方案,亲自率人修筑黄河堤坝,取得显著成效。潘季驯(1521—1595),明嘉靖至万历年间四次主持治河工作,取得了显著成就。他总结治河经验,写成《河防一览》等著作,提出重要的治河理论:"塞旁流以挽正流,以堤束水,以水攻沙。"意思就是:干流两岸的堤防必须坚固,又不让河水分到支流,从而使水量集中、流速加快,把泥沙冲入大海。他第三次治黄河时,让黄河、淮河在入海处合流冲刷泥沙,就取得了显著成绩。这个理论简称"束水攻沙"。他总结的修筑"减水坝""格堤""遥堤"相互配合的方法,既可泄洪峰,又可束水攻沙,还可以形成淤积的滩地。陈潢(1637—1688),自幼喜欢钻研治水理论。清朝顺治至康熙年间,黄河、淮河、运河连年溃决,良田沦为泽国,海口淤塞,运河断航,漕运受阻。内阁学士靳辅寻访到陈潢,引为幕僚。靳辅担任河道总督后,完全靠陈潢帮助治河。陈潢劳苦跋涉,深入实地考察,精心设计和施工,战胜水患,使黄河和淮河安流、漕运畅通。陈潢的著作《河防述言》《河防摘要》,刊载在靳辅主编的《治河方略》中。陈潢继承和发展了潘季驯"束水攻沙"和"减水坝"的理论和实践,河水暴涨时就"分流杀势",长远安排则"合流攻沙"。他把建筑减水坝和开挖引河相结合,又发明了"测水法"科学地测量主河道的流速流量。陈潢还提出了彻底治理黄河、淮河的方案,即上、中、下游"统行规划、源流并治",可惜没有被朝廷采纳。

除了治理黄河的专著,历代还有许多水利专著。如明朝归有光的《三吴水利录》、张国维的《吴中水利全书》,清朝陶澍主编的《重浚吴淞江全案》《水利七案》等,专门论述太湖地区水利;明朝徐贞明的《潞水客谈》、清朝王履泰的《畿辅安澜志》等,专门论述京畿地区水利;明朝李熊的《木兰陂集》、王琼的《漕河图志》、翟均廉的《海塘录》,清朝程鸣九的《三江闸务全书》、项棣孙的《通济堰志》、黄世杰的《云南省城六河图说》等，专门记单项水利工程。

第七六讲　传统建筑及专著

我国传统房屋建筑丰富多彩，北方四合院、江南厅堂、竹篱茅舍、帝王宫殿、佛庙道观，以及土楼、吊脚楼等都独具特色。共同的民族特色是：第一，木材构架结构。使用的主要建筑材料是木材，土墙、砖墙、瓦片皆起附属作用。木材各个构件之间的结点以榫卯相接合，构成富有弹性的框架。第二，创造了大屋顶和斗拱结构形式。屋顶造型多样，特别是歇山式大屋顶，显得稳重协调。屋顶中直线和曲线巧妙地组合，形成向上微翘的飞檐，不但扩大了采光面，有利于排泄雨水，而且增添了建筑物飞动轻快的美感。斗拱是富有创造性的构件，集结构功能与装饰功能于一体，它既是上部梁架和立柱之间传递荷载的结构构件，又以其自身优美、华丽的造型而成为建筑的装饰构件。第三，装饰丰富多彩。运用油漆和彩画，既防止木材易腐、易燃，发挥保护作用，又是装饰手段。又运用各种雕饰美化建筑，包括墙壁上的砖雕和木雕、台基石栏上的石雕、金银铜铁等建筑雕饰。雕饰题材有动植物花纹、人物传说故事等。第四，平面布局独特。以单座建筑为基础组成庭院，又以庭院为单元组成建筑群，大都采用均衡对称的方式。在室内使用隔扇、屏风等自由灵活地分隔内部空间，在室外使用回廊曲径等联系和扩展外部空间。第五，建筑跟周围自然环境协调。如我国大多数房屋都适应我国气候而坐北朝南，佛庙道观地址都选择幽静的山林。

宋代李诫（？—1110）主编的《营造法式》是我国传统建筑工程技术的划时代著作。全书正文 34 卷，共有 357 篇3 555条，分为《名例》

李　诚

《制度》《功限》《料例》和《图样》五大部分。《名例》2 卷统一建筑术语和规格。《制度》13 卷是全书重点，详细讲解 176 项施工工程的尺度标准和操作要领；其中还介绍了各种先进工具，如“水平真尺”的原理和构造颇接近现代的水准仪。《功限》10 卷和《料例》3 卷谈劳动定额和用料数量，注意了因地、因时、因人制宜。《图样》6 卷，

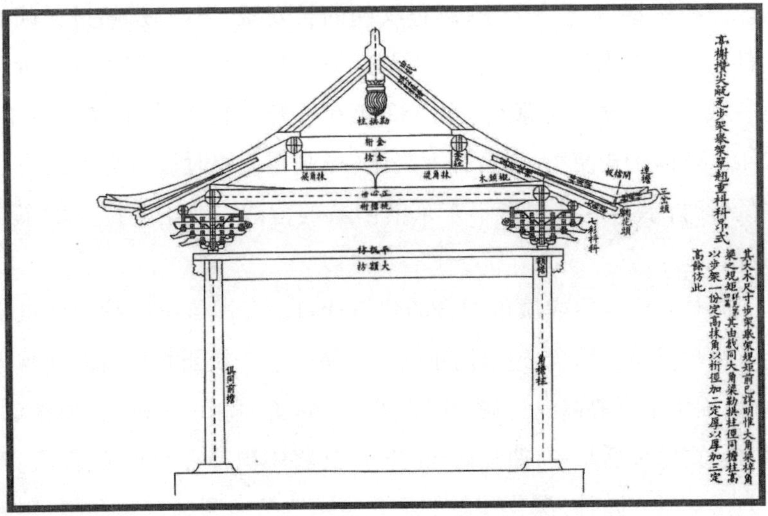

《营造法式》内图

描绘了屋架、各类构件的详尽图样。《营造法式》图文并茂，继承了《考工记》《唐六典》和喻皓《木经》的历史成果，总结了工匠们的丰富经验，标志着我国古代木结构建筑的纯熟和向标准化、定型发展的方向，对元明清各朝的建筑有重大影响。

城市布局和城墙修建是传统建筑的重要内容。隋唐的长安城（隋名大兴城）、元明清的北京城、万里长城，都是举世闻名的建筑。长安城设计者是宇文恺。宇文恺（555—612），鲜卑族建筑工程专家。隋朝承袭北周以长安为京都，但旧城已残破不堪，而且规模狭小，于是隋文帝杨坚下诏营建新城。全城由宇文恺设计规划。工程的规划和管理都相当精细严谨。其突出特点是：1. 选址合理。北靠渭水，西傍沣河，东依灞水、浐水，南对终南山，又开凿了永安渠、清明渠、龙首渠，渠两岸种植柳树，集中解决了供水、排水、航运、绿化问题。2. 布局合理。新城分宫城（紫禁城）、皇城和郭城（罗城），把宫室、官署区与居住区严格分开。城中有南北向大街 11 条，东西向大街 14 条，划分为 108 个里坊和两个商市，形成棋盘式的布局。街道都很宽阔。3. 气象雄伟。面积达 84. 1 平方公里，超过汉朝的长安城、洛阳城，超过元朝的大都与明朝的南京，也超过古罗马城、拜占庭、巴格达，堪称古代世界第一城。4. 建设速度惊人。从 582 年 6 月开始兴建，年底基本竣工，次年 3 月即正式使用，命名为大兴城（杨坚在北周时被封为大兴公）。隋炀帝时，宇文恺又主持了东京洛阳城的营建。他还主持开凿了广通渠。

园林是跟房屋或城市配合的建筑项目。我国传统园林的特点是追求跟自然完美结合，追求高雅的文化意境。传统园林以自然地貌为基础，因山水形势修建房廊、楼阁、亭台、隔墙、假山、小桥，栽种花草、树木、竹林，灵活布局，曲径通幽。同时还将中国特有的匾额、楹联、碑刻艺术等融入园林，深化园林的文化意境。著名园林有颐和园、避暑山庄、苏州园林、上海豫园、大明湖、玄武湖等。明朝末年，计成的《园冶》是我国古代园林艺术理论专著。全书共 3 卷，附图 235 幅，总结了造园经验，论述了宅园、别墅的营建原理和方法。

桥梁是重要建筑工程。石拱桥是我国桥梁建筑的伟大创造，一座古桥往往能经受天灾战祸而历千百年不坏。著名石拱桥有赵州桥、卢

赵州桥

沟桥等。赵州桥,又名安济桥,坐落在河北赵县的洨河上,是世界上第一座石拱桥。这座桥由隋朝石匠李春设计建筑。桥全长 64.40 米,宽 9.60 米,大拱净跨度长 37.20 米,拱高 7.23 米,既便于行人、车辆通行,又便于桥下行船。大拱的两肩上,各做两个小拱,既符合力学原理,又达到了节省石料、增加泄洪力、造型均衡对称的目的。它距今 1 400多年,经过无数次洪水冲击、8 次地震仍然巍然挺立。除了石拱桥,我国著名的古桥还有西安灞桥、泉州洛阳桥、晋江安平桥等石梁桥,都江堰的安澜桥、大渡河的泸定桥等悬索桥。

第七七讲 《算经十书》等数学专著

我国古代数学的特点是以计算为中心,密切联系实际,以解决生产生活中的数学问题为目的。在算术、几何、代数等方面都有巨大成就。我国还发明了独特的计算工具“算盘”。北宋张择端《清明上河图》中赫然画着算盘,可见最迟到北宋已经普遍使用算盘。算盘是计算机发明前世界最先进的计算工具，有人认为它应该“跟四大发明相提并论”。

唐朝初年，总结以前各代数学成果，编撰《算经十书》，由李淳风注解。十书是：《周髀算经》《九章算术》《海岛算经》《孙子算经》《缀术》《夏侯阳算经》《张丘建算经》《五曹算经》《五经算术》《缉古算经》。

《周髀算经》原名《周髀》，是我国最古老的天文学和数学著作，为“盖天说”和“四分历法”的测量与计算服务。“周”是周天运行的意思，“髀”是测量日影的标杆，又叫“表”。全书有上下两卷，从追述西周政治家周公和天文学家商高的问答开始。此书的写作具有层积性质，大概战国即有人写作，到东汉初年（1 世纪）定型。书中论述了分数运算、等差级数和勾股定理。

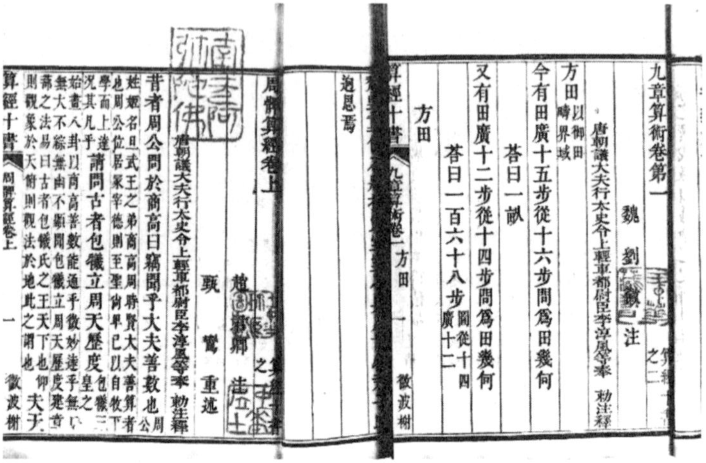
九章算術卷第一
唐朝議大夫行太史令上輕車都尉臣李淳風等奉 勅注釋
魏 劉徽 注
方田以御田疇界域
今有田廣十五步從十六步問爲田幾何
荅曰一畝
又有田廣十二步從十四步問爲田幾何
荅曰一百六十八步 圖從十四廣十二
方田
周髀算經卷上
趙君卿注
甄鸞重述
唐朝議大夫行太史令上輕車都尉臣李淳風等奉勅注釋
昔者周公問於商高曰竊聞乎大夫善數也
請問古者包犧立周天歷度

《九章算术》

《九章算术》是先秦两汉数学成果的总结性专著，最后成书于东汉前期（1 世纪）。经过三国时代魏国数学家刘徽的注解阐释而更加完备。《九章算术》采用问题集的形式，收有 246 个应用问题，分为九章。第一章《方田》，主要讲各种平面图形面积的计算方法和分数的四则运算法则。第二章《粟米》，讲谷物按比例折换的比例算法。第三章《衰分》,讲等级分配的比例法则。第四章《少广》,讲由面积或体积而反求边长和径长,即开平方、开立方的方法。第五章《商功》,讲土石工程的体积计算。第六章《均输》,讲合理推算赋税和徭役的方法,包括了正比例、反比例、复比例、连锁比例等全套比例算法。第七章《盈不足》,讲盈亏问题。第八章《方程》,提出了联立一次方程和正负数的加减法则。第九章《勾股》,讲勾股定理应用。九章所讲的几何图形的面积或体积的计算方法、分数四则运算的法则、解联立方程组、正负数运算、比例算法、盈亏问题、勾股问题等,都处于世界领先地位。

《海岛算经》原名《重差》,刘徽著。全书讲如何使用标杆多次测量目的物的高度或距离,其中第一题是测量海岛山峰。刘徽的突出成就是作《九章算术注》,他阐释发展《九章算术》,还提出了"割圆术",开创了圆周率研究的新阶段。

《孙子算经》约成书于东晋时代,"孙子"是谁不详。全书讲筹算法则,还提出了数论中的一次同余式(不定分析)问题:"今有物不知数,三三数之剩二,五五数之剩三,七七数之剩二,问物几何?"

《缀术》,南北朝时期南朝祖冲之(429—500)和其子祖暅(gèng)之的著作。原书内容广阔深奥,于10世纪失传,据《隋书·律历志》及《梦溪笔谈》的记叙,其内容包括圆周率、球体体积计算、内插法、三次方程求解等。祖冲之计算出圆周率在3.141 592 6和3.141 592 7之间,精确到小数点后七位,领先世界一千年。祖冲之还是杰出天文学家和机械制造家,他编制了《大明历》,发明了水碓、水磨和能日行百里的"千里船"。《缀术》失传后,人们曾经用《数术记遗》替代它以充《算经十书》之数。《数术记遗》署名东汉数学家徐岳著,据考证可能是北周甄鸾的著作。此书记载了命数法和筹算、

祖冲之

珠算、心算等14种计算方法，其中“珠算”开后代算盘计算的先河。

《夏侯阳算经》，北魏夏侯阳编著，保存了许多实用数学的珍贵史料。《张丘建算经》，北魏张丘建编著。此书在《九章算术》的基础上推陈出新，如盈亏问题简捷解法、最大公约数和最小公倍数问题、等差级数问题、二次方程和不定方程问题。不定方程中的“百鸡问题”是世界著名的数学题。《五经算术》《五曹算经》，北周甄鸾（535—566）编著。《五经算术》搜集儒家五经和《论语》《左传》中数学计算问题进行解释。《五曹算经》是一部为地方官员撰写的应用数学书。“五曹”指“田曹”“兵曹”“集曹”“仓曹”“金曹”五类官员。此书按“五曹”分五卷，依次讲述田亩面积计算、军队配置给养、粟米交换、仓库储备容积、丝帛物品交易等问题。《缉古算经》，唐朝初年王孝通著。此书讲解土木工程施工中的一系列计算难题，共20题。

宋元时代数学进步，代表人物是“数学四大家”：秦九韶、李冶、杨辉和朱世杰。秦九韶（约1208—约1261），生于南宋末年，代表作《数书九章》处于世界领先地位。其中的“大衍求一术”，被称为秦九韶“中国剩余定理”；其中的“正负开方术”，被称为“秦九韶程序”。李冶（1192—1279），生于金末元初，代表作是《测圆海镜》《益古演段》。《测圆海镜》讨论了在各种条件下用天元术求圆径的问题。所谓“天元术”，就是用统一符号表示未知数的不同次幂，列写高次（高达六次）代数方程。《益古演段》是一本普及天元术的著作。杨辉，南宋末年数学教育家，有《详解九章算法》《日用算法》《乘除通变本末》《田亩比类乘除捷法》《续古摘奇算法》等大批著作，书中还把运算要点编成歌诀，总结、发展和普及了捷算法。朱世杰，元朝杰出数学家，著有《算学启蒙》《四元玉鉴》。《四元玉鉴》分24门288问，探讨了“四元术”（四元高次联立方程组解法）、“垛积术”（高阶等差级数计算）、“招差术”（有限差分）等，创造了一套完整的消未知数的方法，领先于西方数百年。《算学启蒙》是通俗数学名著，曾促进了朝鲜、日本的数学发展。

明朝末年，徐光启翻译欧几里得《几何原本》，引进了西方数学。清朝初年，最杰出的数学家是明安图。明安图（？—1765），蒙古族。他的《割圜密率捷法》，把传统数学和西方数学相结合，论证了用无穷级数表示圆周率和三角函数的表达式等九个公式，合称“九术”，被数学界誉为“明氏新法”。他还绘制了准确的新疆地图，参加编成《律历渊源》等，对维护祖国统一和天文历象研究做出了贡献。

第七八讲　天文历法

我国在远古时代就有了天文观测的记录。《尚书·胤征》记载了夏朝仲康年间（前 21 世纪）九月初一发生的日食，这是世界最早的日食记录。当然，这可能是后代人的追记。殷墟所发现的商朝武丁时代（前 14 世纪）的三片记载日食的甲骨文，则应该是可靠的记录。

我国先民在天文观测的基础上，形成了三种宇宙学说：盖天说、浑天说、宣夜说。盖天说最古老，认为天像车盖一样覆盖大地。浑天说认为大地浮在水上或气中，被一个“天球”笼罩，日月星辰都分布在“天球”上运行。早期的浑天说认为大地是平的，三国时代陆续提出地是球形的概念。宣夜说认为并没有一个固体的“天穹”，“天”是无边无涯的气，日月星辰都在气中飘浮游动。三种宇宙学说中，浑天说影响最大，《周髀算经》和张衡制造的浑天仪都离不开浑天说。

我国传统天文观测仪器主要是两类：一是表，一是浑仪。表是测量太阳影子的直立标杆，或设置跟表成直角平卧的圭，或把表直立在圆盘中央，在圭和圆盘上刻出表示时间推移的刻度，互相配合，用以表示方位、时间和季节变化。浑仪是根据人类眼睛所看到的球形天体而创造出的天文仪器。

古观象台上的浑天仪

在天文仪器制作方面,最突出的科学家是张衡。张衡(78—139),字平子。公元117年,张衡在洛阳制造出世界上第一台用水力推动的大型天文仪器——浑天仪。仪器的主体是一个球形模型,即“天球”。天球表面排列出二十八宿和其他恒星,还有黄道圈和赤道圈,圆周划分为365度,并排列出以冬至为起点的二十四节气。“天轴”贯穿天球的北极和南极,让天球向地球自转的方向转动,球的一半隐没在地平圈的下面,另一半显露在地平圈上面。张衡又把表示时刻的滴漏壶跟天球连接起来,利用壶中滴出来的水的力量推动齿轮,齿轮再带动浑天仪运转,一昼夜转动一周,展示出日月星辰运行的现象。张衡的天文学著作是《浑天仪注》和《灵宪》。《灵宪》阐述宇宙理论,并认为天球之外还有无穷的宇宙:“宇之表无极,宙之端无穷。”

公元132年,张衡又发明了世界上第一架测量地震方位的仪器——候风地动仪,它准确测出了远在千里之外发生的地震。

唐朝一行、宋朝苏颂、元朝郭守敬都在张衡的基础上改进了浑天仪。苏颂(1020—1101)所建造的水运仪象台是最杰出的天文观测建筑。台高12米,分三层。其中安置的水运浑天仪就像布满星辰运转着的天穹一样,人们可以走入内部进行观察。苏颂还写了《新仪象法要》介绍这台仪器,绘出60多幅图样和150多种机械零件。

候风地动仪

我国古代天文研究的成果集中体现在历法方面。我国从远古时代就产生了历法。《世本》有黄帝大臣容成制作历法的记载。《汉书·律历志上》说,"黄帝历""颛顼历""夏历""殷历""周历"和"鲁历"是上古六历。我国历代使用的历法有六七十种之多,最著名的有太初历、四分历、大明历、大衍历、授时历等。太初历由史官司马迁、星官射姓、历官邓平和民间历算家唐都、落下闳等制定,汉武帝太初元年开始施行。它是我国古代第一部完整的历法,也是当时世界上最先进的历法。太初历是阴阳合历。它规定一回归年为一年(365.250 16日),一朔望月为一月(29.530 86日),并把二十四节气编入历法。它采用夏历的正月为岁首。西汉末年,刘歆曾经修订太初历而改名为三统历。四分历在东汉章帝时代由编䜣、李梵等创制。大明历是南北朝著名数学家祖冲之在宋孝武帝大明年间创制的。祖冲之首次在历法中引入了“岁差”的概念,所谓“岁差”就是“回归年”和实际“恒星年”(地球绕太阳公转周期)的差距;又提出了每391年设置144个闰月。这两项创新使历法更加精确。大衍历是著名天文学家一行创制的。

郭守敬

一行(673或683—727),俗姓张名遂,幼年出家。唐玄宗开元年间被召入京,主持修订历法。他既吸收前人成果,又深入全国各地测量观察,历时十年完成大衍历。一行最突出的贡献是发现太阳在黄道上的运行速度有变化,而且比较精确地计算了其变化规律。授时历是元朝郭守敬以及许衡等人编制的。郭守敬(1231—1316)是卓越的天文和水利专家。他总结古代历法成果,发明了简仪、高表等十多种新仪器,编制了当时最先进的历法授时历。他还著有《推步》《立成》等十四种天文历法著作,修浚了西夏境内的古渠,修治了通惠河(元大都至通州的运河)。

我国传统天文学特别重视研究气候和农业生产的关系。如先秦时代的《礼记·月令》记述了一年十二个月的物候和农事。《逸周书·时训解》《淮南子·时则训》等提出七十二候,即以五日为一候,三候为一气,六气为一时(季节),四时为一岁,一年共七十二候。各候的气温气象不同,动植物生长发育和农事活动也不同。后来,东汉崔寔著《四民月令》,唐朝韩鄂著《四时纂要》,元朝吴澄著《月令七十二候集解》、鲁明善著《农桑衣食撮要》,把这个理论更加系统化了。

我国历代天文历算家的事迹,分散记述在各朝的史书中,清朝出现了集中记述他们事迹的《畴人传》。《畴人传》,阮元(1764—1849)

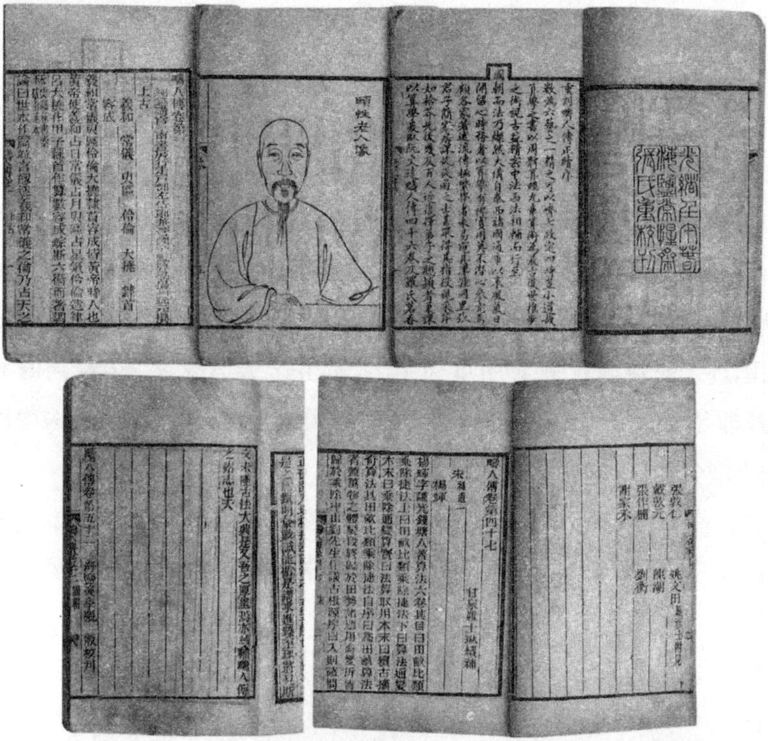

《畴人传》

著。“畴人”这个词出现在《史记·历书》中，裴骃《史记集解》注释说：“家业世世相传为畴……各从其父学。”中国古代天文、历法、数学、工匠等大多是师承家学，所以称为畴人。《畴人传》著于乾隆、嘉庆年间，共46卷，337 000余字，传主达280人。其中，前42卷收录自上古至清乾隆末年的天文历算家243人，后4卷收录来自西洋的学者37人。每人一传，叙述传主的事迹、论说及著作，传末有作者评说；所引材料都注明出自哪部典籍。道光二十年(1840)，罗士琳撰《畴人传续编》6卷；光绪十二年(1886)，诸可宝撰《畴人传三编》7卷；光绪二十四年(1898)，黄钟骏撰《畴人传四编》12卷。《畴人传》及其续编是研究我国科技史特别是天文历法史的宝贵资料。

第七九讲　辉煌独特的医药学(上)

中国医药学植根于中华文化的沃土,历史悠久。相传“伏羲制九针”;我国最原始的针是石针,名叫“砭”(biān)。可见针灸的历史可以追溯到石器时代。《淮南子》中记载了“神农尝百草”的传说,说明我国进入农耕时代就应用草药了。《周礼·天官冢宰》记载当时有“医师”“食医”“疾医”“疡医”“兽医”五类医生,说明西周时代医生已经出现分工。

一、战国至两汉时期,是中医理论的奠基阶段。产生了一批名医和“中医四大经典”:《黄帝内经》《难经》《神农本草经》《伤寒杂病论》。

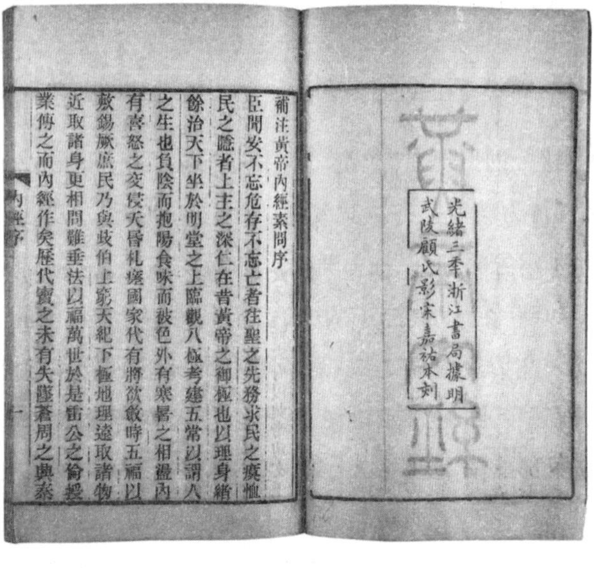

《黄帝内经》

《黄帝内经》是集上古、先秦医学大成的著作，又是中医理论的奠基著作。整理者大概是战国晚期道家“黄老学派”的精通哲学和医学的学者。全书托名黄帝跟大臣岐伯以及伯高、少俞、少师、雷公等相互问答，研讨养生治病理论，所以人们把中医称为“岐黄之术”。《黄帝内经》包括《灵枢经》与《素问》两部书，今本各分为八十一篇。《素问》的权威版本是唐朝王冰整理、宋朝林亿等校注的版本。《灵枢经》有后代人的增补，流行本是宋朝史崧整理校订的。隋朝名医杨上善整理注释的《黄帝内经太素》，是把《灵枢经》与《素问》合编为三十卷，按内容重新进行系统分类。《黄帝内经》的基本理论框架包括顺应自然、预防养生、阴阳五行、脏腑理论（五脏六腑和奇恒之腑）、经络理论（十二经脉、奇经八脉和腧穴）、人身三宝（精、气、神）、病因病机、诊断方法（望、闻、问、切）、脉象分类、治病求本等。

《难经》，全名《黄帝八十一难经》，相传是战国名医扁鹊（秦越人）的著作。“难”是设问答疑的意思，全书以八十一个问答题目阐述《黄帝内经》的理论，可分脉法、经络、脏腑、疾病、腧穴、针法等类。最有名的版本是明朝王九思等的《难经集注》。

《神农本草经》产生于东汉，是我国第一部药物学著作。它收录药物 365 种，分为上品、中品、下品。

东汉末年，张仲景著《伤寒杂病论》。此书经晋朝王叔和整理，分为《伤寒论》与《金匮要略》两部书。《伤寒论》建立了“六经传变理论”，根据症状把外感流行疾病的发展划分为六个阶段：太阳→阳明→少阳→太阴→少阴→厥阴，不同阶段采用不同的治疗方法和药物。《金匮要略》讲杂病（内科、外科和妇科各类疾病）的诊断和治疗。两部书奠定了中药的方剂理论，共收录方剂 375 个。其中如“桂枝汤”“麻黄汤”“小柴胡汤”“甘草小麦大枣汤”等至今仍然有不可替代的疗效。张仲景被尊为中医的“医圣”。跟张仲景同时代的华佗，发明“麻沸散”进行外科手术（如割阑尾炎），在世界处于领先地位。他还精于

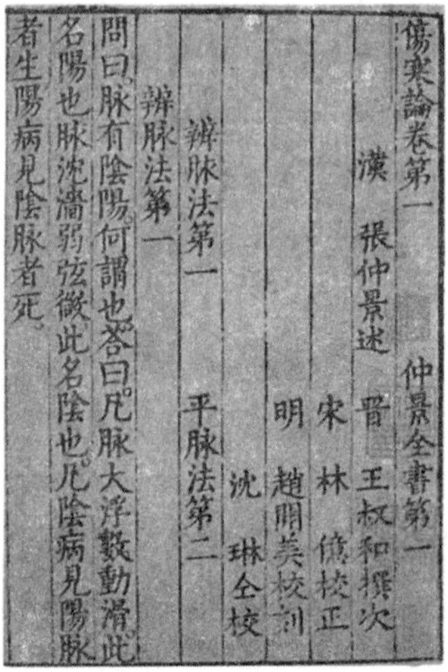
傷寒論卷第一　仲景全書第一
漢　張仲景述　晉　王叔和撰次
宋　林　億校正
明　趙開美校刻
沈　琳仝校
辨脉法第一　平脉法第二
辨脉法第一
問曰脉有陰陽何謂也答曰凡脉大浮數動滑此名陽也脉沈濇弱弦微此名陰也凡陰病見陽脉者生陽病見陰脉者死

《伤寒论》

针灸，又设计了医疗体操“五禽戏”。他被曹操杀害，著作被焚毁。有一部《华氏中藏经》署名华佗作，大概是六朝人的伪托。

张仲景

二、晋朝至北宋是中医各门学科深入发展的阶段。1. 脉学。晋朝王叔和写了第一部脉学专著《脉经》，分 24 种脉象，描述了不同脉象的表现和所反映的疾病。2. 药物学。南北朝刘宋朝的雷敩，著《炮炙论》，是我国第一部药物加工著作。唐宋两朝发展《神农本草经》，新修了多部“本草”，记载药物达到1 600种。3. 病因症候学和方剂学。隋朝巢元方写了第一部病因症候学专著《诸病源候论》，列举了1 700多条各科疾病的病因、症状、诊断等问题，其中有 784 条属于内科的病因、症状、诊断、方剂。晋朝葛洪著《肘后备急方》收录了许多有效的药方。唐朝孙思邈(581—682)著《千金要方》《千金翼方》，是方剂学发展的里程碑。孙思邈医德高尚，医术高明，被称为“药王菩萨”“孙真人”。王焘著《外台秘要》，又增加了不少方剂。宋朝编撰的《太平圣惠方》搜集方剂16 800多个，分1 670门；《方济总录》搜集方剂20 000多个，分 68 门。4. 针灸学。西晋皇甫谧(215—282)写了第一部针灸学专著《甲乙经》。北宋王唯一写作《铜人腧穴针灸图经》，又制造了两个标明经络和穴位的铜人。5. 妇科。唐朝昝(zǎn)殷的《经效产宝》是第一部妇产科专著；宋朝又有杨子建的《十产论》和陈自明的《妇人大全良方》。6. 儿科。大概在唐末宋初出现的《颅囟经》是第一本儿科专著，论述小儿生理病理和治疗，作者托名上古的师巫；北宋名医钱乙（约1032—1113），又写了《小儿药证直诀》。宋朝还产生了专门研究天花、麻疹的著作《小儿斑疹备急方论》（董汲）和《小儿痘疹方论》（陈文中）。唐宋时代还发明了预防天花的“人痘接种法”。清朝董玉山的《牛痘新书》说：“唐开元间，江南赵氏始传鼻苗种痘之法。”唐代医书《千金要方》也有“取患疮人疮中黄脓敷之”的话语。那么，中国8世纪就有了“人痘接种法”。英国医生琴纳，18世纪末才实行“牛痘接种法”，已经比中国晚了许多年。当然，也有人认为中国到明朝隆庆年间（16世纪）才推广人痘接种。7. 伤科。唐朝产生第一部伤科专著《仙授理伤续断秘方》，署名蔺道人。8. 外科。外科专著《痈疽辨疑论》（李世英）和《外科精要》（陈自明）是南宋时代的著作。9. 古代医学典籍整理。宋朝设立了“校正医书局”，系统整理古代医学典籍；又设“惠民局”“和剂局”等官药局。宋太宗时代编纂的《太平惠民和剂局方》是我国第一部官修药典。

李时珍

三、南宋至明清，中医继续发展，并且产生了不同的学术流派。1. 南宋产生了世界上第一部系统的法医著作《洗冤录》，作者是宋慈（1186—1249）。《洗冤录》比意大利人菲德里写的同类著作要早300多年。2. 南宋金元产生了四大学术流派：刘完素有“寒凉去火论”，张从正有“攻下论”，李杲有“温补脾胃论”，朱丹溪有“养阴论”。明朝张介宾《景岳全书》发展温补理论，强调温补阳气。3. 明朝李时珍（1518—1593）著《本草纲目》52卷，收药物1 892种，分16部60

类,是集大成的药物分类著作。4. 明清时代产生了温病理论,代表人物有王安道、汪机、吴又可、喻嘉言、叶天士、吴鞠通等。5. 其他各科名医名著。如倪维德《原机启微》(眼科),王肯堂《证治准绳》《女科准绳》《疡医准绳》,傅山《傅青主女科》,张宗良《喉科指掌》,王清任《医林改错》,等等。6. 古代医学典籍整理。如清乾隆初年,太医吴谦等编修的《医宗金鉴》,是一部中医丛书,共 90 卷。包括《订正伤寒论注》《订正金匮要略注》《删补名医方论》及"四诊""运气""伤寒""杂病""妇科""幼科""痘疹""种痘""外科""刺灸""眼科""正骨"等的《心法要诀》,各分子目,编成口诀,附录药方,纲举目张,简明实用。明清时代整理历代名医的"医案",也成绩斐然。

第八〇讲 辉煌独特的医药学(下)

英国科学史专家李约瑟说:"中国人以他们特殊的天才发展起了中国的医学,这种发展所循的道路和欧洲的迥然不同,其差别之大可能超过了任何其他领域。"中国医学的特色主要是什么呢?

一、注重整体,辨证施治。西方传统文化的思维方式,重视分析,提出了"原子"理论。故西方医药学所注重的是人体解剖,重视疾病的具体部位与致病的外界因素(细菌、病毒),可以叫作"原因疗法"。中国传统文化的思维方式,重视综合,重视整体的领悟,提出了"气""阴阳""五行"学说。故中医把"气"作为生命的本原,所谓"气"除了外界的"气"(空气、食物之气、病气),人体的"气"主要是指各种生理机能,特别是神经系统的机能。中医又把人体看作是阴阳对立的统一体,必须阴阳平衡,不能过度亢奋,也不能过度抑制;再用"五行"相生相克学说表示人体各个系统间的联系和制约关系。中医重视人体的整个状态,叫作“辨证施治”。医生通过“望”“闻”“问”“切”了解症状,把症状归纳为阴阳失去平衡,包括生理、心理的失去平衡,然后通过调理人体的阴阳来治疗疾病。调理人体阴阳,实际上包括现代医学所说的调节人体的神经系统、循环系统、内分泌系统、免疫系统等。调理人体阴阳,就是调动人体的自身痊愈能力。“辨证施治”就是“机能疗法”。中医注重“治未病”,注重精、气、神的保养,讲“冬病夏治”等,都体现了“机能疗法”。

西医的“原因疗法”和中医的“机能疗法”,是两种不同的医疗思路,各有道理。什么是疾病呢?疾病就是不健康,就是不正常。人体偏离了正常的轨道,因而感到不能适应。所以,或通过战胜疾病的外界因素,或通过激活人体自身的修复能力,都可以恢复健康。然而,内因起决定作用,也许中医的医疗思路更有道理。而且中医把各种药物互相配伍,又是针对人体用药,所以很难产生抗药性。

二、崇尚自然,药食同源。西方文化起源于海洋型的商业文化,在思想观念上强调征服自然、改造自然,所以西医多使用合成的化学药品。中国文化起源于大陆型的农耕文化,在思想观念上追求和谐,重视天人合一。所以,中医注重顺应自然季节养生,多使用以植物为主的自然药物,还注重饮食疗法,强调“药食同源”。《神农本草经》《本草纲目》等所收的药物中有许多就是我们的日常食物。如大米、小麦、扁豆、萝卜、韭菜、冬瓜、西瓜、苦瓜、丝瓜、大蒜、香葱、柑橘、莲藕、桃仁、杏仁、梨子、生姜、大枣、桂圆、荔枝、陈醋、黄酒、饴糖等,而且往往植物的叶、茎、子、花都可以入药。如米醋有很强的“消肿益血”功效,笔者就多次使用它治愈过湿疹和肿块。中医的方剂也跟饮食疗法一致。如张仲景《金匮要略》中提到的“当归生姜羊肉汤”以羊肉为主,治疗气血虚寒。葛洪《肘后备急方》的“葱白豆豉汤”,用两个调味品治疗风寒初起。中医方剂讲究药物的互相配伍,君臣佐使,主从分明;又“和而不同”“相反相成”。如名方“六味地黄丸”,既用熟地(性温)

大补肾水，又用泽泻(性寒)宣泄肾浊；既用山茱萸肉(性温)温固肝经，又用丹皮(性寒)清泻肝火；既用山药(性温)补脾气，又用茯苓(性平)清理脾湿。

中医以植物和食物入药，副作用小，但缺乏准确定量分析，往往药效缓慢；西医以提炼合成药物为主，见效快，但也往往有副作用。各有优缺点。

中国少数民族医药学也有突出成就。如藏族，相传在前2世纪，名医杰普赤西就运用以毒攻毒的理论研制出了“吐迥旺日药丸”。4世纪名医通格妥觉坚，已经进行眼科开刀手术。7世纪起，翻译了汉族医药典籍，又引进了印度医药经验。8世纪，名医玉云丹贡布著作《四部医典》，形成了独具特色的藏医体系。17世纪，阿旺罗桑嘉措(五世达赖喇嘛)创建了多所藏医学校，还编著了多部藏医典籍。19世纪产生了许多名医，如钦饶罗布大师，研习显密经典，熟谙《四部医典》，撰写了10多部医药专著。

其他少数民族也各有贡献。如蒙古族的《饮膳正要》，元朝忽思慧著。全书共3卷，是我国第一部专讲饮食营养和食疗的专著。书中搜集了历代的验方、秘方和具有蒙古族饮食特点的各种肉、乳食品，还讲了食物禁忌。又如傣族药物有1 200种之多，仅《西双版纳傣药志》就收载了520种。侗族、苗族等少数民族的医药学也各有自己的特色。

改革创新，相互融合，是世界文化发展的总趋势，也是世界医药发展的必由之路。我国传统医药有辉煌成就和特色，但是我们也应该看到，欧洲在文艺复兴以后科技迅猛发展，许多科技成果都被引进医学领域，特别是外科手术的进步可谓“一日千里”。所以，中医与西医应该互相学习，取长补短，走中西结合的道路。

传统语言文字学

第八一讲　我国各民族语文鸟瞰

中国有 56 个民族,除了已经消亡的古代语言,正在使用的语言有 80 多种,分属于世界语言的 5 种语系,大多数属于汉藏语系和阿尔泰语系。一、汉藏语系:汉语、藏语、门巴语、景颇语、独龙语、羌语、普米语、阿昌语、怒语、彝语、哈尼语、纳西语、傈僳语、拉祜语、基诺语、白语、土家语、珞巴语、壮语、侗语、布依语、傣语、水语、仫佬语、毛南语、黎语、苗语、瑶语、畲语、仡佬语等。二、阿尔泰语系:蒙古语、东乡语、土族语、达斡尔语、保安语、裕固语、维吾尔语、哈萨克语、撒拉语、乌孜别克语、塔塔尔语、柯尔克孜语、图瓦语、满语、锡伯语、赫哲语、鄂温克语、鄂伦春语等。三、南岛语系:高山语。四、南亚语系:佤语、德昂语、布朗语等。五、印欧语系:俄罗斯语、塔吉克语。

中国各民族现在使用的文字有汉字、藏文、蒙古文、土族文、朝鲜文、锡伯文、维吾尔文、哈萨克文、柯尔克孜文、壮文、傣文、白文、彝文、布依文、哈尼文、纳西文、傈僳文、佤文、拉祜文、景颇文、苗文、瑶文、侗文、俄文等。而且由于各民族长期杂居,往往兼用或通用其他民族的语言、文字,特别是兼用或通用汉字。中国文字类型多样,主要有 3 类。1. 象形文字:纳西族宗教使用的东巴文,有1 000多个符号,绝大部分是象形符号。这是世界上最宝贵的文字资料。2. 记音文字:藏文、蒙古文、朝鲜文、维吾尔文等,以及我国为很多少数民族新创立的拼音文字。3. 语素文字:语素是最小的音义结合的语言单位。汉字是

东巴文

世界上使用人口最多的文字。它既不是记音字,也不是象形字,而是记录语素的文字。

我国还有一些现在已经停止使用的古文字。这些古文字在历史上起过重要的作用,记录了不同历史时期的宝贵文献。如突厥文、回鹘文、八思巴文、契丹文(包括契丹大字、契丹小字)、西夏文、女真文、满文、纳西族的哥巴文、彝族的沙巴文等。

突厥文

我国传统语言文字学有突出成就。汉族文献丰富,语言文字学历史悠久,训诂学、文字学、方言学、音韵学等发达,产生了扬雄、许慎、刘熙、张揖、陆法言、守温、陈彭年、周德清、陈第、顾炎武、戴震、段玉裁、王念孙、王引之、马建忠、章炳麟、黄侃等杰出语言文字学家。因为上古时代教育分为小学和大学两个阶段，而小学教学从识字开始，教授“六书”，所以古代称文字学为“小学”，这是狭义的“小学”。后来，训诂学、音韵学繁荣起来，于是“小学”的内涵扩大，包括训诂学、文字学、音韵学，这是广义的“小学”。

我国各少数民族也有独特的语言文字学成就，并产生过杰出的语言学家。如藏族的图弥三菩扎、八思巴，维吾尔族的马合木德·喀什噶里，蒙古族的丹金达格巴。图弥三菩扎，本名图弥阿努，松赞干布时期(7 世纪)七贤臣之一。“图弥”是氏族，“三菩扎”是印度人对他的尊称，意思是西藏贤哲。松赞干布派他到印度留学，他回国后参照梵文字母而创制了藏文字母，被称为藏族“字圣”。他翻译了梵文经典 20 多部，开藏族翻译佛经的先河。他著有 8 种藏文文法书，今存《三十颂》《性入法》。八思巴(1235—1280)，他具有语言天赋，传说 3 岁就会口诵真言，故大家称他为“八思巴”(意思是“圣者”)。他被元世祖忽必烈封为国师后，依照藏文 30 个字母而创制了“蒙古新字”。蒙古新字有 41 个字母，被称为“八思巴字”。元朝编写的《蒙古字韵》，就是用八思巴字拼写汉语，成为蒙古族等少数民族学习汉语的“通用备检之本”。《蒙古字韵》系统记录了当时汉语共通语的韵母、声母、声调，资料非常可信，既是研究当时汉语的重要文献，也是考译、解读八思巴字文物铭文的参考文献。马合木德·喀什噶里，新疆喀什噶尔人。他生活于喀喇汗王朝时期，他在新疆南部和中亚细亚进行了长期的调查研究，搜集了丰富的突厥语资料，于 1072 年至 1074 年在巴格达编成《突厥语词典》。《突厥语词典》是世界第一部突厥语辞书，全书收词近7 500条，按照词型和语音结构排列，分为 8 卷，每卷又分静词和动词两部分。全书用阿拉伯文注释，还谈到了语音、词义的演变和语法问题。释文例句丰富，引用了 242 首民歌、220 多条谚语，有些词还注明用于哪个部落。《突厥语词典》比欧洲的比较语言学著作要早

800 年，对当时突厥语言的科学理解达到了那个时代的高峰。《突厥语词典》不仅具有语言学意义，而且对研究 11 世纪前后突厥语各民族的历史、地理、文化等具有重要意义。丹金达格巴，18 世纪蒙古族学者。13 世纪下半叶至 14 世纪初的搠思吉斡节尔，曾经著作《蒙文启蒙》，对蒙古文的拼写方法进行了较系统的阐述，但是此书已经失传。丹金达格巴著《蒙文启蒙诠释》，总结了搠思吉斡节尔等蒙古历代语文学家的研究成果，对蒙古语的语音、文字、语法有许多精辟论述。

第八二讲　《尔雅》和训诂学

“训诂学”是语言学的一个部类。训诂学产生的原因是：语言文字随着时代的变迁而有变化，又因地域的不同而有差异。所以，帮助后代人读古书，就必须用今语解释古语，用通语解释方言。

“训诂”又称“诂训”。这个名称最早见于西汉毛亨为《诗经》作的《毛诗诂训传》。“训”是注解训释，“诂”强调以今语解释古代语言，“传”(zhuàn)侧重解释句意章旨。可见训诂学是以研究古代著作的词义为主的一门语言学科，它同时也分析到了古书中的某些语法、语音、修辞等现象。

传统训诂著作分两大类：一类是随文释义的著作，一类是集中释义的独立专著。《毛诗诂训传》是随文释义著作的代表。我国汗牛充栋的注疏经、史、子、集的著作，如《十三经注疏》之类，都跟《毛诗诂训传》性质相同。这类著作对于古籍的整理传承起了巨大作用，但是它们都不是独立的著作。独立的训诂学开山著作是《尔雅》。

《尔雅》的“尔”是“迩”的古字，具有“接近”的词义；“雅”是“雅正”“雅言”的意思。《尔雅》的意思就是用雅正的标准语解释古代词语和方言词语，使解释接近规范。《汉书·艺文志》著录《尔雅》20篇。今本全书共有2 000多个词条，收词语4 000多个，分为19个大类而成为19篇。这19篇是：《释诂（上、下）》《释言》《释训》《释亲》《释宫》《释器》《释乐》《释天》《释地》《释丘》《释山》《释水》《释草》《释木》《释虫》《释鱼》《释鸟》《释兽》《释畜》。前3篇解释通用的字词，后16篇解释分类的字词。前3篇也略有分工，《释诂》重点解释古老的字词，《释言》重点解释常用的字词，《释训》重点解释形容性的字义。后16篇解释16类字词，包括人事称谓、生活用品、天文地理、动物植物等。

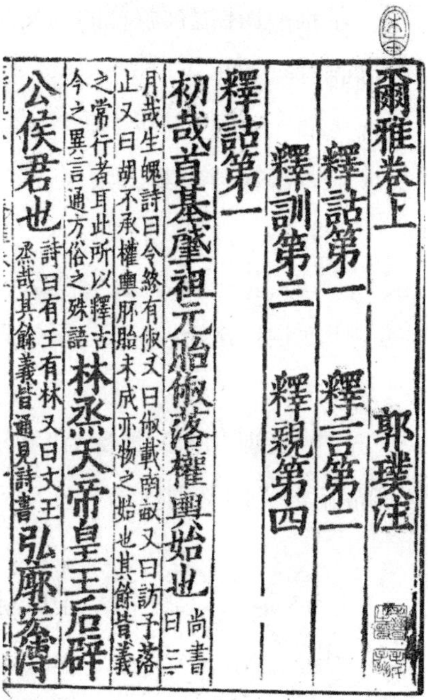
爾雅卷上　郭璞注
釋詁第一　釋言第二
釋訓第三　釋親第四
釋詁第一
初哉首基肇祖元胎俶落權輿始也 尚書曰三月哉生魄詩曰令終有俶又曰俶載南畝又曰訪予落止又曰胡不承權輿胚胎未成亦物之始也其餘皆義之常行者耳此所以釋古今之異言通方俗之殊語
林烝天帝皇王后辟公侯君也 詩曰有王有林又曰文王烝哉其餘義皆通見詩書
弘廓宏溥

《尔雅》

《尔雅》解释字词意义采取“义训”方法，包括“直训”和“义界”。“直训”就是运用一个同义词或近义词进行解释。如：“增：益也。”（《释言》）“蝶螈：蜥蜴。”（《释鱼》）有时，似乎是用反义词进行解释，如：“乱：治也。”“故：今也。”（《释诂》）这种现象叫作“反训”。这大概是由于上古时代“正反同词”，即某个词具有正反两方面的词义，没有分化。如：“臭”的上古词义是“气味”，包括香气和臭气，“其臭如兰”就是例子。“臭”后代专指臭气，人们把“其臭如兰”的“臭”解释为香气，就是反训了。“义界”就是下定义，包括用描写、比喻的方式下定义。如：“父之姊妹为姑。”（《释亲》）“麟：麇身，牛尾，一角。”（《释兽》）“兕：似牛。犀：似豕。”（《释兽》）

《尔雅》往往把被解释的词义相近的字词集合在一起,共同用一个同义词解释。如:

初、哉、首、基、肇、祖、元、胎、俶、落、权舆:始也。(《释诂》)

还、复:返也。(《释言》)

明明、斤斤:察也。(《释训》)

这种"义训"方式,被称为"共训"。其优点是便于记忆,其缺点是可能混淆词义的差别。

郭　璞

《尔雅》的作者,相传是周公,孔子及子夏、叔孙通等做过增补(见张揖《上广雅表》)。这个说法不可靠。此书应该是孔子以后至秦汉时代的从事教育的儒者所作,他们搜集古籍的字词和训诂(解释)成果,经过一代代整理加工,在西汉时最后写定。因为相传是周公所作,所以后代把它列入儒家经典,成为"十三经"的一种。

《尔雅》被称为"辞书之祖",是我国第一部词典。《尔雅》最权威的传统注本是《尔雅注疏》(晋郭璞注,宋邢昺疏)和《尔雅义疏》(清郝懿行)。《尔雅》确定了最基本的训诂方式,对后代影响很大。《小尔雅》《广雅》《埤雅》《尔雅翼》《骈雅》《通雅》等著作都是直接传承《尔雅》的。其中,最突出的是《广雅》。《广雅》,三国时代魏国张揖编著,篇目次序完全遵循《尔雅》,但是内容大大扩展。

后代训诂专著很多,著名的有:1. 唐朝陆德明的《经典释文》,是汉魏六朝至唐朝初年训诂成果的总汇。2.清朝阮元主编的《经籍籑诂》，是唐朝以前训诂成果的总汇。3.清朝王念孙的《广雅疏证》20卷，订正讹误，博采古代训诂成果，又以古音求古义，富有创见。4.王念孙的《读书杂志》，王念孙之子王引之的《经义述闻》，都对多种古籍的文字、句读、训诂进行了精确的考辨，胜义迭见。

扬雄的《方言》和刘熙的《释名》，也属于训诂学专著，但是它们不限于训诂，而且开启了方言学和同源词的研究。

第八三讲 《方言》和《释名》

扬雄（前53—后18），西汉著名辞赋家、学者，著有《太玄》《法言》和《方言》《训纂篇》等。他的《方言》是中国语言学史上第一部方言著作。《方言》全名《輶轩使者绝代语释别国方言》。

周朝派遣使者到各地去，往往乘坐叫作"輶轩车"的轻便车子，故称使者为"輶轩使者"。据说，周朝在每年八月派遣使者到各地采集方言，秦朝废止了这项制度。秦灭亡后，严君平、林闾翁孺（扬雄的老师）先后都保存了一些使者所采集的方言字。扬雄觉得方言有意义，一方面整理古代记录，一方面向来往于京城的读书人、士兵等进行调查，经过27年写成《方言》。根据书名，《方言》包含了两个方面的内容：主要是"别国方言"，即所采集的不同国度（地区）的方言词汇；其次是"绝代语释"，即已经消失的远古时代的词语。

扬雄自己说《方言》是15卷，但今本《方言》是13卷。《方言》的编排体例大体仿效《尔雅》，但不严密。卷一、二、三是普通语词；卷四释衣服；卷五释器皿、家具、农具等；卷六、七又是普通语词；卷八释动物名；卷九释车、船、兵器等；卷十又是普通语词；卷十一释昆虫；卷十

扬　雄

二、十三又是普通语词。这种情况说明扬雄《方言》是没有最后写定的书稿。

《方言》所收的词条，据周祖谟统计有675条。每个词条，被解释的词是一个方言词或几个方言同义词，解释的词大部分是全国通行的词(标准语)。《方言》对所记录的词汇，往往注明"某地语""某地某地之间语""通语""凡语""转语""语之转"等。"某地语"和"某地某地之间语"是指流行在某地区范围内的方言；"通语"和"凡语"是指全国通行的语词；"转语"和"语之转"是指某些方言的区别是语音变化造成的。例如：

> 党、晓、哲：知也。楚谓之党，或曰晓，齐宋之间谓之哲。(卷一)
>
> 嫁、逝、徂、适：往也。自家而出谓之嫁，由女而出为嫁也。逝，秦晋语也。徂，齐语也。适，宋鲁语也。往，凡语也。(卷一)
>
> 庸谓之倯，转语也。(卷三)

今天，湖南、湖北还是把"知道"叫作"晓得""懂(党)得"。"倯"(sōng)与"庸"，都是懒惰无能的意思，两字原来同音，声母变得不同了，但仍然是叠韵关系。

《方言》的贡献是提供了研究汉代方言分布的宝贵资料，同时也开辟了方言学。当然，《方言》只记录了方言词语，没有标音工具，万万不及今天的方言学。《方言》传统注本有东晋郭璞《方言注》，清朝戴震《方言疏证》、钱绎《方言笺疏》，还有近人周祖谟《方言校笺》。后代继承《方言》的著作有清朝杭世骏的《续方言》、胡文英《吴下方言考》、章炳麟《新方言》，以及戴震《转语》、钱大昕《恒言录》、翟灏《通俗编》等。

《释名》，东汉末年刘熙著，或说先是刘珍创始，后由刘熙完成。《释名》的特点是：完全采用声训的方式来解释词义的起源。声训，就是用同音词解释词义，并具有追溯语源的性质。先秦典籍《易传》《孟子》等，语言文字著作《尔雅》《方言》《说文解字》等，都出现或应用了声训。但是，只有《释名》是第一部完全采用声训的专著。

《释名》共 27 篇，依次是：《释天》《释地》《释山》《释水》《释丘》《释道》《释州国》《释形体》《释姿容》《释长幼》《释亲属》《释言语》《释饮食》《释采帛》《释首饰》《释衣服》《释宫室》《释床帐》《释书契》《释典艺》《释用器》《释乐器》《释兵》《释车》《释船》《释疾病》《释丧制》。所释名物共计1 500多条。

《释名》中的被训释词和训释词之间，或同音，或音近（包括双声和叠韵），具有音近而义通的关系。《释名》在同音相训之后接着说明释义的理由。例如：

> 天：豫、司、兖、冀以舌腹言之。天，显也，在上高显也。青、徐以舌头言之。天，坦也，坦然高而远也。（《释天》）
>
> 发：拔也，拔擢而出也。（《释形体》）
>
> 凡服，上曰衣。衣，依也，人所依以庇寒暑也。下曰裳。裳，障也，所以自障蔽也。（《释衣服》）

刘熙在自序中说："夫名之于实，各有义类，百姓日称而不知其所以之意。故撰天地、阴阳、四时、邦国、都鄙、车服、丧纪，下及民庶应用之器，论叙指归，谓之《释名》，凡二十七篇。"可见，他的目的是追溯名称的起源。现代语言学认为：事物得名的途径复杂，最后约定俗成，成为某些人群和某个民族所使用的词汇。因此，名称在起源上具有偶然性，词音和词义没有必然的联系。所以，《释名》用声训解释一切名称的起源，就难免牵强悖误。如上例所讲的对“天”的解释就十分穿凿附会。但是，刘熙在近2 000年以前就全面探索语源还是可贵的。《释名》的主要学术价值是研究了词语的同源关系。因为，词语一旦约定俗成之后，在民族语言的衍生发展过程中势必产生同源关系的词群，它们之间往往音近而义通。上例所讲的“发”和“拔”、“衣”和“依”、“裳”和“障”，都应该是同源词。《释名》的价值还有：它记录了汉代的一些方言语词以及它们的发音部位和发音方法，记录了一些上古时代的语言信息，还广泛保留了许多古代的文化信息。

明朝，郎奎金将《释名》与《尔雅》《小尔雅》《广雅》《埤雅》合刻，称《五雅全书》。因其他四书皆以“雅”名，于是改《释名》为《逸雅》。从此《逸雅》成为《释名》的别称。《释名》的明刻本缺误较多。清朝注解研究《释名》的重要著作有毕沅的《释名疏证》、王先谦的《释名疏证补》等。

第八四讲　《说文解字》和文字学

文字是记录语言的书写符号系统。汉字是历史非常悠久的文字。《世本》等认为是黄帝时代（约6 000年前的以仰韶文化为代表的新石器时代）的仓颉创造了文字。仰韶文化遗址中已发现彩陶上的刻画符号，说明这个传说具有一定的历史真实性。有的学者甚至认为，汉字有10 000年的历史。我们现在所能见到的最古老的汉字是甲骨文，它最早是在河南省安阳附近的殷墟（殷商王朝都城的废墟）出土的，故又称“殷墟文字”。甲骨文距离现代约有 3 500 年，已经具有系统的文字体系。比甲骨文稍晚一点的文字是殷周时代刻在铜器上的文字，叫作“铜器铭名”或“金文”。汉字接着又演变出“大篆”“小篆”“隶书”和

“楷书”。

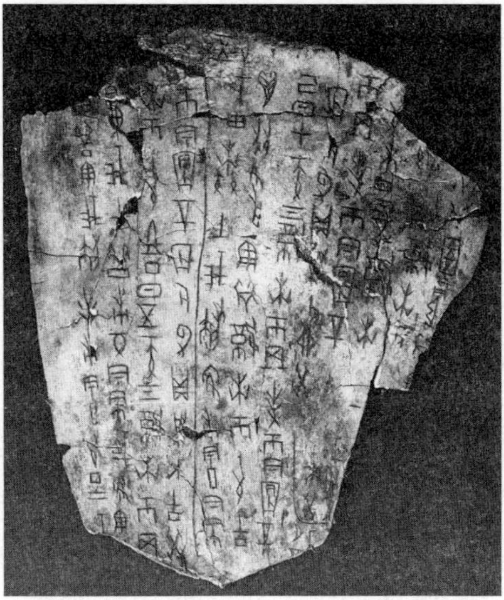

甲骨文

文字学的孕育开始于从西周到西汉的识字教育。据《周礼》《汉书·艺文志》《说文解字叙》等记载，周朝的贵族子弟八岁入小学，就要学习“六书”；周宣王时代（前9世纪）的太史籀编著了《史籀篇》，《史籀篇》既是启蒙读本，又起了规范文字的作用。它即使不是周宣王时代的著作，至迟也产生在春秋战国时代。秦朝李斯作《仓颉篇》，赵高作《爰历篇》，胡毋敬作《博学篇》，合称“三仓”，共3 300字。西汉史游作《急就篇》（又名《急就章》），司马相如作《凡将篇》，李长作《元尚篇》，扬雄作《训纂篇》，东汉贾鲂作《滂喜篇》，都继承了《史籀篇》的传统。可惜，这些启蒙读本只有《急就篇》保存下来。

东汉时代，许慎（约58—约147）创作《说文解字》，简称《说文》，标志我国文字学正式产生。《说文》的巨大成就有七个方面：第一，第一次系统整理了汉字。全书收录完备，共收录小篆字9 353个，还有异体文字1 163个。第二，创立了按部首编排汉字的方法。它创立了540个部首。第三，整理并阐释了汉字的结构方法“六书”。《说文》给“六书”下了明确的定义：“象形者，画成其物，随体诘诎。日、月是也。”“指事者，视而可识，察而见意。上、下是也。”“会意者，比类合谊，以见指撝。武、信是也。”“形声者，以事为名，取譬相成。江、河是也。”“转注者，建类一首，同意相受。考、老是也。”“假借者，本无其字，依

许 慎

声托事。令、长是也。”第四，探讨了文字起源与发展演变的规律。《说文叙》说：“仓颉之初作书，盖依类象形，故谓之文；其后形声相益，即谓之字。”“依类象形”指出最初的文字叫“文”，起源于图画；“形声相益”指出最初的“文”，通过意义组合或音义组合而繁衍滋生，繁衍滋生的文字叫“字”。第五，批判对于文字的幼稚乃至荒谬的认识，正确认知了文字的功能。《说文叙》指出文字是“前人所以垂后，后人所以识古”的工具。第六，丰富了解释字义的基本方法。《说文》继承了《尔雅》的“直训”和“义界”方法，发展了“声训”，又提出了独特的“形训”的方法。第七，《说文》的解释保存了大量的古代文化信息。

“形训”是《说文》解释字义最突出的特点，即通过字形的分析探求文字的本义。《说文》将所收的9 000多字分别归入象形、指事、会意、形声之中。如：

口：人所言、食也。象形。

户：护也。半门曰户，象形。

丄：高也。此古文上。指事也。

男：丈夫也。从田，从力，言男用力于田也。

林：平土有丛木曰林。从二木。

恐：惧也。从心，巩声。

《说文》将所收的字分别归入象形、指事、会意、形声之中，就是为了“因形见义”。就单独的字来说，不可能是转注、假借，因为转注是运用同部首的文字表达同义关系，假借是借用已经制造出的文字记录同音的词。所以，后代的文字学家把"六书"区分为"四体二用"：象形、指事、会意、形声能制造出新字，人们称为"四体"；转注、假借不能制造新字，人们称为"二用"。

文字学是研究文字的科学，它研究文字的起源、演变、性质，阐释文字的形、音、义。《说文》在这些方面都达到了很高的水平，所以，它是我国文字学的奠基著作。我国传统文字学以《说文》为研究中心，著作汗牛充栋，称为"许学"。著名研究著作有五代南唐徐锴的《说文解字系传》；清朝段玉裁的《说文解字注》，桂馥的《说文解字义证》，王筠的《说文释例》《说文句读》，朱骏声的《说文通训定声》。清朝段玉裁等四人被称为清朝研究《说文》的四大家（清朝研究《说文》的共二百多家）。此外，历代字书的编纂，如《玉篇》《类篇》《字汇》《正字通》《康熙字典》等，都受到《说文》的影响。

小篆以前的甲骨文、金文等，从秦朝开始就已经废弃不用，称为"古文字"。研究甲骨文、金文等古文字的学科叫作古文字学。金文的系统研究开始于宋朝，代表作是薛尚功的《历代钟鼎彝器款识法帖》。清朝吴大澂，近人王国维、郭沫若、容庚等研究金文也各有成绩。甲骨文的研究始于清末。从光绪二十五年（1899）金石学家王懿荣发现甲骨文以来，目前已发掘出的有字甲骨 10 万片以上，孙海波《甲骨文编》统计甲骨文有单字4 500个左右，已认识的约三分之一。甲骨文研究成绩较大者有罗振玉、王国维、董作宾、唐兰、于省吾等。

近人丁福保的《说文解字诂林》共 82 册，汇集历代注释《说文》的著作，又在每个字条下面附上甲骨文、金文，并加以考订，弥补了《说文》作者因为没有见到甲骨文等而造成的缺陷。

第八五讲　音韵学

音韵学是研究汉语各个时期的语音结构系统和它们的历史演变规律的科学。汉语语音结构的特点是声母、韵母、声调共同组成独立的音节。音韵学的“音”指声母,“韵”指韵母和声调。汉语音韵学起源于“反切”,奠基于“韵书”,完成于“字母”的创造和“韵图”。

“反切”是传统的拼音方法,用两个汉字相拼进行注音。如用“德红切”拼出“东”,“德”跟“东”声母相同,“红”跟“东”韵母相同,“切”就是快速相拼。东汉末年,孙炎、应劭开始使用反切。反切的使用,为韵书的编排打了基础。

韵书是把韵部相同的字编在一起的工具书,它本来是为了人们写韵文而编排的。我国最早的韵书相传是三国李登的《声类》或晋朝吕静的《韵集》。南朝梁代沈约的《四声谱》,首先明确记载了当时汉语的四声——平声、上声、去声、入声,又把所收的字按四声和韵母进行分类编排,可惜已经失传。最早的体系严整的韵书是隋朝陆法言于仁寿元年(601)编成的《切韵》,分 193 个韵部,可惜现在已经残缺。继承它的《唐韵》(孙愐),也已经散失。宋真宗时陈彭年等人根据《切韵》《唐韵》而编制成《广韵》。

《广韵》全名《大宋重修广韵》,是影响深远而完整保存的韵书。《广韵》收字26 000余个,按照四声的不同和韵母的不同,归为 206 个韵部。《广韵》跟《切韵》的语音系统是一致的,只是扩展了 11 个韵部。这两部书都基本反映了中古时期的语音面貌(以洛阳和金陵方言为代表)。《广韵》206 部中包括平声 57 部、上声 55 部、去声 60 部、入声 34 部。什么叫韵部呢?传统韵书把可以互相押韵的字归在一起成为一部,便叫韵部。当时没有拼音字母,就选择一个汉字做韵部名称,叫“韵目”。如《广韵》的第一部是平声东部，选“东”字作为标目。这些字声母不同，但都同声调、同韵母，大体相当于今天的平声“ong”。常用字是：

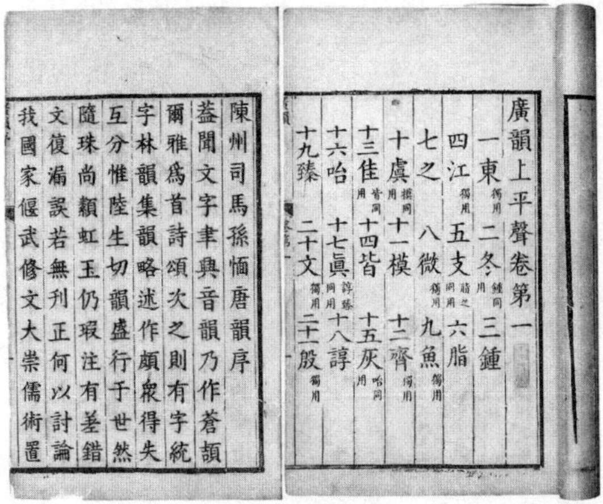
陳州司馬孫愐唐韻序
蓋聞文字聿興音韻乃作蒼頡
爾雅爲首詩頌次之則有字統
字林韻集韻略述作頗衆得失
互分惟陸生切韻盛行于世然
隨珠尚纇虹玉仍瑕注有差錯
文復漏誤若無刊正何以討論
我國家偃武脩文大崇儒術置

廣韻上平聲卷第一
一東獨用 二冬鍾同用 三鍾
四江獨用 五支脂之同用 六脂
七之 八微獨用 九魚獨用
十虞模同用 十一模 十二齊獨用
十三佳皆同用 十四皆 十五灰咍同用
十六咍 十七眞諄臻同用 十八諄
十九臻 二十文獨用 二十一殷獨用

《广韵》

东、同、童、僮、铜、桐、筒、瞳、潼、侗、中、衷、忠、虫、盅、终、崇、嵩、戎、绒、弓、躬、宫、融、雄、熊、穹、冯、风、枫、丰、充、隆、空、箜、公、功、工、攻、蒙、朦、胧、笼、聋、洪、红、虹、鸿、烘、丛、翁、匆、葱、聪、囱、通、蓬、篷、蜂。

《广韵》韵部很多，即使把平声、上声、去声合并，也有60部以上；加上入声，有90多部。为什么这样多呢？因为《广韵》韵部的划分最严，而且可能照顾了古音和方言，所以韵部很多。《广韵》是音韵学的基本著作，它不仅记载了唐宋时代的语音（中古音），而且是我们研究上古音、近代音、现代普通话语音和各种方言语音及其变化规律的依据。

《广韵》之后的韵书很多，最有影响的是三部：（一）《集韵》。北宋丁度等修订，它沿袭《广韵》而篇幅大量增加，收字头达53 525个，是古代收字最多的字书。它还注重文字训诂。（二）《诗韵》。《诗韵》把《广韵》的韵部合并为106个，是为了适应写作和考近体诗的需要而产生的，同时也适应了语音的变化。它产生于宋、金时代，金朝官方在平水刊行的版本最有影响，故又称《平水韵》。元、明、清三朝科举考试都以它的韵部为标准。后来，《词韵》又把平、上、去三个声调的韵部合并，成为写词的 19 个韵部。

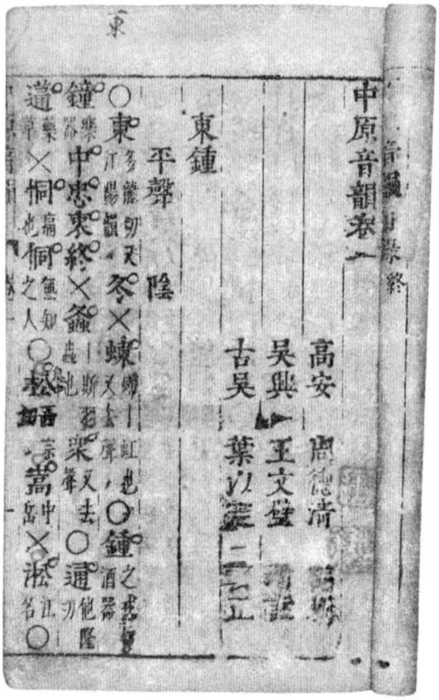
中原音韻卷一
高安 周德清
吳興 王文璧
古吳 葉以震
東鍾
平聲 陰

《中原音韵》

（三）《中原音韵》。元朝周德清编。它本来是为元曲押韵而创作的，收字头5 869个，归为 19 个韵部。其特点是韵部不分声调，韵部内的字按照阴平、阳平、上声、去声的次序排列。《中原音韵》的韵部，跟现代韵部十分接近。《中原音韵》最突出的价值是反映了汉语四声的巨大变化：平声分为阴平、阳平，入声消失，部分上声字（古代浊声母的上声字）变为去声字。

韵书是供押韵使用的，《切韵》时代还没有人整理声母，所以韵书不标明声母。到了唐朝末年，守温和尚才创造了 30 个声母，叫“三十字母”。北宋人增加了 6 个，叫“三十六字母”。音韵学的“字母”，不是现代拼音文字的字母，而是用汉字代表的声母。如：“帮边布补伯北博巴卑并鄙必彼兵笔陂畀”等字，选“帮”字做代表，叫“帮母”，基本相当现代的声母“b”。“三十六字母”是：帮滂并明，非敷奉微，端透定泥，知彻澄娘，精清从心邪，照穿床审禅，见溪群疑，影晓匣喻，来日。

“韵图”又叫“等韵图”。它是声、韵（包括等呼）、调互相配合的拼音图表，也是音节表。最早的韵图是宋朝的《韵镜》，流行的韵图有《七音略》《切韵指掌图》《四声等子》《经史正音切韵指南》等。韵图作者还分析了汉字的字音结构和发音方法。有了韵书、字母和韵图，汉语的声、韵、调和音节,都有了标识方法,音韵学完全成熟了。

韵书、字母和韵图所记录的主要是中古时期(隋、唐、宋时期)的声、韵、调系统,习惯上称为"今音学"。音韵学家们又上推古音,即研究上古时期(先秦时期)的声、韵、调系统,建立了"古音学"。开创古音学的人物和著作是:明朝陈第的《毛诗古音考》,明末清初顾炎武的《音学五书》。把古音学推向成熟的代表人物有:清朝的江永、戴震、钱大昕、段玉裁、孔广森、江有诰、王念孙,近人章炳麟、黄侃等。

第八六讲 语法学

传统语言研究中,语法学专著出现最迟。这跟汉语的特点有密切关系。语言与思维关系密切。思维方式决定语言特点,而语言特点又制约人的思维方式。汉民族传统思维方式特点是:重悟性而不重形式推理,重整体把握而不重分析。汉语的特点是:重视意义的组合,不重视语法形式,表达简易灵活;不讲究词的形态变化,而由语序和虚词来担负句法功能。西方语言学家,根据这个特点,把汉语叫作词根语(又称无形态语、孤立语)。

语序研究起源于先秦时代。如《春秋·僖公十六年》记载:鲁僖公十六年发生陨石和大风,"陨石于宋五""六鹢退飞过宋都"。《公羊传》解释说:"为什么先说'陨',后说'石'呢?因为这是记述听觉,先听到轰然落地的声音,看了以后才知道是石头,认真观察才知道是五颗。""为什么先说'六',后说'鹢'呢?因为这是记述视觉,初看是六个黑点,近了才知道是六只鹢鸟,仔细看才发现它们是因为风大而被吹得倒退。"《公羊传》的解释说明,事理逻辑(意义)决定语序,语序是句子结构的重点。所以,我国古代写文章十分注意语序。刘勰《文心雕龙·章句》说:“夫设情有宅,置言有位;宅情曰章,位言曰句。”“搜句忌于颠倒,裁章贵于顺序。”

汉语语序既有固定的规律,又可自由灵活变化,只要不妨碍整体理解。最极端的例子是“回文”体作品。晋代女子苏若兰创制的《璇玑图》,图呈正方形,纵横各 29 字,总共只有 841 字。它可以回环反复地读,能够得出诗歌3 752首(有人统计还高达7 958首)。且看一首短诗——苏东坡的《题金山寺》(七律):“潮随暗浪雪山倾,远浦渔舟钓月明。桥对寺门松径小,槛当泉眼石波清。迢迢绿树江天晓,霭霭红霞晚日晴。遥望四边云接水,碧峰千点数鸥轻。”这首诗可以倒读,而且倒读跟顺读意境一致,同样符合平仄韵律。

古人非常重视虚词的应用。西汉刘安《淮南子·说林训》辨析虚词说:“‘也’之与‘矣’,相去千里。”东汉许慎《说文解字》把虚词叫作“词”,接触到了虚词的类别。如:“者,别事词也。”“皆,俱词也。”“矣,语已词也。”南朝刘勰《文心雕龙·章句》分析虚词在句中的位置说:“至于‘夫’‘惟’‘盖’‘故’者,发端之首唱;‘之’‘而’‘于’‘以’者,乃札句之旧体;‘乎’‘哉’‘矣’‘也’者,亦送末之常科。”到了宋朝,周煇《清波杂志》、孙奕《示儿编》、罗大经《鹤林玉露》、张炎《词源》等都把词分为虚实两类,分别叫作“实字”和“虚字”。元朝出现了研究虚词的第一本专著,就是卢以纬的《语助》。清朝蔚为风气,出现了袁仁林的《虚字说》、刘淇的《助字辨略》、王引之的《经传释词》。俞樾的《古书疑义举例》更进一步,解释了虚词应用、实词活用、语序、省略等大量语法现象。

1898—1900 年,马建忠出版了汉语语法学的第一部专著《马氏文通》。马建忠(1845—1900),字眉叔,古代语言文字学根底深厚,又毕业于法国巴黎大学,熟悉法文、拉丁文以及希腊文和英文。他认为学习文法,对于学习中国文化和西方文化都有帮助,所以参考拉丁文法著作,通过 10 年努力而编成此书。马建忠的哥哥马相伯(1840—

马建忠

1939)也参与了编写。《马氏文通》共 10 卷。卷一“正名”是全书的大纲,介绍语法术语。卷二至卷九论述词类。作者把词叫作“字”,把汉语的词类分为实字和虚字两大类九小类。实字包括名字、代字、静字(形容词)、动字、状字(副词);虚字包括介字、连字、助字、叹字。对各类实词和虚词都做了论述。卷十论“句读”,研究句子和分句。

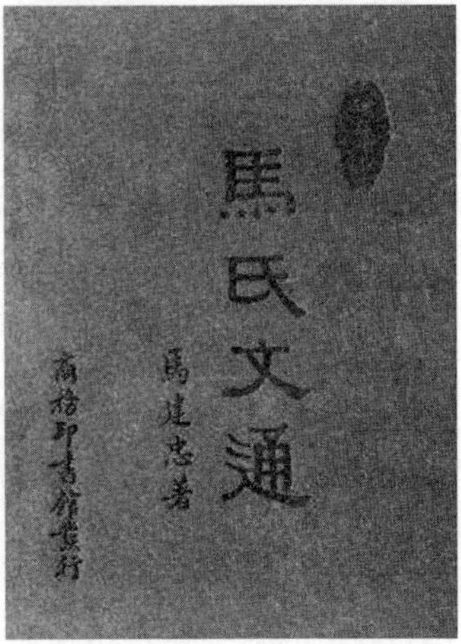

《马氏文通》

有人批评《马氏文通》完全是模仿拉丁文法体系,这是责备过甚。《马氏文通》虽然参考了拉丁文法体系,但是,它是以大量汉语资料为研究基础,并继承了传统语文学的成果。全书引用分析的典范文言文例句达到7 326个。它把词类分为实虚两大类,明显继承了传统而非模仿拉丁文法。动字、静字的区分也继承了传统。宋朝人已把动词叫活字,明朝的《对类》把形容词叫死字、动词叫活字,清朝王筠《说文句读》等把动词叫动字,把名词、形容词叫静字。可贵的是,《马氏文通》提出了汉语语法所特有的词类和句法。如提出“助字”(语气词),并说:“助字者,华文所独,所以济夫动字不变之穷。”又如提出静字跟动字一样可以充当谓语,提出了汉语语法重视音律和谐和省略的现象,还注意到了今天所讲的“宾语前置”“主谓谓语句”等问题。

《马氏文通》只分析了文言文例句,没有分析白话文。这是因为当时文言文是全国规范的书面语言,在《马氏文通》问世近 20 年后才兴起白话文运动。而且,语法是语言中最稳定的要素,文言文语法和白话文是基本一致的。所以,《马氏文通》对汉语语法学的开创功不可没,影响很大。后来的语法著作,如杨树达《高等国文法》、章士钊《中等国文典》、陈承泽《国文法草创》、黎锦熙《新著国语文法》都是承袭它的体系;甚至吕叔湘的《中国文法要略》、王力的《中国现代语法》等也受到它的影响。

第八七讲　修辞学

修辞学是研究如何调整语言、修饰语言而提高语言表达效果的一门学科。词语、句式等的选择锤炼属于调整语言,修辞格的运用属于修饰语言。

我国历代优秀作品都很注意词语、句式等的选择锤炼。如文言文把选择词语叫作“炼字”,积累了许多宝贵经验。一是讲究通俗平易。相传白居易作诗要请一个老婆婆听,问她懂不懂,回答不懂就再改。二是讲究准确贴切。晚唐诗僧齐己,写了一首《早梅》诗,其中两句是“前村深雪里,昨夜数枝开”,自己非常得意。他向诗人郑谷请教,郑谷笑着说:“数枝不算早,不如改为一枝。”齐己因而把郑谷叫作“一字师”。三是讲究形象生动。王安石《泊船瓜洲》中的“春风又绿江南岸”,相传草稿写的是“又到江南岸”;圈去“到”,批道“不好”,改为“过”;再圈去“过”,改为“入”;又圈去“入”,改为“满”。一共改了十多次,才定为“绿”字,成为后世传诵的名句。四是讲究简洁。即将可有可无的字尽量删去。《汉书·张苍传》中“年老口中无齿”一句,刘知幾《史通》就指出只要“老无齿”三个字就够了。五是讲究朗朗上口。不仅诗词讲究声韵平仄,就是一般散文也讲究便于诵读,掷地有声。

汉语修辞格丰富多彩,还有许多特有的修辞格。如对仗、回文、顶真、析字、飞白等。这些修辞格在汉语中很发达,在印欧诸国语言中则罕见。汉语的词不讲究形态,单音节多,汉字又是语素文字,这就造成了“对仗”修辞格特别发达。“对仗”不仅被经常运用,而且形成了三种特殊文体:一是骈文,二是律诗,三是对联。对联除了讲究“对仗”的基本要求,还讲究某些特殊的修辞技巧。如“此木为柴山山出,因火成烟夕夕多”运用的“析字格”。“明月有情常照我,清风无事乱翻书”运用的是“藏头格”,上下联开头嵌进“明”“清”两字,包含反清复明思想。

我国研究修辞的历史悠久。《周易·乾卦·文言》说:“修辞立其诚,所以居业也。”孔子说:“辞达而已矣。”(《论语·卫灵公》)《论语·宪问》还记载了郑国朝廷重视修辞的情况。纵横家的理论著作《鬼谷子》,为适应游说需要而阐述了不少修辞理论。《鬼谷子·权篇》说:“饰言者,假之也;假之者,益损也。”《鬼谷子》把“修辞”叫作“饰言”,“饰言”就是修饰语言;“假之”讲“饰言”(修辞)的作用就是为了借助语言的力量,使语言更好地发挥效力;“益损”讲“饰言”(修辞)的内容,“益”是增加,“损”是减少,即对语言进行调整和修饰。这不仅是对修辞内容的高度概括,实际上也是给修辞下了一个比较简明扼要的定义。《鬼谷子》讨论了修辞的定义、内容、作用、目的,还讨论了如何应对、如何说理、如何诘难、如何识别对方言辞、如何针对不同的对象进行游说等问题。所以,有的学者认为它是中国修辞学的开山著作。当然,《鬼谷子》并不单纯是修辞学著作。此外,《诗·大序》《春秋繁露》《说苑》《论衡》《文心雕龙》,以及南宋陈骙的《文则》、元朝陈绎曾的《文说》、王构的《修辞鉴衡》等历代诗文论著都研究了修辞问题。《文则》和《文说》精细分析了几十种修辞格。《修辞鉴衡》是我国第一本以“修辞”命名的书,但是书的主要内容是讲述诗文的批评、鉴赏和

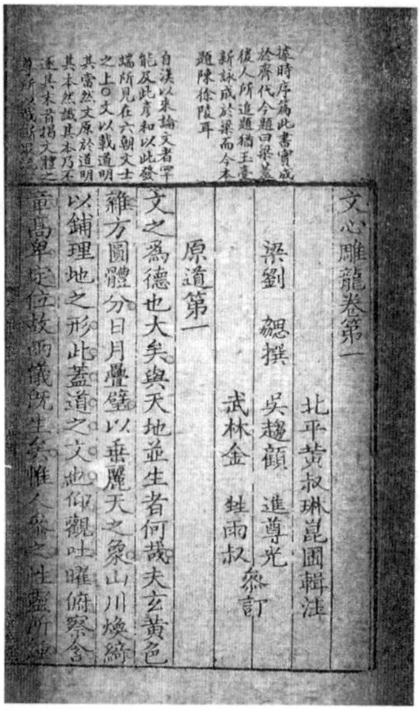

《文心雕龙》

《修辞鉴衡》

写作,并不是修辞学专著。

我国比较完备的修辞学专著直到现代才产生。1923 年,唐钺出版的《修辞格》,是我国第一部研究修辞格的专著,提出了分别产生于“比较”“联想”“想象”“曲折”“重复”5 种类型的 27 种修辞格。1926 年,张弓出版《中国修辞学》。全书分两大部分:“总说”部分,认为修辞学是“美化文辞的一种技术”,是“分类说明修辞过程的一种科学”;“分说”部分,分类说明中国修辞的方式。作者把修辞方式分为“化成式”“表出式”

“布置式”“譬喻式”“代替式”5 种类型,共 67 种修辞格。张弓后来还写了《现代汉语修辞学》。1932 年,陈望道出版的《修辞学发凡》,是我国第一部建立了比较完备体系的修辞学专著。《修辞学发凡》提出了“消极修辞”和“积极修辞”两大分野的修辞理论。作者认为,消极修辞是以平实、客观地表达事物概念,阐明事理为目的的修辞活动;积极修辞是借助辞格,以形象、生动地表达说话者内心情感、生活体验为目的的修辞活动。作者又把积极修辞分为辞格、辞趣两种,概括出“材料、意境、词语、章句”等 4 类共 38 种修辞格。

第八八讲　工具书及其使用

我们学习国学典籍一定会遇到语言、词汇、语法、文化知识等方面的困难,这时就得依靠工具书的帮助。工具书是读书的工具,是为了解决人们在阅读与研究中所遇到的问题而提供信息资料的书籍。工具书范围广泛,包括字典、词典、百科全书、类书、图表、索引、书目等。

字典与词典都称字书,往往无绝对界限。因为汉语书面语言中字、词关系密切,特别是文言文中一字常常代表一词。但是,相对界限是有的,字典以解释单字为主,词典以解释词语为主,在单字下收集有关词语一一解释。

按照编排体例,字书可分为按字形、字义、字音三大编排类型。(一)按字形编排的字书,以按部首编排的《说文解字》为代表。明代的《字汇》(梅膺祚),清代的《康熙字典》(张玉书等),近代的《中华大字典》,都是按部首编排的字书,而每个部首内的字按笔画多少决定先后。《康熙字典》收字近 5 万个,是古代最常用的字典。现代才产生的四角号码检字法,虽不按部首但也是按字形编排。(二)按字义编排的字书，以《尔雅》为代表。后代的类书，多采用这种编排方法。（三）按照字音分类的字书，在古代主要是按韵分类的“韵书”。如《切韵》《广韵》。它们是供人们写韵文时查韵用的。今天，可用它们来校正字音，或作为从事古音研究的资料。古代也有按声母分类的。如清朝王引之的《经传释词》按古代的七音排列。现代注音字母产生后，杨树达的《词诠》按注音字母排列。汉语拼音方案公布后，我国字书大多数按拼音字母顺序编排，如《辞源》《辞海》《新华字典》等。

按照内容，字书可分为普通字书与专门字书。上面提到的各种字书，都是普通字书。专门字书专门解释某一类字词。（一）针对特殊字词的字书。如清朝王引之的《经传释词》、刘淇的《助字辨略》，现代杨树达的《词诠》、裴学海的《古书虚字集释》、吕叔湘的《文言虚字》等是虚词名著。史梦兰的《叠雅》、符定一的《联绵字典》、朱起凤的《辞通》，是专门解释重叠词、联绵词的字书。张相的《诗词曲语辞汇释》等是专门研究诗词曲中特殊语词的字书。（二）专门针对某门学科的字书。如《甲骨文编》（中国科学院考古研究所）、《金文编》（容庚）、《古籀汇编》（徐文镜），是研究古文字学的。《实用佛学辞典》（佛学书局编辑部）、《佛光大辞典》（星云监修、慈怡主编），是研究佛学名词的。《中国人名大辞典》《中国古今地名大辞典》，是供考查历史人物和古今地名的。

百科全书起源于西方，是全面介绍各种文化科学知识的大型工具书。它的编排顺序与词典相近，但解说详尽。我国 1978 年开始编辑现代型的百科全书。现在已经出版了《中国大百科全书》。类书是我国古代特有的工具书。类书以文史知识为主要内容。我国古代的大型类书，实际上是一种文科类百科全书。如清康熙、雍正年间陈梦雷等纂修的《古今图书集成》，规模巨大，搜罗丰富，共 1 万卷，达 1.6 亿个字。

图表，包括历表、职官表、地理沿革表、地图、器物图等。索引的作

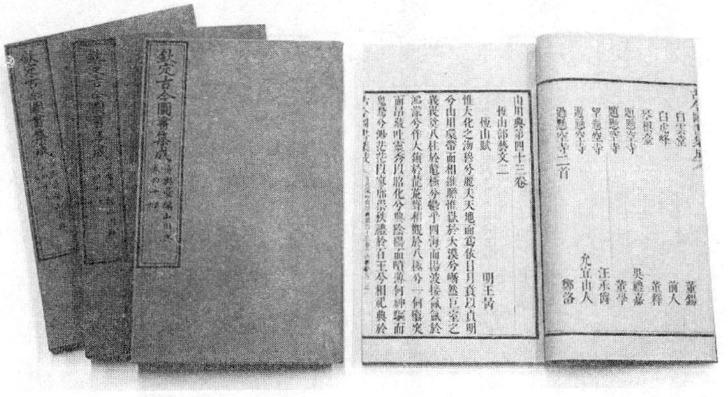

《钦定古今图书集成》

用是将书刊中的项目或内容摘记下来，并标注出页码，按一定次序排列，以供人查检。如《十三经索引》《二十五史人名索引》等。索引又叫引得（英文 index 的音译）、通检。索引不能直接提供参考资料，但它可以指示我们寻找资料的途径。书目是将各种图书按内容或学术源流而分类编制的目录。它的作用是帮助我们找要读的书籍，有的还有提要。如清朝纪昀等编写的《四库全书总目》。

我们要珍惜前人的成果，充分发挥工具书的作用。有一个关于清朝著名学者王引之的故事。他学识渊博，名声很大，有人不远千里前来求教。王引之的夫人对他们说："引之也要翻书，你们自己可以翻书，何必不远千里前来呢？"来求教的人回答说："引之先生会翻书，我们不会。"这个故事说明会利用工具书的重要性。

如何利用、查考工具书，笔者贡献几点意见：第一，应该由近及远，由今及古。先查近人编的东西，有必要再追溯古人编的东西。如一般性的词语及古代文化知识，不如先查《辞源》（侧重文言文）、《辞海》（侧重百科知识）、《汉语大词典》、《汉语大字典》、《中国人名大辞典》、《中国古今地名大辞典》等新编的工具书。第二，查哪部工具书就应该熟悉哪部工具书的性能。可以一看序跋，了解编撰背景；二看凡例，了解体例，掌握使用方法；三看有无补遗、勘误、附录，了解有关问题。这

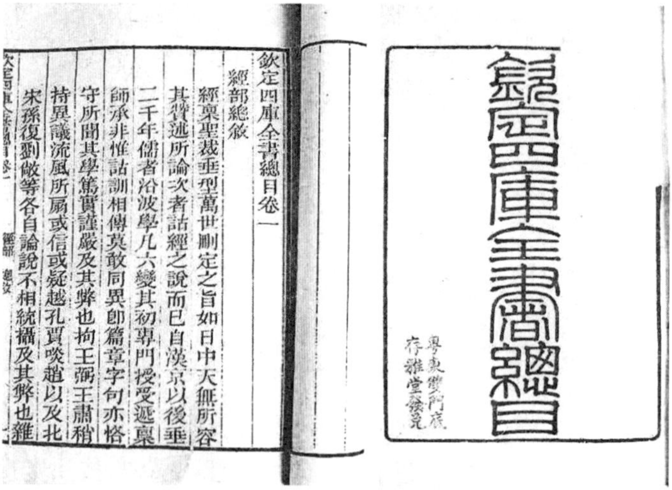
欽定四庫全書總目卷一
經部總敘
經稟聖裁垂型萬世刪定之旨如日中天無所容
其贊述所論次者詁經之說而已自漢京以後垂
二千年儒者沿波學凡六變其初專門授受遞稟
師承非惟詁訓相傳莫敢同異即篇章字句亦恪
守所聞其學篤實謹嚴及其弊也拘王弼王肅稍
持異議流風所扇或信或疑越孔賈啖趙以及北
宋孫復劉敞等各自論說不相統攝及其弊也雜
欽定四庫全書總目卷一 經部 總敘

欽定四庫全書總目
粵東雙門底
存雅堂發兌

《钦定四库全书总目》

样，才能更好利用。第三，尊重而不要盲从。工具书不可能不受到当时科学水平的限制，我们要及时关注新的信息。此外，现代网络技术一日千里，查考信息十分方便，应该充分利用。但是，有些信息，一定要寻找权威的工具书和原著核对，避免以讹传讹。